Hermann Kamp | Martin Kroker (Hg.)

SCHWERTMISSION

Hermann Kamp | Martin Kroker (Hg.)

SCHWERTMISSION

Gewalt und Christianisierung im Mittelalter

Ferdinand Schöningh
Paderborn · München · Wien · Zürich

Umschlagabbildung
Diese Buchmalerei aus der Apokalypse Heinrich von Heslers zeigt
Ritter des Deutschen Ordens an der Seite des Endkaisers
im Kampf gegen Gog und Magog
(Württembergische Landesbibliothek Stuttgart, HB XIII 11, fol. 153v.).

Bibliografische Information der Deutschen Nationalbibliothek

Die Deutsche Nationalbibliothek verzeichnet diese Publikation in der
Deutschen Nationalbibliografie; detaillierte bibliografische Daten sind im Internet
über http://dnb.d-nb.de abrufbar.

Alle Rechte vorbehalten. Dieses Werk sowie einzelne Teile desselben sind
urheberrechtlich geschützt. Jede Verwertung in anderen als den gesetzlich
zugelassenen Fällen ist ohne vorherige schriftliche Zustimmung
des Verlags nicht zulässig.

© 2013 Ferdinand Schöningh, Paderborn
(Verlag Ferdinand Schöningh GmbH & Co. KG, Jühenplatz 1,
D-33098 Paderborn)

Internet: www.schoeningh.de

Einbandgestaltung: Evelyn Ziegler
Printed in Germany
Herstellung: Ferdinand Schöningh GmbH & Co. KG, Paderborn

ISBN 978-3-506-77297-8

INHALT

Vorwort 7

HERMANN KAMP
Einleitung 9

MATTHIAS BECHER
Der Prediger mit eiserner Zunge.
Die Unterwerfung und Christianisierung der Sachsen durch
Karl den Großen 23

MATTHIAS HARDT
Kirchenorganisation oder Aufstand:
Die Christianisierung von Sorben, Elb- und Ostseeslawen in
Ottonen- und Salierzeit 53

FELIX BIERMANN
Überzeugung und Zwang bei der Christianisierung Polens
unter den ersten Piasten 67

DAVID CRISPIN
Herrschaft Christi von Meer zu Meer.
Eroberung, Gewalt und Mission im Rahmen der frühen
Kreuzzüge 93

HERMANN KAMP
Der Wendenkreuzzug 115

KURT VILLADS JENSEN
Bring dem Herrn ein blutiges Opfer.
Gewalt und Mission in der dänischen Ostsee-Expansion
des 12. und 13. Jahrhunderts 139

JÜRGEN SARNOWSKY
Der Deutsche Orden, die Kumanen und die Prußen 159

KATRIN BOURRÉE
Gewalt gegen Bekehrte?
Der Konflikt des Deutschen Ordens mit Polen-Litauen
nach 1386 181

Abkürzungsverzeichnis 205

Ausgewählte Literatur 207

VORWORT

Im Matthäusevangelium und in der Apostelgeschichte wird den Christen der Auftrag erteilt, ihre Religion aktiv zu verbreiten. „Darum geht zu allen Völkern und macht alle Menschen zu meinen Jüngern", heißt es bei Matthäus (28,16-20).
Was hier wie ein friedlicher Aufruf in Erscheinung tritt, sollte zusehends eine politische Dimension gewinnen, die dann auch die gewaltsame Ausbreitung des neuen Glaubens möglich machte. Nach einer langen Zeit der Verfolgung wurde das Christentum mit dem Edikt von Mailand (313) aus der Illegalität im Römischen Reich geführt und im Jahre 391/2 auf Befehl Kaiser Theodosius' I. gleichsam zur Staatsreligion erhoben. Damit aber änderten sich auch die Grundlagen für seine weitere Verbreitung, da nunmehr in seinem Namen andere Kulte unter Aufbietung staatlicher Gewalt unterdrückt werden konnten. Dies galt bald nicht mehr allein für das Römische Reich. Denn nachdem unter Gregor dem Großen (590-604) das Konzept, das Christentum bis an die Ränder des bekannten Universums auszudehnen, erarbeitet worden war, zogen nicht nur mutige Missionare unter Lebensgefahr in ferne Länder, um gegen die alten Götter zu predigen. Auch die neuen Herren, die im Westen des Römischen Reiches in die Fußstapfen der Imperatoren getreten waren, insbesondere die fränkischen Könige, sahen sich als christliche Herrscher, die den neuen Glauben befestigen und verbreiten sollten. Von daher gewannen auch die Herrscher eine steigende Bedeutung bei der weiteren Ausbreitung des christlichen Glaubens, sei es, dass sie andere Herrscher und damit auch deren Völker zum Übertritt bewegten, was nicht selten Zwangstaufen der jeweiligen Bevölkerung nach sich zog, sei es, dass sie benachbarte Gebiete eroberten, wobei es dann wiederholt zur Gewaltanwendung gegenüber Völkern mit anderem Glauben kam. So gesehen bestimmten denn auch vielfältig herrschaftliche Interessen und in ihrem Gefolge Zwang und Gewalt die Ausbreitung des christlichen Glaubens im mittelalterlichen Europa.
Auch diese Seite der Missionsgeschichte thematisiert die Ausstellung „Credo - Christianisierung Europas im Mittelalter", die vom 26. Juli bis zum 3. November 2013 in drei Paderborner Muse-

en gezeigt wird. Wie bei früheren Paderborner Mittelalterausstellungen wurde das Projekt durch Vorträge, Tagungen und Symposien vorbereitet. Der vorliegende Band gibt die Beiträge eines wissenschaftlichen Symposions zum Anteil der Gewalt an der mittelalterlichen Mission wieder, zu dem sich Historiker und Archäologen im Februar 2013 in Paderborn getroffen haben. Durchgeführt wurde die Tagung gemeinsam vom Institut zur interdisziplinären Erforschung des Mittelalters und seines Nachwirkens an der Universität Paderborn (IEMAN) und vom Museum in der Kaiserpfalz des Landschaftsverbandes Westfalen-Lippe (LWL).

Ohne die Bereitschaft der Autoren, ihre Manuskripte kurz nach den Vorträgen einzureichen, hätten wir dieses Buch nicht so schnell publizieren können. Dafür möchten wir ihnen allen unseren herzlichen Dank aussprechen. Frau Dr. Nicola Karthaus (IEMAN), die schon die Tagung organisiert hatte, machte sich auch um die redaktionelle Betreuung des vorliegenden Bandes verdient. Ihr gilt unser ganz besonderer Dank. Frau Christina Beyer MA und Frau Nina Marschler MA danken wir für ihre Hilfe bei der Durchführung des Symposions und bei der Bildbeschaffung ebenso wie Frau Anne-Marie Hecker und Frau Sandra Venzke, die bei der Redaktion mitwirkten. Wesentlich gefördert wurden Tagung und Publikation durch Mittel des Ministeriums für Bauen, Wohnen, Stadtentwicklung und Verkehr des Landes Nordrhein-Westfalen. Herrn Ministerialrat Dr. Thomas Otten und Herrn Prof. Dr. Michael Rind, dem Direktor der LWL-Archäologie für Westfalen, sei hierfür herzlich gedankt.

Paderborn, im Juli 2013 *Martin Kroker | Hermann Kamp*

HERMANN KAMP

EINLEITUNG

Das Verhältnis von Religion und Gewalt gehört spätestens seit 2001 zu den Themen, die nicht allein in den Medien, sondern auch in der Wissenschaft größere Aufmerksamkeit gefunden haben. Studien zur religiösen Rechtfertigung von Gewalt, ob aus religionswissenschaftlicher, theologischer oder historischer Perspektive sind zuletzt in größerer Anzahl erschienen, aber auch die unmittelbare Anwendung von Gewalt bei religiös motivierten Auseinandersetzungen stand wiederholt im Mittelpunkt von Tagungen.[1] Das Mittelalter spielte in der Diskussion schon allein deshalb eine prominente Rolle, weil es mit den Kreuzzügen nicht nur ein Paradebeispiel religiös bestimmter Gewalt lieferte, sondern diese noch in der Gegenwart als politischer Kampfbegriff genutzt werden.[2] Aber auch die Frage nach der Bedeutung der Gewalt beim Kampf gegen Ketzer oder Heiden, ja bei der Christianisierung Europas überhaupt, wurde vor diesem Hintergrund wieder aktuell.[3]

Insofern erstaunt es nicht, wenn im Sommer 2013 in Paderborn eine Ausstellung zur Christianisierung Europas im Mittelalter ihre Tore öffnet, die zum einen die Frage nach der Mission, ihren Grundlagen und Methoden, ihren Erfolgen und Misserfolgen aus der Perspektive der Missionare verfolgt und zum anderen die ge-

---

[1] Siehe Schreiner, Klaus (Hrsg.) / Müller-Luckner, Elisabeth (Mitarb.): Heilige Kriege. Religiöse Begründungen militärischer Gewaltanwendung: Judentum, Christentum und Islam im Vergleich. München 2008; Holzem, Andreas (Hrsg.): Krieg und Christentum. Religiöse Gewalttheorien in der Kriegserfahrung des Westens. Paderborn 2009.
[2] Die Mehrheit der Beiträge, die sich in den oben genannten Sammelbänden mit dem Mittelalter auseinandersetzt, behandelt die Kreuzzüge.
[3] Vgl. Angenendt, Arnold: Toleranz und Gewalt. Das Christentum zwischen Bibel und Schwert. Münster ²2007; Althoff, Gerd: „Selig sind, die Verfolgung ausüben." Päpste und Gewalt im Hochmittelalter. Darmstadt 2013; Die Frage nach der Bedeutung von Gewalt bei der Christianisierung Europas war allerdings bereits vor 2001 durch das Buch von Robert Bartlett: Die Entstehung Europas aus dem Geist der Gewalt. München 1998 (1993), Gegenstand einer größeren Debatte.

sellschaftlichen Faktoren und Antriebskräfte, die zur Ausbreitung des Christentums in Europa geführt haben, anschaulich vermitteln will. Damit richtet sie zwangsläufig den Blick auf die Wechselbeziehungen zwischen Herrschaftsbildung und Christianisierung, zwischen Eroberung und Mission und muss damit auch das Verhältnis von Mission und Gewalt thematisieren. Aus diesem Grund hat im Februar 2013 eine Tagung zur Vorbereitung der Paderborner Ausstellung stattgefunden, die sich unter dem Stichwort ‚Schwertmission' mit der Rolle der Gewalt bei der Ausbreitung und Durchsetzung des Christentums befasst und zugleich die entscheidenden Phasen der auf herrscherliche Initiative und mit militärischen Mitteln unterstützten Christianisierung betrachtet hat. Mit der vorliegenden Publikation der verschiedenen Beiträge wird der Leser deshalb auch nicht allein mit verschiedenen Formen und Aspekten der im Zeichen der Gewalt stehenden Mission konfrontiert, sondern erhält im selben Zuge auch einen Überblick über wichtige Stationen der Christianisierung Europas.

Dass auf diesem Weg die Gewalt eine entscheidende Rolle gespielt hat, ist unbestritten. Schwierig ist es indes zu bestimmen, in welchem Verhältnis die Gewalt zur Mission stand. Der Begriff Schwertmission, der von einigen Historikern benutzt wird, scheint da auf den ersten Blick Klarheit zu verschaffen. Er legt nahe, das Schwert, also die rohe Gewalt, habe die Übernahme des christlichen Bekenntnisses bewirkt. Und in der Tat: Zwangstaufen, die unmittelbare Androhung von Gewalt zur Durchsetzung der Taufe, die rigorose Bestrafung von heidnischen Kultpraktiken, die brachiale Zerstörung paganer Kultstätten, all das hat es immer wieder gegeben und liefert Hinweise, wie man sich den Vorgang einer Zwangschristianisierung vorstellen muss.

Doch aufs Ganze gesehen war das Verhältnis zwischen den vielfältigen Bestrebungen, den christlichen Glauben zu verbreiten, und dem Einsatz von Gewalt wesentlich komplexer. Das zeigt schon eine Geschichte, die Vinzenz von Prag, ein Autor des 12. Jahrhunderts, im Zusammenhang mit dem so genannten Wendenkreuzzug von 1147 erzählt. Er berichtet davon, wie die Kreuzfahrer begannen, das pommersche Stettin zu belagern. Die Bewohner der Stadt reagierten, indem sie die Befestigung bestiegen und dort Kreuze aufstellten. Damit hatten die Angreifer nicht gerechnet, und da sie wohl etwas verdutzt dreinblickten, hielten es die unlängst von Otto von Bamberg und seinen Gehilfen getauften Stettiner Christen für

besser, eine Gesandtschaft an die Kreuzfahrer zu schicken, um sie zu fragen, warum sie denn mit Heeresmacht gekommen seien. „Wenn es geschehen wäre, um sie im christlichen Glauben zu befestigen, so hätte dies nicht durch Waffengewalt, sondern durch die Predigt der Bischöfe geschehen müssen."[4]
Im Kern lebt die Geschichte von dem Gedanken, dass es offenkundig in der damaligen Gesellschaft Leute gab, die meinten, mit Gewalt das Christentum ausbreiten und befestigen zu können, und andere, die das für falsch erachteten. Und letztere wussten lange Zeit die offizielle Lehrmeinung der Kirche auf ihrer Seite, die den Einsatz von körperlicher Gewalt zu Bekehrungszwecken ablehnte und auf der Freiwilligkeit des Glaubenswechsels bestand.[5] Da es aber in der Praxis immer wieder zu gewalttätigem Vorgehen gekommen ist, stellt sich die Frage, wie mit diesem offenkundigen Widerspruch zwischen der offiziellen Lehre und der Praxis umgegangen wurde, ob er nur oder erst in bestimmten Zeiten aufgetreten ist, und wie man dann dennoch den Einsatz der Gewalt rechtfertigte. Angesprochen ist damit eine der Leitfragen, die auf der Tagung diskutiert werden sollten und in den Beiträgen wiederholt aufgegriffen werden.

Auch wenn Vinzenz von Prag dem Leser zunächst einmal die kirchliche Lehre von der Mission ohne Bekehrungszwang in Erinnerung ruft, so deutet die geschilderte Episode zugleich auf die Selbstverständlichkeit hin, mit der Gewalt unmittelbar zu Missionszwecken ausgeübt wurde. Augenscheinlich sollten durch die mit der Belagerung der Burg verbundenen Entbehrungen wie Durst und Hunger die Belagerten zur Aufgabe und zum Glaubensübertritt gezwungen werden. Die Gewalttat selbst hielt sich hier noch im Rahmen des Üblichen. Aber anderwärts finden sich dann doch Schilderungen exzessiver Gewaltanwendung gegenüber den Heiden, womit sich zwangsläufig die Frage stellt, unter welchen Bedingungen und in welchem Maße religiöse Motive der Entgrenzung von Gewalt Vorschub geleistet haben.

Auch das dritte große Problemfeld, auf das man unweigerlich stößt, wenn man sich mit dem Verhältnis von Gewalt und Mission befasst, kommt zumindest indirekt in der Geschichte des Vinzenz

---

[4] Vgl. Vinzenz von Prag: Annales, ed. von Wilhelm Wattenbach (MGH SS 17). Hannover 1861, a. 1147, S. 658-683, hier S. 663.
[5] Vgl. Angenendt: Toleranz (wie Anm. 3), S. 379 und S. 403f.

von Prag zur Sprache. Denn nach Stettin waren die Kreuzfahrer wohl vor allem aus machtpolitischen Interessen gezogen. Entweder folgten sie damit dem Ansinnen des Erzbischofs von Magdeburg, der Ansprüche auf die Zugehörigkeit des neu geschaffenen Bistums für Pommern zu seiner Erzdiözese geltend gemacht hatte, oder sie unterstützten Albrecht den Bären, den Markgrafen der Nordmark, der seine Herrschaft weiter nach Nordosten auszuweiten suchte.[6] In jedem Fall aber erscheinen hier Herrschaftssicherung und Mission eng verbunden, und das galt auch in vielen anderen Fällen, angefangen mit der Sachsenmission Karls des Großen bis zu den Missions- und Eroberungskriegen des Deutschen Ordens gegen die Prußen. Wenn aber die Gewalt, die im Zusammenhang mit der Mission auftrat, zu einem Gutteil aus herrschaftlichen Bestrebungen resultierte, dann muss man stets klären, inwieweit der Rückgriff auf die Gewalt vor allem als Ausfluss weltlicher Motive zu deuten ist, als Ausfluss einer Gewalt, die dann gleichsam der Mission von außen aufgezwungen zu sein scheint.

Ehe die drei genannten Aspekte mit Blick auf die vorliegenden Beiträge etwas genauer betrachtet werden, ist es unverzichtbar, noch ein paar Bemerkungen zum Gewaltbegriff vorauszuschicken. Gemeint ist hier und im Folgenden die unmittelbar angewandte oder angedrohte physische Gewalt, die körperliche Gewalttätigkeit, die auf die Verletzung, die Schädigung oder Vernichtung des anderen abzielt und damit eine Verhaltensänderung herbeizuführen versucht. Es geht also um das, was in den mittelalterlichen Texten als *violentia* erscheint, und nicht um institutionalisierte oder auch strukturelle Gewalt.[7] Dabei sollte man allerdings nicht vergessen, dass im Einzelfall die Grenzen gar nicht so einfach zu ziehen sind. Wer alltäglich die Vorteile eines Glaubenswechsel erfuhr, weil er dann nicht mehr unter der Knute eines Markgrafen stand, der mochte sich aus freien Stücken entschließen, seine alten religiösen Praktiken aufzugeben, aber zwanglos vollzog er diesen Schritt dann letztlich doch nicht. Auch wenn diese Form der ‚Zwangsmis-

---

[6] Siehe dazu in diesem Band den Beitrag von Kamp, Hermann: Der Wendenkreuzzug, S. 115-138.

[7] Vgl. zu den neueren Diskussion um den Gewaltbegriff Nunner-Winkler, Gertrud: Überlegungen zum Gewaltbegriff. In: Heitmeyer, Wilhelm / Soeffner, Hans-Georg (Hrsg.): Gewalt. Frankfurt a.M. 2004, S. 21-61, hier S. 21 und S. 27ff.

sion' hier nicht eingehender in Betracht gezogen werden soll, ist sie doch ein sinnfälliges Zeichen für die symbiotische Beziehung, die Gewalt und Mission vor allem deshalb im Mittelalter eingingen, weil die Christianisierung als Mittel der Herrschaftssicherung und Herrschaftserweiterung bestens taugte.

1. Mission als Form der Herrschaftsstabilisierung

Das Paradebeispiel für die enge Verflechtung von Expansionsbestrebungen und christlicher Mission stellt die Christianisierung der Sachsen durch Karl den Großen dar, wie sie Matthias Becher denn auch gleich zu Beginn des vorliegenden Bandes behandelt.[8] Doch auch die Missionspolitik der Ottonen und Salier gegenüber den heidnischen Elb- und Ostseeslawen oder die der Piasten gegenüber den Pommern trug ähnliche Züge, wurde in diesen Fällen doch zunächst einmal eine Oberherrschaft über die benachbarten Heiden etabliert. Und ebenso offensichtlich ist dieser Zusammenhang, wenn man den Blick ins Baltikum richtet und sieht, wie die Christianisierung der Prußen oder Esten mit der Ausweitung der Herrschaft der Dänen in Estland und des Deutschen Ordens in Preußen einherging. In all diesen Fällen ging der Einsatz der Gewalt der Mission voraus, so dass die Mission vor allem als probates Mittel erscheint, die neu gewonnene Herrschaft in den zuvor eroberten Gebieten abzusichern. So zeigt Matthias Becher in seinem Beitrag über die Christianisierung der Sachsen durch Karl den Großen, wie der Christianisierungsgedanke erst später als bisher angenommen handlungsrelevant wurde und letztlich aus dem unbedingten Willen Karls, die Sachsen zu unterwerfen und in das fränkische Reich einzugliedern, hervorging. Insofern hat Karl bei Lichte betrachtet auch keinen Religionskrieg geführt. Die Christianisierung der Sachsen war eher die Folge der Eskalation im Zuge der militärischen Auseinandersetzungen, weshalb denn auch nirgends davon die Rede ist, die Sachsenkriege um der Christianisierung willen geführt zu haben. Für Karl den Großen ging es um die Unterwerfung der Sachsen, und von dem Augenblick an, wo er glaubte, dies nur

---

[8] Siehe in diesem Band Becher, Matthias: Der Prediger mit eiserner Zunge. Die Unterwerfung und Christianisierung der Sachsen durch Karl den Großen, S. 23-52.

durch deren Eingliederung in das fränkische Reich zu erreichen, war die Christianisierung der Nachbarn im Norden für ihn zwangsläufig, da er ja als christlicher König nicht unmittelbar über Heiden herrschen konnte. Aber sie war nicht sein primäres Ziel, so dass man in der Sachsenmission eben doch nicht das lupenreine Vorbild für eine Schwertmission erkennen kann.

Als sich dann die Sachsen unter Otto I. selbst anschickten, ihre Nachbarn im Osten, die heidnischen Elbslawen, für das Christentum zu gewinnen, folgten sie in Ansätzen den karolingischen Vorgängern. Auch hier erscheint die Gewalt, wie Matthias Hardt in seinem Beitrag verdeutlicht,[9] vor allem im Rahmen der Eroberung, der Bemühungen, die Elbslawen tributär abhängig zu halten, zur Anwendung gekommen zu sein. Auch spricht er dem Aufbau der Kirchenorganisation im Rahmen der Herrschaftssicherung eine bedeutsame Funktion zu, neben der Einrichtung militärischer Posten. Und doch scheint spätestens seit Otto I. die Christianisierung der Elbslawen ein eigenständiges Ziel gewesen zu sein, wie die langfristig geplante Gründung der Missionsbistümer belegt.

Wieder anders verhält es sich indes beim Deutschen Orden und dessen Bestrebungen, die heidnischen baltischen Prußen, die an der südlichen Ostseeküste zwischen Weichsel und Memel lebten, zu bekehren. In diesem Fall stand die Mission im Vordergrund, um derentwillen der Deutsche Orden in das Gebiet der Heiden vordrang. Insofern kann man hier in der Tat mit Jürgen Sarnowsky von einem Paradebeispiel für eine Schwertmission sprechen.[10] Den Ordensrittern ging es um die Zerschlagung traditioneller politischer und sozialer Strukturen der Prußen, um so die Unterworfenen zum Taufbekenntnis zu zwingen. Allerdings, so machen es die Ausführungen von Sarnowsky deutlich, mussten sich auch die Deutschritter wiederholt anhören, nur an ihre Herrschaft im Prußenland zu denken und mit ihren gewaltsamen Missionsmethoden der freiwilligen Bekehrung anderer Völker zu schaden. Solche Vorwürfe erschienen umso glaubwürdiger, als die eigentliche Missionierung bald nach der Eroberung von Mitgliedern der Bettelor-

---

[9] Siehe in diesem Band Hardt, Matthias: Kirchenorganisation oder Aufstand: Die Christianisierung von Sorben, Elb- und Ostseeslawen in Ottonen- und Salierzeit, S. 53-66.

[10] Siehe in diesem Band Sarnowsky, Jürgen: Der Deutsche Orden, die Kumanen und die Prußen, S. 159-179.

den übernommen wurde. Umgekehrt zeigt die Arbeitsteilung zwischen dem Ritterorden und den Franziskanern, wie das gewalttätige Vorgehen mit der überkommenen kirchlichen Lehre, die den freiwilligen Glaubenswechsel verlangte, in Einklang gebrachte werden konnte: Das Schwert sollte und wollte eben nur die Voraussetzungen für eine erfolgreiche Mission schaffen. Dass diese dann umso erfolgreicher war, wenn das Schwert im Hintergrund drohte, war ein Faktum, das aber für die Theologen nicht mehr von Belang sein musste.

Die Beziehungen von Herrschaftsbildung und Christianisierung treten aber nicht nur dort hervor, wo man die Initiatoren und Träger der Eroberungs- und Missionspolitik betrachtet. Richtet man den Blick auf die Personen und Gemeinschaften, die christianisiert werden sollen, so zeigt sich, dass einige von ihnen, vielfach die Könige oder Fürsten, sich nicht zuletzt von der Übernahme des Glaubens die Sicherung und Ausweitung ihrer eigenen herrschaftlichen Stellung versprachen. Dies dürfte die Christianisierung in Skandinavien in erheblichem Maße bestimmt haben, spielt aber auch eine Rolle in den elbslawischen Gebieten.

Als Beispiel für eine zumindest im Kern nicht von außen erzwungene Christianisierung steht das Polen der ersten Piasten, dem der Beitrag von Felix Biermann gewidmet ist.[11] Nichtsdestotrotz spielte auch hier die Gewalt bei der Durchsetzung des Glaubens eine wichtige Rolle, weil die Christianisierung von oben nach unten erfolgte, gleichsam von den frühen Piastenherrschern angeordnet und dann mit den entsprechend abschreckenden Maßnahmen zwangsweise durchgesetzt wurde. Zugleich wird auch deutlich, wie die Piasten die christliche Religion und die neu entstehenden kirchlichen Strukturen nutzten, um ihre eigene Herrschaft, die weithin auf persönlicher Gefolgschaft ruhte, zu vertiefen und zu erweitern, ohne allerdings verhindern zu können, dass es in den Jahren um 1030 zu einer heidnisch inspirierten Gegenbewegung kam, die aber nicht mehr den Erfolg der Christianisierung von oben in Frage stellen konnte. In jedem Fall zeigt das piastische Polen, wie die Herrschaftsorganisation – in diesem Fall eine auf dem Charisma des Anführers beruhende Militärgefolgschaft – das gewaltsame Vorgehen im Rahmen der Christianisierung förderte.

---

[11] Siehe in diesem Band Biermann, Felix: Überzeugung und Zwang bei der Christianisierung Polens unter den ersten Piasten, S. 67–91.

2. Die Rechtfertigung der Gewalt zu Missionszwecken

Da der Glaubenswechsel nach kirchlicher Lehre freiwillig vollzogen werden sollte, wurden Zwang und Gewalt, wenn sie denn im Rahmen der Christianisierung zum Einsatz kamen, zumeist als Vergeltung für zuvor erlittenes Unrecht, als Reaktion auf die Gewalttaten der Heiden, als Verteidigungsmaßnahmen legitimiert. Das zeigte sich bereits bei den Sachsenkriegen Karls des Großen, als die drakonischen Strafen bewusst gegen jene eingesetzt wurden, die sich an Grafen und Bischöfen vergangen oder ihren Ungehorsam gegenüber dem neuen christlichen Herrscher dadurch bewiesen hatten, dass sie an den verbotenen heidnischen Praktiken festhielten. An der „defensive[n] Ausrichtung der theologischen Gewaltbegründung", um ein Wort von Ludger Körntgen aufzugreifen, änderte sich auch nichts in den nachfolgenden Jahrhunderten.[12] Deshalb verwundert es nicht, dass bei den Versuchen zur Zeit der Ottonen und Salier, die Elbslawen zu christianisieren, die Gewalt gegenüber den Heiden, wo sie denn religiös motiviert und legitimiert wurde, weithin auf Zerstörung von heidnischen Kultstätten begrenzt war. War die Gewalt aber gegen die heidnischen Slawen selbst gerichtet, wurde sie entweder als Reaktion auf deren Untaten hingestellt oder aber politisch mit dem Hinweis gerechtfertigt, die Heiden hätten sich gegen ihre Herren erhoben.[13]

Dass sich mit dem Aufstieg des Reformpapsttums und dem Investiturstreit das Verhältnis der Kirche zur Gewalt veränderte und die Anwendung von Gewalt nunmehr gerechtfertigt wurde, wenn sie den allgemeinen Interessen der Kirche und der Durchsetzung der wahren kirchlichen Lehre diente,[14] bestätigt auch der Blick auf die Rolle, die man der Gewalt im Rahmen der Missionierung von Heiden zuwies. Allerdings rechtfertigte man auch in der Zeit der Kreuzzüge die im Namen Christi ausgeübte Gewalt weiterhin vielfach als Gegenwehr. So sieht denn auch David Crispin, der die Begründungen für die Anwendung von Gewalt im Rahmen der frühen Kreuzzüge untersucht, das Verteidigungsmotiv in vielen Texten im

---

[12] Körntgen, Ludger: Heidenkrieg und Bistumsgründung: Glaubensverbreitung als Herrscheraufgabe bei Karolingern und Ottonen. In: Holzem: Krieg (wie Anm. 1), S. 281-304, hier S. 281f.
[13] Siehe Hardt: Kirchenorganisation (wie Anm. 9), S. 63-66.
[14] Vgl. dazu zuletzt Althoff: „Selig..." (wie Anm. 3), S. 13 und S. 215ff.

Vordergrund stehen.¹⁵ Und auch die geistlichen Beobachter des Wendenkreuzzugs greifen das Verteidigungsmotiv wie selbstverständlich auf, wenn sie das gewalttätige Vorgehen der Kreuzfahrer zwischen Elbe und Oder rechtfertigen. Dabei gibt dieser Fall besonders deutlich zu erkennen, wie schwierig man sich weiterhin tat, Gewalt gegen Heiden für sich selbst gutzuheißen. Obwohl Bernhard von Clairvaux in seinem Kreuzzugsaufruf den Einsatz von Gewalt expressis verbis eingefordert hatte, um die Bekehrung der Heiden zu erzwingen, nehmen die späteren Geschichtsschreiber diese Argumentation nicht auf, sondern rechtfertigen das Vorgehen der Kreuzfahrer als Reaktion auf heidnische Überfälle, wobei sie – etwas skurril für einen von sächsischen Fürsten initiierten und angeführten Kreuzzug – die slawischen Überfälle auf Dänemark anführen.¹⁶ Aber allem Ansehen des berühmten Abtes von Clairvaux zum Trotz: Die Bekehrung der Heiden mochte ein Ziel sein, das jedes Mittel und damit auch die Anwendung von Gewalt rechtfertigte. Aber einfacher war es allemal, den Griff zum Schwert defensiv zu begründen. Und so rechtfertigte auch der Deutsche Orden zum Teil den Rekurs auf die Gewalt zuerst einmal als Gegenwehr, als er sich in Ungarn als Verteidiger des Burzenlandes gegen die angrenzenden Kumanen und in Polen als Verteidiger Masowiens gegen die Einfälle der Prußen präsentierte.¹⁷

Allerdings sind zugleich die neuen Töne in der Bewertung der Gewalt seit dem ausgehenden 11. Jahrhundert nicht zu übersehen. Während im Zuge des Ersten Kreuzzugs der Gedanke an eine gewaltsame Mission der Muslime mehr als randständig bleibt, wurde die gewaltsame Bekehrung der Heiden dann im Vorfeld des Wendenkreuzzugs von Bernhard von Clairvaux an prominenter Stelle mit der Formel ‚Tod oder Taufe' gerechtfertigt. Auch wenn sich Historiker und Theologen darüber streiten, was Bernhard mit dieser Formel sagen wollte, so ist doch unstrittig, dass er auf diese Weise einem aggressiv-gewalttätigen Missionskrieg das Wort geredet hat. Praktische Wirkung entfaltete sein Aufruf aber erst auf lange Sicht, da er die unmittelbar folgende Auseinandersetzung mit

---

[15] Siehe in diesem Band Crispin, David: Herrschaft Christi von Meer zu Meer. Eroberung, Gewalt und Mission im Rahmen der frühen Kreuzzüge, S. 99ff.
[16] Siehe Kamp: Der Wendenkreuzzug (wie Anm. 6), S. 128 u.130f..
[17] Siehe Sarnowsky: Der Deutsche Orden (wie Anm. 10), S. 165.

den heidnischen Wenden kaum prägte.[18] Allerdings war nunmehr ein Grundmotiv eingeführt, das für spätere Kreuzzüge vor allem in den Nordosten Europas wiederholt angestimmt wurde.[19]

Wie sehr dann im späten Mittelalter die Gewaltanwendung zu Missionszwecken zur Selbstverständlichkeit geworden war, offenbart die Reaktion des Deutschen Ordens auf den Glaubensübertritt des litauischen Fürsten Jagiełło zum Christentum, die diesem zugleich zur polnischen Königskrone verhalf. Dem Orden, der nach der Missionierung der Prußen seine Aufgabe, die Heiden zu bekämpfen und das Christentum zu verbreiten, vor allem in der Bekämpfung der Litauer gesehen hatte, verlor mit dem Übertritt gleichsam seinen Daseinsgrund. Mehr als anschaulich offenbart sich die damit hervorgerufene Krise in der „Älteren Hochmeisterchronik", die Katrin Bourrée analysiert.[20] Hier entledigt sich der Chronist des Problems, indem er die Taufe des Litauers als Scheintaufe und den Fürsten selbst als Scheinchristen und Schurken abstempelt, der nur das Heidentum zum Sieg über die Christen führen wollte. Zwar ging die Chronik nicht so weit wie Johannes Falkenberg, der die Tötung christlicher Polen legitimierte und dessen Parteinahme für den Orden auf dem Konstanzer Konzil einen Prozess nach sich ziehen sollte, aber man erkennt doch in der Verteidigungsstrategie des Ordens, in welchem Maße die Gewaltmission das Selbstverständnis des Ordens bestimmte.

Dem entsprach es nur, dass sich der Deutsche Orden im Laufe seines Wirkens den Ruf erworben hatte, den Heidenkampf besonders gewalttätig zu führen und vor keinem noch so großen Blutvergießen zurückzuschrecken. Da seine Fürsprecher auch keine Schwierigkeiten hatten, dies gutzuheißen, und man die Tradition der exzessiven Gewaltausübung bis zu den Kriegen Karls des Großen gegen die heidnischen Sachsen zurückführen kann, gewinnt die Frage, ob und inwieweit die religiöse Ausrichtung der Heiden-

---

[18] Siehe Kamp: Der Wendenkreuzzug (wie Anm. 6), S. 129 u. 134ff.
[19] Vgl. dazu Christiansen, Eric: The Northern Crusades. London 1997, S. 76, S. 81 und S. 88, der aber auch zeigt, dass Bernhard auf die Ritterorden, die dann im 13. Jahrhundert in Nordosteuropa agieren, vor allem durch seine Schrift über den Neuen Ritterstand (De laude novae militiae) gewirkt hat, in der er den Kampf gegen die Heiden, die dort mit den Muslimen gleichgesetzt werden, vornehmlich als Abwehrkampf definiert.
[20] Siehe in diesem Band Bourrée, Katrin: Gewalt gegen Bekehrte? Der Konflikt des Deutschen Ordens mit Polen-Litauen nach 1386, S. 181-204.

kämpfe von sich aus zu einem exzessiven Gebrauch der Gewalt geführt hat, eine entscheidende Bedeutung.

3. Blutvergießen im Namen Gottes?

Dass die Kriege gegen Heiden zuweilen mit äußerster Brutalität geführt wurden, lässt sich seit dem frühen Mittelalter beobachten, und auch die Sachsenkriege Karls des Großen gehören zu den Auseinandersetzungen, die das belegen. Allerdings lassen die Ausführungen von Matthias Becher die Gewalttätigkeit weniger als Folge des Missionskonzepts erscheinen. Sie erklärt sich wie oben erwähnt aus dem unbedingten Willen der Franken, die Sachsen in das eigene Reich einzugliedern, was dann allerdings wieder zwangsläufig deren Christianisierung erforderte. Insofern mögen dann auch die drakonischen Strafen, mit denen der Frankenherrscher 782 die Pflege heidnischer Praktiken belegte, an die Formel ‚Taufe oder Tod' erinnern.[21] Aber die Gewalttaten, die den Konflikt mit den Sachsen begleiteten und die vor allem um 782 eskalierten, lassen sich nicht auf die Missionspolitik zurückführen, ganz abgesehen davon, dass man über die Umsetzung der Strafmaßnahmen nichts weiß. Für die Mehrheit der Zeitgenossen waren die Sachsenkriege eine weltliche Auseinandersetzung, weshalb auch die teils über das übliche Maß hinausgehende Gewalt niemals religiös gerechtfertigt wurde, was eine Kritik hofnaher Geistlicher an der Zwangstaufe nicht ausschließt.[22]

Allerdings weist auch Matthias Becher in seinem Beitrag auf ein Motiv hin, das schon von Hans-Dietrich Kahl ausgemacht wurde, um die Eskalation der Gewalt in den Sachsenkriegen Karls des Großen nach 778 zu erklären. Die Sachsen, teils wieder vom gerade angenommenen christlichen Glauben abgefallen, seien zu Apostaten geworden, welche nach kirchlicher Lehre noch heftiger bekämpft werden mussten, weshalb dann auch Karl keine Gnade

---

[21] Siehe dazu von Padberg, Lutz: Die Diskussion missionarischer Programme zur Zeit Karls des Großen. In: Godman, Peter / Jarnut, Jörg / Johanek, Peter (Hrsg.): Am Vorabend der Kaiserkrönung. Das Epos „Karolus Magnus et Leo papa" und der Papstbesuch in Paderborn 799. Berlin 2002, S. 125-143, hier 127; Angenendt: Toleranz (wie Anm. 3), S. 380 und S. 382ff.
[22] Vgl. zur Kritik an der Gewaltmission im frühen und hohen Mittelalter Angenendt: Toleranz (wie Anm. 3), S. 403ff.

mehr gekannt hätte.[23] In ähnlicher Weise erklärt auch Matthias Hardt einige Gräueltaten gegenüber den heidnischen Slawen in ottonischer und salischer Zeit. Grundsätzlich sei die Gewalt gegen die Heiden über die Zerstörung von Kultstätten selten hinausgegangen,[24] dort wo dies aber geschehen sei, habe man sich im Recht gesehen, weil die angegriffenen Slawen – gemeint sind hier vor allem die Liutizen – 983 wieder vom Glauben abgefallen seien und dementsprechend mit aller Gewalt hätten bekriegt werden können.[25] Dagegen spielt nach Kurt Villads Jensen, der sich mit den Beschreibungen von Gewaltexzessen gegenüber Heiden in den Werken des Saxo Grammaticus und des Heinrich von Lettland, also mit Texten des 13. Jahrhunderts, befasst, der Apostatendiskurs keine Rolle, um das maßlose Vergießen von Heidenblut zu rechtfertigen,[26] so dass dessen Bedeutung für die Gewalttätigkeit gegenüber Heiden noch genau untersucht werden müsste.

Allerdings sieht Kurt Villads Jensen die exzessive Gewalt, derer sich die dänischen Krieger bei ihren Zügen gegen die heidnischen Ostseeslawen und die Esten im 12. und beginnenden 13. Jahrhundert bedienten, nicht allein in den militärischen Gepflogenheiten der Zeit verwurzelt. Vielmehr ist sie für ihn ein Produkt religiöser Vorstellungen. So habe die Idee des ‚heiligen Eifers' die Kreuzfahrer immer wieder zu Gewalttaten motiviert, und nicht anders habe die Vorstellung, Rache für die Vergehen an Christus nehmen zu müssen, gewirkt, so dass die christlichen Krieger das vergossene Blut der Heiden als Opfer, das sie dem Allmächtigen darboten, verstehen konnten. So sei die Gewalt gegen Heiden zu einem religiösen Akt erhoben und ihre Anwendung gleichsam spirituell entgrenzt worden.

---

[23] Vgl. Kahl, Hans-Dietrich: Karl der Große und die Sachsen. Stufen und Motive einer historischen ‚Eskalation'. In: ders.: Heidenfrage und Slawenfrage im deutschen Mittelalter. Ausgewählte Studien 1953-2008 (East Central and Eastern Europe in the Middle Ages 4). Leiden u.a. 2008, S. 343-407, hier, S. 398ff.
[24] Grundsätzlich zur Zerstörung von heidnischen Kultstätten im Rahmen der Mission vgl. von Padberg, Lutz: Die Inszenierung religiöser Konfrontationen. Theorie und Praxis der Missionspredigt im frühen Mittelalter. Stuttgart 2003, S. 244-263.
[25] Siehe Hardt: Kirchenorganisation (wie Anm. 9), S. 64f.
[26] Siehe in diesem Band Jensen, Kurt Villads: Bring dem Herrn ein blutiges Opfer. Gewalt und Mission in der dänischen Ostsee-Expansion des 12. und 13. Jahrhunderts, S. 139-157.

Zu ganz ähnlichen Befunden kommt auch David Crispin, der in den Briefen und Texten der Kreuzzugschronistik immer wieder religiöse Vorstellungen ausmachen konnte, mit denen dann auch die exzessive Gewalt, wie das Massaker bei der Eroberung Jerusalems 1099, gerechtfertigt wurde.[27] So habe man wiederholt die aus dem Alten Testament herrührende Idee bemüht, mit Jerusalem die heiligen Stätten der Christenheit von den Heiden reinigen zu müssen, oder den Gedanken vor sich hergetragen, nunmehr eine Art Entscheidungsschlacht im Zeichen der bevorstehenden Apokalypse schlagen zu müssen. Eine Vorstellung, die im Übrigen auch Bernhard von Clairvaux 1147 bemühte, um das militärische Vorgehen gegen die Heiden östlich der Elbe mit dem Kreuzzug ins Heilige Land zu verbinden.[28]

Wie schon bei der länger anhaltenden Diskussion um das Massaker von Jerusalem lösten die Berichte der mittelalterlichen Geschichtsschreiber über die Gräueltaten, die ihnen zufolge im Namen Christi an den Heiden begangen worden sind, immer wieder die Frage aus, inwieweit man den Angaben trauen könne, da die Opferzahlen vielfach generisch und an biblischen Vorbildern orientiert, also topisch, seien.[29] Auch wenn man die einzelnen Schilderungen mit gutem Recht nicht für getreue Abbilder hält, so sind sie doch in einer Menge überliefert, die grundsätzliche Zweifel an der Existenz solcher Gewalttaten nicht erlaubt. Noch wichtiger aber ist zunächst einmal, wie Kurt Villads Jensen deutlich machen konnte, dass ein Heinrich von Lettland, aber auch ein Saxo Grammaticus oder später dann ein Peter von Dusburg das Blutvergießen positiv bewerten und nicht als Widerspruch zum christlichen Selbstverständnis ihrer Protagonisten verstanden sehen möchten. Insofern kommt in diesen Werken dann doch eine neue Sicht auf die Gewalt, die im Namen Christi ausgeübt wird, zum

---

[27] Siehe Crispin: Herrschaft Christi (wie Anm. 15), S. 100-104.
[28] Vgl. Bysted, Ane L./ Jensen, Carsten Selch / Jensen, Kurt Villads / Lind, John H.: Jerusalem in the North. Denmark and the Baltic Crusades, 1100-1522. Turnhout 2012 (2004), S. 46ff.
[29] Zum Massaker von Jerusalem vgl. Elm, Kaspar: Die Eroberung Jerusalems im Jahre 1099. Ihre Darstellung und Deutung in den Quellen zur Geschichte des Ersten Kreuzzugs. In: Bauer, Dieter R. / Herbers, Klaus / Jaspert, Nikolas (Hrsg.): Jerusalem im Hoch- und Spätmittelalter. Konflikte und Konfliktbewältigung – Vorstellungen und Vergegenwärtigungen (Campus Historische Studien 29). Frankfurt a.M. / New York 2001, S. 31-54, und Althoff: „Selig..." (wie Anm. 3), S. 122-146.

Ausdruck, die vor dem Zeitalter von Kirchenreform und Kreuzzugsbewegung wohl so nicht geäußert werden konnte. Damit aber wird zum Ende auch deutlich, dass bei aller Gewalt, die die Ausbreitung des Christentums seit dem frühen Mittelalter begleitet hat, man von einer regelrechten Schwertmission erst mit Blick auf das 13. und 14. Jahrhundert sprechen kann, als der Einsatz des Schwertes in der Bekehrung der Heiden seine höchste Rechtfertigung fand. Dass damals auch die kirchliche Kritik an dieser Form der Mission immer deutlicher zu vernehmen war, erstaunt nicht und darf der Dialektik der Geschichte zugeschrieben werden.

MATTHIAS BECHER

DER PREDIGER MIT EISERNER ZUNGE.
DIE UNTERWERFUNG UND CHRISTIANISIERUNG DER
SACHSEN DURCH KARL DEN GROSSEN

Kein anderer Krieg Karls des Großen hat sowohl in den Quellen als auch in der Forschung soviel Beachtung gefunden wie sein Krieg gegen die Sachsen, der mit der gewaltsamen Missionierung dieses Volkes einherging. Deswegen und wegen der äußerst grausam geführten Auseinandersetzung differiert das Urteil über diese Tat des Frankenherrschers deutlich. In der modernen Forschung steht die Kritik an Karls gewaltsamen Vorgehen im Vordergrund, auch wenn konzidiert wird, dass die Maßstäbe der Zeit andere waren als heute.[1] Naturgemäß beurteilten die zeitgenössischen fränki-

---

[1] Vgl. etwa Büttner, Heinrich: Mission und Kirchenorganisation des Frankenreiches bis zum Tode Karls des Großen. In: Braunfels, Wolfgang: Karl der Große. Lebenswerk und Nachleben, Bd. 1: Beumann, Helmut (Hrsg.): Persönlichkeit und Geschichte. Düsseldorf 1965, S. 454-487; Schneider, Reinhard: Karl der Große – politisches Sendungsbewußtsein und Mission. In: Schäferdiek, Knut (Hrsg.): Kirchengeschichte als Missionsgeschichte, Bd. 2/1: Die Kirche des früheren Mittelalters. München 1978, S. 227-248; Kahl, Hans-Dietrich: Karl der Große und die Sachsen. Stufen und Motive einer historischen „Eskalation". In: Ludat, Herbert / Schwinges, Rainer Christoph (Hrsg.): Politik, Gesellschaft, Geschichtsschreibung. Giessener Festgabe für Frantisek Graus zum 60. Geburtstag (AKG, Beiheft 18). Köln / Wien 1982, S. 49-130. ND in: Kahl, Hans-Dietrich: Heidenfrage und Slawenfrage im deutschen Mittelalter. Ausgewählte Studien 1953-2008 (East Central and Eastern Europe in the Middle Ages, 450-1450, Bd. 4). Leiden / Boston 2011, S. 341-396; Freise, Eckhard: Das Frühmittelalter bis zum Vertrag von Verdun (843). In: Kohl, Wilhelm (Hrsg.): Westfälische Geschichte 1: Von den Anfängen bis zum Ende des alten Reiches (Veröffentlichungen der Historischen Kommission für Westfalen im Provinzialinstitut für westfälische Landes- und Volksforschung des Landschaftsverbandes Westfalen-Lippe 43). Düsseldorf 1983, S. 275-335; Lampen, Angelika: Sachsenkriege, sächsischer Widerstand und Kooperation. In: Stiegemann, Christoph / Wemhoff, Matthias (Hrsg.): 799. Kunst und Kultur der Karolingerzeit. Karl der Große und Papst Leo III. in Paderborn. Mainz 1999, S. 264-272; von Padberg, Lutz E.: Karl der Große, die Sachsen und die Mission. In: Hässler, Hans-Jürgen (Hrsg.): Neue Forschungsergebnisse zur nordwesteuropäischen Frühgeschichte unter besonderer Berücksichtigung der altsächsi-

schen Geschichtsschreiber das Vorgehen ihres Königs ausgesprochen positiv, zumindest die spezifisch militärische Seite. Der Verbindung von Gewalt und Mission standen einige von ihnen allenfalls neutral gegenüber. Dies gilt etwa auch für Einhard, den Biographen Karls des Großen, und sein Urteil über dessen *bellum Saxonicum*, dessen Sachsenkrieg:

> „Kein anderer Krieg ist von den Franken mit ähnlicher Ausdauer, Erbitterung und Mühe geführt worden wie dieser. Denn die Sachsen waren – wie fast alle Stämme Germaniens – ein wildes Volk, das Götzen anbetete und dem Christentum feindlich gesinnt war; auch empfanden sie es nicht als ehrlos, alle göttlichen und menschlichen Gesetze zu verletzen und zu übertreten. Dazu kamen noch weitere Umstände, die dazu beitrugen, den Frieden täglich zu gefährden: die Grenzen zwischen unserem und ihrem Gebiet verliefen fast ausschließlich durch flaches Land. Nur an einigen Stellen bildeten große Wälder oder dazwischenliegende Berge deutliche Grenzlinien. Mord, Raub und Brandstiftungen nahmen daher auf beiden Seiten kein Ende. Schließlich waren die Franken derart verbittert, dass sie es für richtig hielten, nicht länger Gleiches mit Gleichem zu vergelten, sondern mit den Sachsen in offenen Kampf einzutreten."[2]

Zwei Dinge sind an dieser Rückschau Einhards besonders bemerkenswert: Zunächst erstaunt, wie sehr er die Rolle seines Helden

---

schen Kultur im heutigen Niedersachsen (Studien zur Sachsenforschung 15). Oldenburg 2005, S. 365-376; Schieffer, Rudolf: Die Zeit des karolingischen Großreichs 714-887 (Gebhardt. Handbuch der deutschen Geschichte 2). Stuttgart 10 2005, S. 58-63.

[2] Einhard: Vita Karoli Magni, ed. von Oswald Holder-Egger (MGH SS rer. Germ. [25]). Hannover 1911, c. 7, S. 9: *Quo nullum neque prolixius neque atrocius Francorumque populo laboriosius susceptum est; quia Saxones, sicut omnes fere Germaniam incolentes nationes, et natura feroces et cultui daemonum dediti nostraeque religioni contrarii neque divina neque humana iura vel polluere vel transgredi inhonestum arbitrabantur. Suberant et causae, quae cotidie pacem conturbare poterant, termini videlicet nostri et illorum poene ubique in plano contigui, praeter pauca loca, in quibus vel silvae maiores vel montium iuga interiecta utrorumque agros certo limite disterminant, in quibus caedes et rapinae et incendia vicissim fieri non cessabant. Quibus adeo Franci sunt irritati, ut non iam vicissitudinem reddere, sed apertum contra eos bellum suscipere dignum iudicarent.* Übersetzung nach Firchow, Evelyn S.: Einhard, Vita Karoli Magni. Das Leben Karls des Großen, Lateinisch / Deutsch. Ditzingen 1981, S. 17, S. 19; zu Einhard vgl. Tischler, Matthias M.: Einharts Vita Karoli. Studien zur Entstehung, Überlieferung und Rezeption (MGH Schriften 48). Hannover 2002; zuletzt Patzold, Steffen: Einhards erste Leser. Zu Kontext und Darstellungsabsicht der „Vita Karoli". In: Viator Multilingual 42 (2011), S. 33-55.

zurücknimmt: Nicht so sehr der Herrscher, nicht Karl der Große, sondern vor allem die Franken haben diesen Krieg mit „Ausdauer, Erbitterung und Mühe" geführt. Diese Einschätzung dürfte der Realität sehr nahe gekommen sein, denn vor allem die fränkischen Krieger hatten den Kampf zu bestehen, und nur ihrem unermüdlichen Einsatz in einem – mit Unterbrechungen – rund dreißig Jahre währenden Krieg war es zu verdanken, dass Karl der Große am Ende siegreich blieb.

Fast noch mehr verwundert, dass Einhard zwar das Heidentum der Sachsen nennt, um sie als Feinde des Christentums zu stigmatisieren, dass er aber am Ende einen pragmatischen Kriegsgrund anführt: die ständigen Raubzüge auf beiden Seiten. Dies ist bemerkenswert angesichts der Tatsache, dass dieser Krieg ganz eindeutig ein Missionskrieg gewesen ist – darin ist sich die Forschung einig.[3] Dennoch setzte ein gut informierter Zeitgenosse wie Einhard einen ganz anderen Akzent: Er schätzte den Stellenwert der Mission in diesem militärischen Ringen gering ein und setzte den Glaubenswechsel der Sachsen mit der Unterwerfung unter den König gleich:

> „Es lässt sich kaum beschreiben, wie oft sie besiegt wurden und sich flehentlich dem König unterwarfen, wie oft sie Gehorsam versprachen, sofort die geforderten Geiseln stellten und die Boten des Königs willig aufnahmen. Einige Male waren sie schon so unterwürfig und schwach gemacht worden, dass sie gelobten, den Götzendienst aufzugeben und das Christentum anzunehmen. Doch obwohl sie mehrmals bereit gewesen waren, alle gestellten Bedingungen zu erfüllen, hatten sie es meist auch ebenso eilig, das Versprochene nicht zu halten."[4]

Für Einhard handelte es sich also vor allem um einen Eroberungskrieg. Die Christianisierung war in seinen Augen nur ein Aspekt

---

[3] Vgl. wie Anm. 1.
[4] Einhard: Vita Karoli Magni (wie Anm. 2), c. 7, S. 10: *Difficile dictu est, quoties superati ac supplices regi se dediderunt, imperata facturos polliciti sunt, obsides qui imperabantur absque dilatione dederunt, legatos qui mittebantur susceperunt, aliquoties ita domiti et emolliti, ut etiam cultum daemonum dimittere et Christianae religioni se subdere velle promitterent; Sed sicut ad haec facienda aliquoties proni, sic ad eadem pervertenda semper fuere praecipites, non sit ut satis aestimare, ad utrum horum faciliores verius dici possint.* Übersetzung nach Firchow: Einhard (wie Anm. 2), S. 19; bei Einhard erhält Karls Frömmigkeit ganz allgemein „einen persönlichen, fast privaten Charakter", Tischler: Einharts Vita Karoli (wie Anm. 2), S. 221.

im Rahmen dieser militärischen Auseinandersetzung gewesen. Der Ende des 9. Jahrhunderts schreibende Autor der *Translatio sancti Liborii* kannte dagegen Einhards *Vita Karoli*, und dennoch kam er zu einem ganz anderen Schluss:

> „Ich glaube, dass er mit Recht unser Apostel genannt wird, hat er uns doch sozusagen mit eiserner Zunge gepredigt, um uns die Pforte des Glaubens zu öffnen. Wenn er auch so oft den Sieg davontrug wie er in Kampfbereitschaft war und sich viele Völker und Reiche unterworfen hat, so steht doch fest, dass er am glorreichsten über den Teufel selbst gesiegt hat, indem er ihm so viele tausend Seelen, die vorher von dessen Herrschaft gefangen waren, durch die Bekehrung unseres Volkes entrissen und Christus dem Herrn zugeführt hat."[5]

Der Verfasser hat diese Einschätzung erst Generationen nach den Ereignissen niedergeschrieben. Er überhöht Karl zum Sachsenapostel und verschleiert dessen gewaltsames Vorgehen mit der Formel vom Prediger mit der eisernen Zunge. Wer hat nun recht? Einhard, der langjährige Weggefährte des Frankenherrschers oder der Paderborner Hagiograph? Gegen beide ist einzuwenden, dass sie ihr Urteil nicht nur aus der Rückschau, sondern auch aus ihrer je eigenen Perspektive fällten: Hier Einhard, der um 830 die Leistungen Karls des Großen und der Franken vor dem Hintergrund einer aktuellen inneren Krise des Reiches hervorheben wollte, da der Autor der *Translatio Liborii*, der die gewaltsame Unterwerfung

---

[5] Translatio s. Liborii, ed. von Georg Heinrich Pertz (MGH SS 4). Hannover 1841, S. 149-157, hier c. 5, S. 151: *Quem arbitror nostrum iure apostolum nominari; quibus ut ianuam fidei aperiret, ferrea quodammodo lingua praedicavit. Qui cum tociens victoria potitus, quotiens in procinctu positus, multas sibi gentes, multa regna subiecerit, constat tamen eum gloriosissime etiam de diabolo triumphasse, cui tot animarum milia, prius sub eius tyrannide captiva, in conversione nostrae gentis eripuit, et Christo domino adquisivit.* Cohausz, Alfred: Erconrads Translatio S. Liborii. Eine wiederentdeckte Geschichtsquelle der Karolingerzeit und die schon bekannten Übertragungsberichte (Studien und Quellen zur Westfälischen Geschichte 6). Paderborn 1966, S. 51; de Vry, Volker: Liborius, Brückenbauer Europas. Die mittelalterlichen Viten und Translationsberichte. Mit einem Anhang der Manuscripta Liboriana. Paderborn / München / Wien / Zürich 1997, S. 194; zur Quelle und möglichem Autor vgl. Wattenbach, Wilhelm / Levison, Wilhelm / Löwe, Heinz: Deutschlands Geschichtsquellen im Mittelalter. Vorzeit und Karolinger, Heft 6: Die Karolinger vom Vertrag von Verdun bis zum Herrschaftsantritt der Herrscher aus dem sächsischen Hause. Das ostfränkische Reich. Weimar 1990, S. 849ff.

und Bekehrung seines Volkes „bewältigen" wollte, wie Helmut Beumann es genannt hat.⁶
Zentral aber ist die Frage, ob Karl der Große selbst die Unterwerfung und Eingliederung der Sachsen in sein Reich geplant und welchen Stellenwert und welche Funktion er dabei der Mission zugebilligt hat. Allgemein bewertet die Forschung die Fähigkeit frühmittelalterlicher Herrscher, ihre Politik langfristig zu planen, ausgesprochen zurückhaltend. Dies gilt auch für Karl den Großen, seinen Sachsenkrieg und die mit diesem einhergehende Mission.⁷ Der möglichen Konzeption des Königs kann man allenfalls durch eine Analyse seiner Handlungen auf die Spur kommen, wenn überhaupt.⁸ Dabei ist ein grundsätzliches methodisches Problem zu beachten, das mit der Quellenlage zusammenhängt. Über den Sachsenkrieg berichteten fast ausschließlich Geschichtsschreiber, die entweder über den endgültigen Triumph der Franken oder wie die hofnahen Reichsannalen zumindest über ihren ersten – allerdings nur scheinbaren – Sieg im Jahr 785 informiert waren.⁹ Zudem waren sie alle selbst Franken und noch dazu Geistliche. Wenn

---

[6] Beumann, Helmut: Die Hagiographie „bewältigt" Unterwerfung und Christianisierung der Sachsen durch Karl den Großen. In: Christianizzazione ed organizzazione ecclesiastica delle campagne nell'alto medioevo: espansione e resistenze (SSCI 28). Spoleto 1982, S. 129-163. ND in: ders.: Ausgewählte Aufsätze aus den Jahren 1966-1986. Festgabe zu seinem 75. Geburtstag, hrsg. von Jürgen Petersohn / Roderich Schmidt. Sigmaringen 1987, S. 289-323; vgl. auch Ehlers, Joachim: Die Sachsenmission als heilsgeschichtliches Ereignis. In: Felten, Franz J. (Hrsg.): Vita Religiosa im Mittelalter. FS für Kaspar Elm zum 70. Geburtstag (Berliner Historische Studien 31 = Ordensstudien 13). Berlin 1999, S. 37-53.

[7] Allgemein zu Karl vgl. Schieffer, Rudolf: Karl der Große – Intentionen und Wirkungen. In: Erkens, Franz-Rainer (Hrsg.): Karl der Große und das Erbe der Kulturen. Akten des 8. Symposiums des Mediävistenverbandes Leipzig 15.-18. März 1999. Berlin 2001, S. 3-14; speziell zur Mission vgl. Schneider: Karl (wie Anm. 1), S. 227-233.

[8] Vgl. grundlegend Beumann, Helmut: Widukind von Korvey, Untersuchungen zur Geschichtsschreibung und Ideengeschichte des 10. Jahrhunderts (Abhandlungen zur Corveyer Geschichtsschreibung 3). Weimar 1950, S. VII; sowie die Debatte zwischen Althoff, Gerd: Von Fakten zu Motiven. Johannes Frieds Beschreibung der Ursprünge Deutschlands. In: HZ 260 (1995), S. 107-117, und Fried, Johannes: Über das Schreiben von Geschichtswerken und Rezensionen. In: HZ 260 (1995), S. 119-130.

[9] Annales regni Francorum ad 785, ed. von Friedrich Kurze (MGH SS rer. Germ. [6]). Hannover 1895, S. 70: *[...] et tunc tota Saxonia subiugata est.*

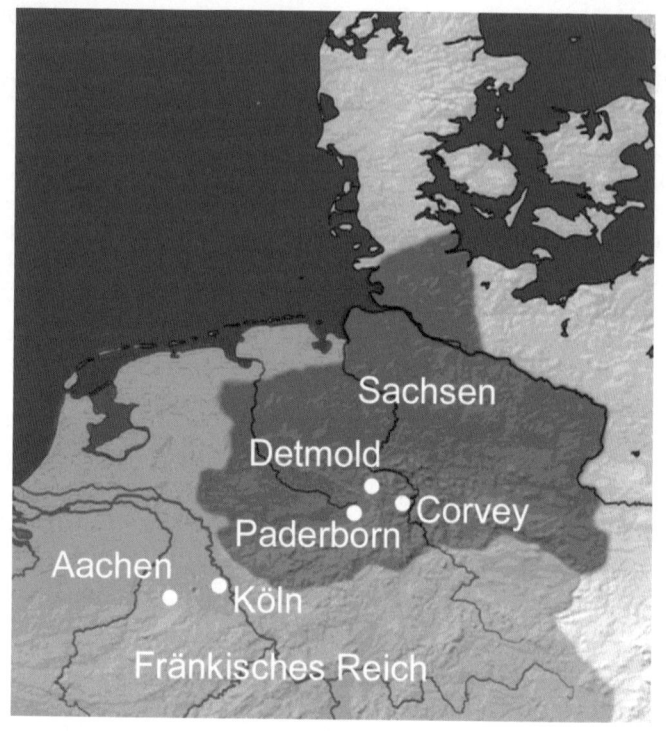

Karte 1: Der Nordosten des Fränkischen Reiches und Sachsen

sich Sachsen zu diesen Geschehen äußerten, dann nur in einem noch größeren zeitlichen Abstand und wie der Verfasser der Translatio sancti Liborii als Untertanen fränkischer Herrscher. Wie die fränkischen Geschichtsschreiber waren sie außerdem auch in der christlich-lateinisch-fränkischen Bildungstradition erzogen worden. Dagegen haben sich nur wenige streng zeitgenössische Zeugnisse wie Briefe oder Herrschererlasse erhalten. Als sie verfasst wurden, war die Situation noch völlig offen – sie bieten also Momentaufnahmen des Geschehens und eignen sich daher dazu, die späteren Berichte zu überprüfen.

Diese späteren Zeugnisse überwiegen allerdings, und sie entwickeln eine suggestive Kraft, weil sie in aller Regel den Eindruck einer rationalen Planung und eines stringenten Vorgehens erwecken. Dem sollte der moderne Historiker nicht einfach folgen. Im Fall des Sachsenkrieges ist vor allem der Fehler zu vermeiden, die militärische Auseinandersetzung und die mit ihr einhergehende

Mission vom Ende her zu analysieren und spätere Texte zur Erklärung früherer Geschehnisse heranzuziehen. Insbesondere muss man sich bewusst sein, dass man allenfalls eine vorsichtige Annäherung an die damaligen Verhältnisse erreichen kann. Dabei gilt es, zunächst die Ausgangslage in den Blick zu nehmen, dann die verschiedenen Stufen der Auseinandersetzung sowie einige Reaktionen der Zeitgenossen, um zu einer Bewertung über die Frage nach dem Stellenwert der Mission in Karls Sachsenkrieg zu gelangen.

Die Sachsen befanden sich schon seit langem im Fokus der Frankenkönige. Bereits der Merowinger Chlothar I. hatte Mitte des 6. Jahrhunderts Krieg gegen sie geführt.[10] Damals hatten sich die Sachsen, vielleicht aber auch nur Teile von ihnen, zu einem jährlichen Tribut von 500 Kühen bereit erklärt. Denn die Sachsen waren politisch völlig anders strukturiert als die Franken und andere Völker des Frühmittelalters. Ihnen fehlte jede staatliche Einheit, eine gemeinsame Hauptstadt und jede gemeinsame Institution bis auf eine große Versammlung.[11] Sie wurden von zahlreichen Kleinkönigen beherrscht, die sich nur im Kriegsfall enger zusammenschlossen und einen aus ihrer Mitte zum Heerführer wählten. Die Existenz größerer Untergruppen ist nur schemenhaft zu erkennen. Die drei bzw. vier Großgruppen der Sachsen, die Westfalen, Engern, Ostfalen und Nordleute jenseits der Elbe, begegnen erst während des Kampfes gegen Karl den Großen und sind daher vielleicht auch erst im Zuge dieser Auseinandersetzung entstanden. Religiös wurden sie anscheinend durch die gemeinsame Naturreligion zusammengehalten, in der die Götter Donar, Wodan, und

---

[10] Vgl. Springer, Matthias: Die Sachsen. Stuttgart 2004, S. 97ff.
[11] Zur Verfassung der Sachsen vgl. zuletzt Becher, Matthias: Non enim habent regem idem Antiqui Saxones... Verfassung und Ethnogenese in Sachsen während des 8. Jahrhunderts. In: Hässler, Hans-Jürgen (Hrsg.): Sachsen und Franken in Westfalen. Zur Komplexität der ethnischen Deutung und Abgrenzung zweier frühmittelalterlicher Stämme (Studien zur Sachsenforschung 12). Oldenburg 1999, S. 1-31; Springer: Sachsen (wie Anm. 10), S. 131-152; Wood, Ian N.: Beyond satraps and ostriches: political and social structures of the Saxons in the early Carolingian period. In: Green, Dennis / Siegmund, Frank (Hrsg.): The continental Saxons from the migration period to the tenth century: an ethnographic perspective (Studies in historical archaeoethnology 6). Woodbridge 2003, S. 271-297.

Saxnot eine besondere Rolle spielten.[12] Aber auch diese Religion ist nur sehr schemenhaft aus den erhaltenen Zeugnissen zu rekonstruieren. Dabei ist zu beachten, dass die schriftlichen Zeugnisse von Autoren stammen, die nicht nur Christen, sondern in aller Regel auch Geistliche waren und teilweise sogar in einem größeren zeitlichen Abstand über ‚die' Religion ‚der' Sachsen handelten. Es ist daher nicht leicht, zwischen zuverlässigen Nachrichten und dem traditionellen Heidenbild zu unterscheiden, das sich seit der Antike entwickelt hatte.

Das Verhältnis von Franken und Sachsen blieb nach Chlothar I. lange Zeit stabil.[13] Erst mit der inneren Schwäche des Frankenreiches im Zuge innerer Auseinandersetzungen im endenden 7. und beginnenden 8. Jahrhundert konnten die Sachsen sogar die Oberhand gewinnen und das Gebiet der bis dahin unter fränkischer Herrschaft stehenden Boruktuarier erobern. Nachdem sich allerdings Karl Martell 717/718 zum fränkischen Hausmeier und faktischen Alleinherrscher aufgeschwungen hatte, wandelte sich das Bild wieder. Bereits 718 unternahm er einen Rachefeldzug bis an die Weser. Auch in den folgenden Jahren suchte er immer wieder sächsisches Gebiet heim, so auch im Jahr 738. Laut Bonifatius (672/675-754) ging es damals auch um die Missionierung des Gegners. Brieflich berichtete er dem Papst, Karl Martells Siege hätten zur Bekehrung von 100.000 Seelen geführt. Aber auch nach dem Tod Karl Martells 741 gingen die Auseinandersetzungen weiter. Sein Sohn Pippin erzwang 748 die Erneuerung der alten sächsischen Tributzahlungen. Im Jahr 753 – mittlerweile hatte Pippin die fränkische Königswürde erlangt – unternahm er vom Niederrhein aus einen großen Feldzug gegen die Sachsen, um sie für ihre angebliche Treulosigkeit zu bestrafen. 758 erschien Pippin erneut im westlichen Sachsen und unterwarf die Bevölkerung, der er einen jährlichen Tribut von 300 Pferden auferlegte.

---

[12] Zu den wenigen Nachrichten über die Religion vgl. Springer: Sachsen (wie Anm. 10), S. 153-165.

[13] Zum Folgenden vgl. Becher, Matthias: Sachsen vom 6. bis 8. Jahrhundert: Nebenland des Frankenreiches. In: Both, Frank / Aouni, Heike (Hrsg.): Über allen Fronten. Nordwestdeutschland zwischen Augustus und Karl dem Großen. Katalog der Sonderausstellung Oldenburg 1999 (Archäologische Mitteilungen aus Nordwestdeutschland, Beiheft 26). Oldenburg 1999, S. 145-161; Springer: Sachsen (wie Anm. 10), S. 166-174.

Es hat den Anschein, als ob Pippin die Auseinandersetzung mit den Sachsen sehr ernst genommen hat und diese womöglich noch intensiver geführt hätte, wenn er sich nicht seit 760 Aquitanien zugewandt hätte. Bis zu seinem Tod 768 unternahm er nahezu in jedem Jahr einen Feldzug in das Gebiet südlich der Loire. Für einen Kampf gegen die Sachsen blieb da wenig Spielraum. Pippins Sohn Karl der Große erbte diesen Krieg im Süden des Reiches, den er 769 zu einem siegreichen Ende bringen konnte. Danach nahmen ihn die Spannungen mit seinem Bruder und Mitkönig Karlmann vollkommen in Anspruch.[14] Erst nachdem Karlmann Anfang Dezember 771 gestorben war und Karl dessen Reichsteil übernommen hatte, nahm er die Sachsen in den Blick. Die Reichsannalen vermitteln den Eindruck, dies sei planmäßig geschehen, berichten sie doch, Karl sei „zum ersten Mal" nach Sachsen gezogen.[15] Doch ist dies deutlich aus der Rückschau in Kenntnis der weiteren Entwicklung formuliert. So bleiben die Gründe des Frankenkönigs vorerst im Dunkeln: Wollte er die Sachsenpolitik seines Vaters wieder aufnehmen? Waren es die von Einhard erwähnten Grenzkonflikte oder ganz andere Gründe? Vielleicht sollten der Zug nach Sachsen 772 und die mit ihm verbundene Aussicht auf Beute vor allem zur inneren Einheit des Frankenreiches beitragen, in dem wegen der Spannungen zwischen Karl und Karlmann fast ein Bruderkrieg ausgebrochen wäre.

Im Frühjahr 772 hielt Karl in Worms eine Reichsversammlung ab, um von dort gegen die Sachsen zu ziehen. Üblicherweise wurden solche Unternehmungen im Winter mit den wichtigsten Großen vorbereitet,[16] in diesem Fall also unmittelbar nach Karlmanns Tod. Dies spricht für die These, dass Karl mit diesem Feldzug gegen die Sachsen die Spannungen in seinem eigenen Reich abbauen wollte, die durch die Feindseligkeiten zwischen ihm und seinem

---

[14] Zu Karls ersten Herrschaftsjahren vgl. Jarnut, Jörg: Ein Bruderkampf und seine Folgen. Die Krise des Frankenreiches (768-771). In: Jenal, Georg (Hrsg.): Herrschaft, Kirche, Kultur. Beiträge zur Geschichte des Mittelalters. FS für Friedrich Prinz zu seinem 65. Geburtstag (Monographien zur Geschichte des Mittelalters 37). Stuttgart 1993, S. 165-176. ND in: Becher, Matthias (Hrsg.): Herrschaft und Ethnogenese im Frühmittelalter. Gesammelte Aufsätze von Jörg Jarnut. Festgabe zum 60. Geburtstag. Münster 2002, S. 235-246.
[15] Annales regni Francorum ad 772 (wie Anm. 9), S. 32.
[16] Hinkmar: De ordine palatii, ed. von Thomas Gross / Rudolf Schieffer (MGH Font. iuris Germ. ant. 3). Hannover 1980, c. 6, S. 82, S. 84.

Bruder Karlmann entstanden waren. Jedenfalls marschierte Karl nach Norden, eroberte die Eresburg und zerstörte die Irminsul, das zentrale Heiligtum der Sachsen.[17] Dabei handelte es sich wohl um eine gewaltige hölzerne Säule, die vermutlich dem Glauben der Sachsen zufolge den Himmel trug. Hier lagen auch zahlreiche Opfergaben wohl in Form von Gold und Edelsteinen. All dies fiel nun Karl dem Großen in die Hände, der seine Gefolgsleute mit der Beute reich belohnen konnte. So gesehen hatte sich die Expedition gelohnt. Weitergehende Ziele verfolgte er nicht, zumindest ist in den Quellen von Taufen der Besiegten oder sonstigen Maßnahmen zu ihrer Bekehrung nicht die Rede.[18]

Sollte Karl damals bereits weitergehende Ziele verfolgt haben, so stellte er sie schon bald zurück. Im Sommer 773 zog er über die Alpen, um Papst Hadrian gegen die Langobarden zu unterstützen und bei dieser Gelegenheit das Bündnis der Franken mit dem Papsttum zu erneuern.[19] Karl blieb auch den Winter über in Italien. Diese Gelegenheit nutzten die Sachsen und gingen zum Gegenangriff über. Sie verheerten das nördliche Hessen und überfielen dabei auch zahlreiche christliche Kirchen, darunter das Kloster Fritzlar und den zeitweiligen Bischofssitz Büraburg.[20] Nach seiner Rückkehr aus Italien soll Karl im Winter 774/775 beschlossen haben, die Sachsen sowohl zu unterwerfen als auch zu christianisieren. Den sogenannten Einhardsannalen zufolge fiel sein Beschluss recht drastisch aus:

> „Während des Winteraufenthaltes in Quierzy hielt der König Rat und beschloss, das treulose und wortbrüchige Volk der Sachsen mit Krieg zu überziehen, bis sie entweder besiegt und zum Christentum bekehrt oder ganz ausgerottet wären."[21]

---

[17] Annales regni Francorum ad 772 (wie Anm. 9), S. 34.
[18] Zusammenstellung der Quellen: Böhmer, Johann Friedrich / Mühlbacher, Engelbert: Regesta Imperii I/1. Die Regesten des Kaiserreichs unter den Karolingern 751-918/924, bearb. von Engelbert Mühlbacher. Innsbruck 1908 (ND Hildesheim 1966), Nr. 149c, S. 68.
[19] Vgl. hierzu jetzt Hartmann, Florian: Nochmals zur sogenannten Pippinischen Schenkung und zu ihrer Erneuerung durch Karl den Großen. In: Francia 37 (2010), S. 25-47.
[20] Annales regni Francorum ad 774 (wie Anm. 9), S. 36, S. 38.
[21] Annales qui dicuntur Einhardi ad 775, ed. von Friedrich Kurze (MGH SS. rer. Germ. [6]). Hannover 1895, S. 41: *Cum rex in villa Carisiaco hiemaret, consilium iniit, ut perfidam ac foedifragam Saxonum gentem bello ad-*

Diese Stelle gilt als – allerdings später – Beleg dafür, dass Karl damals den Plan gefasst habe, den Krieg bis zu der skizzierten Alternative fortzusetzen: entweder Sieg und Bekehrung der Sachsen zum Christentum oder Ausrottung dieses Volkes.[22] Genauer untersucht wurde der Text jedoch nur selten. Vor allem Hans-Dietrich Kahl hat dies in seiner Studie „Karl der Große und die Sachsen. Stufen und Motive einer historischen ‚Eskalation'" getan, die noch heute als grundlegend gilt.[23] Zunächst argumentierte er entschieden für die Glaubwürdigkeit dieser Nachricht: „Schon die grauenvolle Alternative, die Bevölkerung eines derart großen Gebietes ausrotten zu wollen, falls die Christianisierungsabsicht mißlingen sollte, fällt [...] zugunsten dieser Aussage ins Gewicht."[24] Denn falls sie erst nach Karls Tod formuliert worden wäre, hätte man die Ausrottung der Sachsen in genauer Kenntnis ihrer Anzahl und der Größe ihres Gebiets in den Raum gestellt, was nach Kahl wegen der Grausamkeit der genannten Alternative unvorstellbar sei.

Die Entstehung dieser Alternative bringt Kahl dann in Zusammenhang mit der Weihnachtsbotschaft, weil die Beratungen über das Vorgehen gegen die Sachsen in unmittelbarer zeitlicher Nähe zum Weihnachtsfest stattgefunden hätten. Dieser Beschluss sei womöglich „eine interpretierende Konsequenz" aus der Weihnachtsbotschaft gewesen: *Gloria in altissimis [sc. Excelsis] Deo, et in terra pax hominibus bonae voluntatis* (Luc. 2, 14). Dieser Friede für alle Menschen guten Willens sei aus Karls Sicht eben nicht nur mit einem einfachen Beschluss über den Sachsenkrieg herbeizuführen gewesen, sondern allein mit der schon mehrfach erwähnten furchtbaren Alternative. Allerdings sei diese gar nicht so radikal gemeint gewesen wie sie klinge. Aus der Formulierung, die Sachsen sollten sich *victi christianae religioni subicerentur*,[25] betrachtet Kahl vor allem das Wort *vinci* genauer. Mit ihm sei eine bloße

---

grederetur a et eo usque perseveraret, dum aut victi christianae religioni subicerentur aut omnino tollerentur.

[22] Vgl. etwa Büttner: Mission und Kirchenorganisation (wie Anm. 1), S. 468.
[23] Wie Anm. 1; zustimmend etwa von Padberg, Lutz E.: Die Diskussion missionarischer Programme zur Zeit Karls des Großen. In: Godman, Peter / Jarnut, Jörg / Johanek, Peter (Hrsg.): Am Vorabend der Kaiserkrönung. Das Epos „Karolus Magnus et Leo papa" und der Papstbesuch in Paderborn 799. Berlin 2002, S. 125-143, hier S. 126.
[24] Kahl: Karl (wie Anm. 1), S. 60 (ND S. 357).
[25] Annales qui dicuntur Einhardi ad 775 (wie Anm. 21), S. 41.

Niederlage der Sachsen angesprochen worden, nicht aber ihre volle Eingliederung in das Frankenreich; eher sei die Anerkennung der fränkischen Oberhoheit unter Wahrung der politischen Autonomie gemeint gewesen. Die grausame Alternative hätte sich dann vor allem auf die Unterwerfung unter die christliche Religion bezogen.[26]

Was ist nun von der Argumentation Hans-Dietrich Kahls zu halten? Er selbst muss schon konstatieren, dass seine Rekonstruktion der Beschlüsse von Quierzy nicht zu den unmittelbar folgenden fränkischen Aktionen im Jahr 775 passt, die zwar äußerst brutal die Unterwerfung der Sachsen erzwingen sollten, aber gerade nicht auf Christianisierung der Sachsen abzielten. Daher ist Kahl zu folgenden Schluss gekommen: „In der Christianisierungsfrage aber geschah nichts, was spektakulär genug war, um von unseren Quellenautoren eigens notiert zu werden: es wurde also, so rigoros die Alternative von Quierzy anmutet, in der Praxis zunächst eine gewisse vorsichtige Zurückhaltung gewahrt, die Blick für das Maß verrät."[27] Angesichts der Brutalität jener Kämpfe ist diese Feststellung Kahls wenig überzeugend, denn näher liegt der Schluss, dass es dem Frankenherrscher damals vor allem um die Unterwerfung der Sachsen gegangen war, während ihr Glaube dabei allenfalls eine Nebenrolle gespielt hat. Wenn Karl der Große in Quierzy überhaupt ein Programm aufgestellt hat, dann dass er die Sachsen unter allen Umständen besiegen wollte. Damit kann wohl auch die etwas bemühte Behauptung ad acta gelegt werden, die Weihnachtsbotschaft habe die Beschlüsse von Quierzy beeinflusst.

Weiter ist die Quellenlage zu bedenken, denn die sogenannten Einhardsannalen sind erst nach dem Tod Karls des Großen 814 entstanden. Bereits dieses Faktum mahnt zur Vorsicht, zumal es sich bei dieser Quelle um eine Überarbeitung der schon einmal erwähnten Reichsannalen handelt.[28] Diese wiederum sind ein offiziö-

---

[26] Vgl. Kahl: Karl (wie Anm. 1), S. 65 (ND S. 363).
[27] Ebd., S. 72 (ND S. 371).
[28] Zu beiden Quellen vgl. Wattenbach, Wilhelm / Levison, Wilhelm / Löwe, Heinz: Deutschlands Geschichtsquellen im Mittelalter. Vorzeit und Karolinger, Heft 2: Die Karolinger vom Anfang des 8. Jahrhunderts bis zum Tode Karls des Großen, bearb. von Heinz Löwe. Weimar 1953, S. 245ff. Vgl. auch Hoffmann, Hartmut: Untersuchungen zur karolingischen Annalistik (Bonner Historische Forschungen 10). Bonn 1958, S. 38ff. Eine neue Sicht bietet McKitterick, Rosamond: Constructing the Past in the Early Middle Ages: The Case of the Royal Frankish Annals. In: Transactions of the Royal Historical Society, 6th series 7 (1997), S. 101-129; dies.: Karl der Große. Darmstadt 2008, S. 38-53.

ses Geschichtswerk, das um 790 verfasst worden ist, den Ereignissen also zeitlich recht nahe steht. Weiter sind die Reichsannalen dem Umkreis des fränkischen Hofes zuzuordnen, weshalb sie nicht nur vor allem die fränkischen Erfolge darstellen, sondern auch fränkische Rückschläge wie Erfolge erscheinen lassen. Die sogenannten Einhardsannalen sind an dieser Stelle ehrlicher: Sie beruhen zwar deutlich auf den Reichsannalen, aber bei ihnen bleibt eine Niederlage der Franken eine Niederlage. Rechtfertigt dieser Befund, ihr Zeugnis über die Beschlüsse von Quierzy über das der Reichsannalen zu stellen, in denen kein Wort von der Alternative ‚Annahme des Christentums oder Ausrottung' zu lesen ist? Damit stehen wir vor der Frage, die man sich für diese quellenarme Zeit immer wieder zu stellen hat: Beruhte die Nachricht auf zusätzlichen Informationen oder hat der spätere Autor sie so niedergeschrieben, weil er sowohl um den späteren Verlauf als vor allem auch um das Ergebnis des Sachsenkrieges wusste? Hat Kahl recht, so formulierte Karl der Große eine schreckliche Alternative in Bezug auf die Religion, wollte den Sachsen aber politisch eine relativ große Freiheit lassen. Sollte er wirklich geglaubt haben, dass diese Lösung funktionieren würde? Warum lesen wir dann in den Berichten über die Kriegszüge des Jahres 775 nichts über eine Umsetzung dieses königlichen Planes?

Es liegt ein Befund vor, der oft zu beobachten ist: Je größer die zeitliche Distanz, desto geschlossener und klarer die Darstellung durch spätere Geschichtsschreiber und desto entschiedener ihre Deutung.[29] Die sogenannten Einhardsannalen sind ein sehr gutes Beispiel für diesen Umgang mit der Vergangenheit. In ihnen wird Karl die Rolle als Hauptakteur etwa dadurch akzentuiert, dass sie auch sonst Entschlüsse Karls des Großen in den Mittelpunkt stellen, wo in ihrer Vorlage, den Reichsannalen, lediglich von Ver-

---

[29] Vgl. grundsätzlich Goetz, Hans-Werner: „Vorstellungsgeschichte": Menschliche Vorstellungen und Meinungen als Dimension der Vergangenheit. Bemerkungen zu einem jüngeren Arbeitsfeld der Geschichtswissenschaft als Beitrag zu einer Methodik der Quellenauswertung. In: AKG 61 (1979), S. 253-271. ND in: ders.: Vorstellungsgeschichte. Gesammelte Schriften zu Wahrnehmungen, Deutungen und Vorstellungen im Mittelalter, hrsg. von Anna Aurast / Simon Elling / Bele Freudenberg / Anja Lutz / Steffen Patzold. Bochum 2007. S. 2-17; ders.: Wahrnehmungs- und Deutungsmuster als methodisches Problem der Geschichtswissenschaft. In: Das Mittelalter. Perspektiven mediävistischer Forschung 8 (2003), S. 23-33.

sammlungen der Franken und anschließenden Handlungen die Rede war. Nicht mehr das Zusammenspiel des Königs mit seinen Franken bildete für die sogenannten Einhardsannalen den Rahmen der fränkischen Politik, sondern vor allem der Wille des Königs.[30] Zu dieser Tendenz passt auch ihr Bericht über den (angeblichen) Beschluss von Quierzy, bei dem sich die Frage stellt, woher ihre Kenntnis über den weitreichenden Wortlaut dieses Beschlusses stammt. Auszugehen ist von den Reichsannalen, nach denen der König 775 in Düren eine Versammlung abhielt und von dort aus gegen die Sachsen zog.[31] Dass dieser Aktion ein Entschluss vorausging, war in den Jahren nach 814 nicht schwer zu erraten. Dem späteren Geschichtsschreiber könnten entsprechende Informationen vorgelegen haben – mit dieser Prämisse operieren Kahl und andere –, aber genau so wahrscheinlich ist, dass sich der fränkische Geschichtsschreiber von seinen Vorstellungen und insbesondere von seiner Kenntnis der weiteren Entwicklung leiten ließ. Einmal mehr konnte er auf diese Weise Karl als alleinigen Gestalter der fränkischen Politik erscheinen lassen und dies gerade in einer Frage wie der Ausbreitung des Glaubens, die für einen christlichen Herrscher fundamental war. Zudem war die Alternative ‚Annahme des Christentums oder Ausrottung' rückblickend eine zwar drastisch formulierte, aber letztlich inhaltsleere Floskel. Dem Annalisten war bekannt, dass die Sachsen am Ende nicht ausgerottet, sondern besiegt und bekehrt worden waren. Zudem wusste er, dass der Krieg gegen sie sehr lange gedauert hatte und sehr brutal geführt worden war. Die Annahme, er habe an dieser Stelle zusätzliche Informationen gehabt, ist daher keineswegs zwingend. Vielmehr spricht sehr viel für die Möglichkeit, dass die Formulierung der Alternative von Quierzy allein auf die sogenannten Einhardsannalen zurückgeht.

Kehren wir zurück in das Jahr 775, in dem Karl der Große tatsächlich allein die Unterwerfung der Sachsen unter seine Herrschaft erzwingen wollte, ohne dass ihre Christianisierung dabei eine Rolle gespielt hätte. Der Frankenkönig stieß 775 vom Niederrhein aus bis nach Ostsachsen vor, erzwang bei Höxter den Übergang über die Weser und nahm die Unterwerfung der Ostsachsen mit ihrem Anführer Hassio sowie der Engern unter Bruno entge-

---

[30] Vgl. McKitterick: Karl der Große (wie Anm. 28), S. 39-42.
[31] Annales regni Francorum ad 775 (wie Anm. 9), S. 40.

gen. Daraufhin bekriegte er die Westfalen, bis diese sich ebenfalls unterwarfen. Die Reichsannalen beschließen ihren Bericht über diesen Feldzug mit den Worten: „Dann, nachdem er die Geiseln erhalten, reiche Beute an sich genommen und dreimal ein Blutbad unter den Sachsen angerichtet hatte, kehrte [...] Karl mit Gottes Hilfe heim in die *Francia*."[32] Weniger euphemistisch beurteilte ein angelsächsischer Beobachter das Geschehen: Den Northumbrischen Annalen zufolge soll der fränkische König damals gewütet haben, als ob er den Verstand verloren hätte.[33] Aus all dem wird man schließen dürfen, dass es Karl dem Großen allein darum ging, den militärischen Widerstand der Sachsen zu brechen. Von Taufen oder sonstigen Missionsbemühungen ist in den Quellen dagegen nicht die Rede.

Weiter berichten die Northumbrischen Annalen, Karl habe 775 das südliche Sachsen annektiert.[34] Nach Kahl war es eine gängige Praxis der Karolinger, sich bestimmte Gebiete für den Fall weiterer Kämpfe als militärisches Aufmarschgebiet zu sichern. Wie aber geht das zusammen: Die Unterwerfung heidnischer Gebiete unter einen christlichen König? Immer wieder ist zu lesen, dieser Zustand sei eigentlich gar nicht möglich gewesen: Ein christlicher König habe nur Christen als Untertanen akzeptieren können. Entspricht dies den Tatsachen? Zu erinnern ist etwa an einen Brief des angelsächsischen Abtes Eanwulf, in dem dieser Karl den Großen aufforderte, die ihm unterstehenden Völker zum Christentum zu führen, indem er ihre Götzentempel zerstöre; weiter ist von Ermahnung, Schrecken, Schmeichelei und Zurechtweisung die Rede; zudem solle der König mit gutem Beispiel vorangehen.[35] Eanwulf

---

[32] Annales regni Francorum ad 775 (wie Anm. 9), S. 42, S. 44.
[33] Ex vetustis Annalibus Nordhumbranis ad 775, ed. von Reinhold Pauli (MGH SS 6). Hannover 1888 (ND Stuttgart 1985), S. 154ff., hier S. 155: *Karl denique rex, ut praefati sumus, bellicosissimus Francorum cum omni exercitus sui virtute vallatus, confortatus glorificatus gentem Saxonum est ingressus, centuriatibus et legionibus stipatus, quam magnis et inedicibilibus regionem praeliis gravissimis vastavit. igne ferroque debacchans, quia erat consternatus animo.*
[34] Ebd., S. 155: *Urbes denique duas Sigeburht et Aresburht atque provinciam Bohweri, olim a Francis oppressam, suo potenter adiecit summo imperio.* Vgl. Kahl: Karl (wie Anm. 1), S. 67-71 (ND S. 363-369).
[35] Epistolae Bonifatii = Die Briefe des heiligen Bonifatius und Lullus, ed. von Michael Tangl (MGH Epp. sel. 1). Berlin 1955, Nr. 120, S. 256f.; vgl. Kahl: Karl (wie Anm. 1), S. 57 (ND S. 357); von Padberg, Lutz E.: Die Inszenierung religiöser Konfrontationen. Theorie und Praxis der Missionspredigt im frühen

wiederholte hier Ermahnungen, die Papst Gregor der Große um 600 an den angelsächsischen König Aethelbert gerichtet hatte. Wenn ein christlicher König aber eigens zur Verbreitung des Christentums unter seinen Völkern aufgefordert werden konnte, dann hielt man es also für durchaus möglich, dass sich auch Heiden unter diesen befanden. Zu überlegen wäre also, dass Karl während der ersten Phase des Sachsenkrieges zwischen 772 und 775 zwar gegen eine heidnische Kultstätte wie die Irminsul vorging, vor allem auch um die dort gesammelten Votivgaben zu erbeuten, dass er aber ansonsten noch kein festes Missionskonzept besaß, sich also auch mit einer bloßen politischen Oberhoheit über das südliche Sachsen zufrieden gegeben hätte – zumindest zunächst.[36]

Falls dies tatsächlich der Fall war, so handelte es sich nur um einen schnell vorübergehenden Zustand. Im Jahr 776 musste Karl sehr kurzfristig wegen eines gefährlichen Aufstandes in Italien über die Alpen ziehen. Die Sachsen – nicht alle von ihnen und vielleicht nicht einmal diejenigen, die sich im Jahr zuvor unterworfen hatten – nutzten seine Abwesenheit für Vergeltungsaktionen. Es gelang ihnen, die Eresburg zurückzuerobern, aber sie scheiterten vor der Sigiburg.[37] Von diesem Geschehen alarmiert, kehrte Karl noch im Jahr 776 zurück und antwortete mit einem Zug bis tief nach Sachsen hinein. Bei den Lippequellen in der Nähe von Paderborn erschienen Sachsen „aus allen Gegenden" und versprachen eidlich, sowohl Christen zu werden als auch die Herrschaft Karls und der Franken anzuerkennen. Als Garantie für ihre Zusagen mussten sie ihre *patria*, ihr Vaterland, als Pfand einsetzen.[38] Zum ersten Mal begegnet in den Quellen hier jene enge Verbindung von politischer Unterwerfung und Übernahme der christlichen Religion, die angeblich bereits ein Jahr zuvor zum Programm des Frankenherrschers gehört hatte. Spätestens jetzt war Karl wohl bewusst geworden, dass Politik und Religion nicht zu trennen waren, dass nur eine Annahme des christlichen Glaubens die Sachsen

---

Mittelalter (Monographien zur Geschichte des Mittelalters 51). Stuttgart 2003, S. 343.

[36] Das schließt einzelne Bemühungen um eine frühzeitige Missionierung der Sachsen nicht aus, vgl. Balzer, Edeltraud: Frühe Mission und die Anfänge des Bischofssitzes in Münster, Teil 1. In: WZ 160 (2010), S. 9-50; Teil 2. In: ebd., 161 (2011), S. 9-59.

[37] Annales regni Francorum ad 776 (wie Anm. 9), S. 44.

[38] Ebd., S. 46.

von weiterem Widerstand abhalten könnte. Um dieses Ziel zu erreichen, suchte er jede nur denkbare Handhabe gegen die Sachsen zu erhalten. Mit der erwähnten Formulierung der Reichsannalen über die Verpfändung der sächsischen *patria* war vermutlich nicht nur Sachsen als Ganzes gemeint, sondern auch der individuelle Besitz eines jeden einzelnen Sachsen. Damit erhielt Karl im Falle einer erneuten Auseinandersetzung die formale Berechtigung, mit aller Härte sowohl gegen die Sachsen in ihrer Gesamtheit als auch gegen jeden einzelnen von ihnen vorzugehen.

Im Jahr 776 errichtete der Frankenkönig in Sachsen auch einen Stützpunkt, der den Namen *urbs Caroli*, ‚Karlsburg‘, erhielt und gemeinhin mit Paderborn identifiziert wird.[39] Bemerkenswert ist die Benennung dieses Ortes nach dem Vorbild *Konstantinopel*. Karl sah sich also in der Tradition des ersten christlichen Kaisers. In Paderborn, also der Karlsburg, hielt er im folgenden Jahr 777 eine große Reichsversammlung ab. Dies ist ebenfalls sehr bezeichnend für die Einschätzung der Lage durch den Herrscher, denn fränkische Reichsversammlungen fanden üblicherweise auf fränkischem Boden statt. Offenbar glaubte Karl, die Sachsen seien endgültig besiegt, zumal er sie mit allen rechtlichen Mitteln sowohl auf die Treue zu ihm selbst als auch auf das Christentum verpflichten wollte:

„Dort wurden eine Menge Sachsen getauft, und sie gaben, wie es ihre Art ist, ihre ganze Freiheit und ihr Eigentum ihm zu Händen als Pfand, wenn sie wieder nach ihrer üblen Gewohnheit sich änderten, wenn sie nicht in allem am Christentum und ihrer Ergebenheit gegenüber […] König Karl und seinen Söhnen oder den Franken festhalten wollten."[40]

---

[39] Vgl. Balzer, Manfred: Paderborn als karolingischer Pfalzort. In: Deutsche Königspfalzen. Beiträge zu ihrer historischen und archäologischen Erforschung, Bd. 3 (Veröffentlichungen des Max-Planck-Instituts für Geschichte 11/3). Göttingen 1979, S. 9-85, hier S. 69; ders.: Paderborn im frühen Mittelalter (776–1050). Sächsische Siedlung – Karolingischer Pfalzort – Ottonisch-salische Bischofsstadt. In: Jarnut, Jörg (Hrsg.): Paderborn. Geschichte der Stadt in ihrer Region, Bd. 1: Das Mittelalter. Bischofsherrschaft und Stadtgemeinde. Paderborn 1999, S. 2-118, hier S. 13ff.; Hauck, Karl: Karl als neuer Konstantin 777. Die archäologischen Entdeckungen in historischer Sicht. In: FMASt 20 (1986), S. 513-540.
[40] Annales regni Francorum ad 777 (wie Anm. 9), S. 48.

Viele von ihnen wurden damals getauft, und die Weihe einer Erlöserkirche sollte die planmäßige Mission des Landes einleiten. Spätestens damals dürfte sich auch die Frage nach einer Organisation der Christianisierung gestellt haben, also die Einteilung des Landes in Missionsbezirke.[41]

Eines der zentralen Zeugnisse dieser Mission ist das sogenannte sächsische Taufgelöbnis.[42] Allem Anschein war es die Antwort auf die besonderen Schwierigkeiten, auf die der christliche Glaube in Sachsen stieß. So wird man davon ausgehen können, dass die Sachsen die Taufe nicht als endgültige Absage an ihre alten Götter verstanden, sondern versuchten, die neue Religion in ihre polytheistischen Glaubensvorstellungen einzupassen.[43] Christus wurde daher vielleicht nur als ein weiterer Gott in einer vielgestaltigen Götterwelt gesehen. Dieser Synkretismus war für die Sachsen vermutlich kein Problem, wohl aber für die christlichen Missionare. Sie reagierten mit einem eigens für diese Situation formulierten Taufgelöbnis, das nicht die einfache Abschwörungsformel enthält, die *abrenuntio diaboli*, in der allein dem Teufel widersagt wurde, sondern eine viel ausführlichere: *end ec forsacho allum dioboles wercum and wordum, Thunaer ende Wôden ende Saxnôte ende allum thêm unholdum, thê hira genôtas sint* („und ich widersage allen Werken und Worten des Teufels, Donar und Wodan und Saxnot und allen Dämonen, die ihre Genossen sind"). Warum hatte man diese Formel für die Sachsen geändert? Vermutlich reagierte man damit auf die Vorstellungen dieses Volkes über seine Götterwelt.

Bei den Sachsen gab es zunächst einmal keinen Teufel. Daher konnten sie die gängige Abschwörungsformel gar nicht verstehen und bezogen sie folglich auch gar nicht auf ihre alten Götter. Diese Formulierung hinderte sie auch nicht daran, den Christengott in ihre eigene Götterwelt zu integrieren. Um die wichtigste Forderung des Christentums an die Getauften unmissverständlich klar zu machen und damit jedem Synkretismus die Basis zu entziehen, führt das altsächsische Taufgelöbnis unter den Teufelswerken und -

---

[41] Vgl. Balzer: Paderborn (wie Anm. 39), S. 22ff.
[42] Interrogationes et responsiones baptismales, ed. von Alfred Boretius. In: Capitularia regum Francorum 1 (MGH Capit. 1). Hannover 1883, Nr. 107, S. 222; vgl. Springer: Sachsen (wie Anm. 10), S. 153-157.
[43] Vgl. Kahl: Karl (wie Anm. 1), S. 85-94 (ND S. 387-398).

worten die wichtigsten sächsischen Götter mit Namen auf. Nicht nur dem Teufel, sondern vor allem auch ihnen hatte der Täufling abzuschwören. Mit dieser Klarstellung waren natürlich noch längst nicht alle Probleme bei der Mission der Sachsen aus der Welt geschafft, zumal es auch weiterhin offenen Widerstand gegen die neue Religion gab. Mit anderen Worten: Mit der Taufe allein war es nicht getan.

Doch Karl der Große scheint an den Erfolg seiner Maßnahmen geglaubt zu haben: Sachsen schien damals unterworfen und auf bestem Wege, ein Teil des christlichen Frankenreiches zu werden. Er fühlte sich im Jahr 778 so sicher, dass er der Bitte des muslimischen Statthalters von Saragossa um Hilfe gegen den Emir von Cordoba bereitwillig Folge leistete.[44] Karls Feldzug endete allerdings in einem Debakel, u.a. weil es einen Umsturz in Saragossa gegeben hatte. Zudem hatte der Frankenkönig die christlichen Basken gegen sich aufgebracht, als er die Befestigungen der Stadt Pamplona schleifen ließ. Als Karl sich über die Pyrenäen zurückzog, vernichteten die Basken seine Nachhut. Dieses Geschehen bildet den Kern des im 12. Jahrhundert aufgezeichneten Rolandsliedes, das diese Niederlage Karls zu einem grandiosen Heldenepos verherrlicht.[45] Die hofnahen fränkischen Geschichtsschreiber sahen dagegen keinen Anlass zu einer solchen Verklärung. Vielmehr schweigen die Reichsannalen über diesen Vorfall. Unangenehm war zum einen der Rückschlag an sich, zum anderen aber hatte Karl ausgerechnet im Rahmen eines Unternehmens gegen die ungläubigen Araber eine schwere Niederlage erlitten. Karl war also der vornehmsten Aufgabe eines christlichen Herrschers, der Ausbreitung und Verteidigung des Glaubens, nicht gerecht geworden, und dies schien sich nun auch noch in Sachsen zu wiederholen. Karls sächsische Gegner mit Widukind an der Spitze zer-

---

[44] Zu dieser Unternehmung und ihren religiösen Konnotationen vgl. Tremp, Ernst: Zwischen Paderborn und Barcelona. König Ludwig von Aquitanien und die Auseinandersetzung des Karlsreichs mit dem Islam. In: Godman / Jarnut / Johanek: Am Vorabend der Kaiserkrönung (wie Anm. 23), S. 289-299, hier S. 286ff.; Hack, Achim Thomas: Karl der Große, Hadrian I. und die Muslime in Spanien. Weshalb man einen Krieg führt und wie man ihn legitimiert. In: Hartmann, Wilfried / Herbers, Klaus (Hrsg.): Die Faszination der Papstgeschichte. Neue Zugänge zum frühen und hohen Mittelalter. Köln 2008, S. 29-54.
[45] Vgl. etwa Kerner, Max: Karl der Große. Entschleierung eines Mythos. Köln 22001, S. 160-166.

störten während Karls Abwesenheit dessen Karlsburg und stießen sogar bei Deutz bis an den Rhein vor.[46] Dort machten sie Beute und brandschatzten zahlreiche Kirchen. Damit waren alle fränkischen Erfolge der zurückliegenden Jahre zunichte gemacht. Vor allem war der Nimbus Karls als unbesiegbarer Herrscher dahin. Mit Recht gilt daher 778 als das erste große Krisenjahr in seiner Regierungszeit.[47]

Umso entschiedener reagierte der König: Schon in Burgund hatte er von den Erfolgen der Sachsen gehört und eiligst Truppen an den Rhein entsandt. Die Sachsen zogen sich über den Lahngau zurück, wurden aber an der Eder bei Leisa gestellt und besiegt.[48] Die Route ihres Rückzuges zeigt, dass sie wohl das gesamte rechte Rheinufer bis nach Koblenz geplündert hatten. Angesichts dieser Bedrohung brachten die Mönche von Fulda damals die Reliquien des Hl. Bonifatius über die Rhön in Sicherheit.[49] Nach Hans-Dietrich Kahl machte erst dieser Aufstand bzw. die Reaktion Karls darauf den Krieg gegen die Sachsen zu der überaus grausamen Angelegenheit, als die er in die Geschichte eingegangen ist: „Der Weg wurde beschritten, der zu brutaler Annexion des ganzen Landes führte und zu dem, was im folgenden Jahrhundert ein christlicher Sachse zweiter oder dritter Generation, seines Zeichens Domherr zu Paderborn, Karls ‚Predigt mit der eisernen Zunge' nannte."[50] Denn mit ihrem Aufstand und ihrem Abfall vom christlichen Glauben gaben die Sachsen dem Frankenkönig die formale Berechtigung zu einem noch härteren Vorgehen: Zum einen hatten sie die Treue gebrochen, und zum anderen waren die Getauften unter ihnen zu Apostaten geworden – ein Vergehen, das schlimmer wog, schlimmer als am Heidentum festzuhalten. Dass sie lediglich die Taufe empfangen hatten, ohne dass sie an die christliche Religion richtig herangeführt worden wären, zählte für die Franken

---

[46] Annales Petaviani ad 778, ed. von Georg-Heinrich Pertz (MGH SS 1). Hannover 1826, S. 7-19, hier S. 16; Annales regni Francorum ad 778 (wie Anm. 9), S. 52.
[47] Vgl. etwa Jarnut, Jörg: Chlodwig und Chlothar. Anmerkungen zu den Namen zweier Söhne Karls des Großen. In: Francia 12 (1984), S. 645-651.
[48] Annales regni Francorum ad 778 (wie Anm. 9), S. 52.
[49] Vita Sturmi, ed. von Georg-Heinrich Pertz (MGH SS 2). Hannover 1829, S. 366-377, hier c. 23, S. 376; vgl. auch Engelbert, Pius: Die Vita Sturmi des Eigil von Fulda (Veröffentlichungen der Historischen Kommission für Hessen und Waldeck 29). Marburg 1968, S. 159f.
[50] Kahl: Karl (wie Anm. 1), S. 81 (ND S. 382).

nicht: Die Taufe machte den Christen, und wer sich danach wieder der alten Religion zuwandte, beging Apostasie. Abfall vom Glauben war das schwerste aller denkbaren Verbrechen. Entsprechend fiel die Reaktion Karls auch aus.

Im Jahr 779 setzte der Frankenkönig anscheinend seine ganze militärische Macht ein, um die Sachsen zu besiegen. Bei Bocholt kam es zu einer der seltenen offenen Feldschlachten dieses Krieges, die mit einem Sieg Karls endete; damit war der Weg nach Sachsen hinein frei. Den Reichsannalen zufolge wurden alle Westfalen zu Gefangenen gemacht, womit wohl eine bedingungslose Unterwerfung gemeint war. Karl zog weiter bis an die Weser, wo die Engern und Ostfalen sich erneut unterwarfen und Geiseln stellten.[51] Abermals glaubte der Frankenkönig sich am Ziel und begann im folgenden Jahr, das Land in seinem Sinne zu ordnen. Ein zeitgenössischer Annalist berichtet, Karl habe das Land zwischen Bischöfen, Priestern und Äbten aufgeteilt, damit sie dort tauften und predigten. Auch habe er Freie und Liten, Halbfreie, als Geiseln empfangen.[52] Gerade diese Nachricht nennt in all ihrer Kürze einen wichtigen Grund, warum die Sachsen so intensiv Widerstand leisten konnten – ihr Kampf wurde nicht nur von den Angehörigen der adligen Oberschicht getragen, die wegen ihrer verwandtschaftlichen und sonstigen Beziehungen ins Frankenreich wohl eher zu Kompromissen neigten, sondern vor allem auch von der breiten Bevölkerungsmehrheit des freien und halbfreien Standes.[53] Als auch diese Schichten sich zu fügen schienen, war Karl zufrieden. 781 erschien er selbst nicht in Sachsen, sondern zog abermals über die Alpen nach Rom.

Im Jahr 782 kam Karl dann erneut nach Sachsen und hielt eine Versammlung an den Lippequellen ab. Diese sollte wohl dazu dienen, die Eingliederung des Landes in das Frankenreich zu besie-

---

[51] Annales regni Francorum ad 779 (wie Anm. 9), S. 54.
[52] Annales Laureshamenses ad 780, ed. von Georg-Heinrich Pertz (MGH SS 1). Hannover 1826, S. 22-39, hier S. 31.
[53] Diesen Aspekt betonte vor allem Lintzel, Martin: Der sächsische Stammesstaat und seine Eroberung durch die Franken (Historische Studien 227). Berlin 1933. ND in: Lammers, Walther (Hrsg.): Entstehung und Verfassung des Sachsenstammes (WdF 50). Darmstadt 1967, S. 149-206, hier S. 198-202; ders.: Die Unterwerfung Sachsens durch Karl den Großen und der sächsische Adel. In: Sachsen und Anhalt 10 (1934), S. 30-70. ND in: Ausgewählte Schriften, Bd. 1: Zur altsächsischen Stammesgeschichte. Berlin 1961, S. 95-127.

geln, denn den Reichsannalen zufolge waren angeblich alle Sachsen bis auf Widukind erschienen. Sogar Boten des Dänenkönigs Sigifrid und des Awarenkhans waren gekommen. Karl kam den sächsischen Adligen weit entgegen und setzte nun auch sächsische Adlige als Grafen ein.[54] Damit wurden Teile der sächsischen Führungsschicht der fränkischen gleichgestellt und zudem für ihre Loyalität belohnt. Karl rechnete nun also fest mit der Eingliederung Sachsens in sein Reich und stellte sogar ein fränkisch-sächsisches Heer auf, das einen slawischen Einfall nach Sachsen abwehren sollte. Währenddessen erhoben sich erneut große Teile der Sachsen unter der Führung Widukinds. An der Nordseite des Süntelgebirges kam es zur Schlacht. Die Franken erlitten eine verheerende Niederlage und wurden fast bis auf den letzten Mann niedergemacht. Sogar einige Grafen, ja selbst der Kämmerer und der Marschall des Herrschers fielen im Kampf.[55] Alle Erfolge, die Karl bis dahin in Sachsen erzielt hatte, schienen auf einen Schlag dahin.

Um zu retten, was zu retten war, musste der Frankenkönig sofort reagieren. Anscheinend hob er in aller Schnelle neue Truppen aus und rückte in Eilmärschen bis an die Weser vor. An der Mündung der Aller versammelten sich die Sachsen, unterwarfen sich und lieferten die Aufständischen aus; 4500 von ihnen wurden hingerichtet.[56] Nur Widukind gelang abermals die Flucht zu den Dänen. Über dieses sogenannte Blutbad von Verden ist viel diskutiert worden, und es zeigt sicherlich in aller Deutlichkeit die Brutalität der damaligen Kriegsführung, wenngleich die Zahlenangabe „4500" vermutlich eine maßlose Übertreibung der Reichsannalen darstellt. Aber an der Hinrichtung einer großen Zahl von Sachsen ist nicht zu zweifeln.[57] Erstmals griff Karl auch zu einer anderen, nur im Vergleich weniger drastischen Maßnahme: Teile der sächsischen Bevölkerung wurden ins Frankenreich deportiert. Karls bru-

---

[54] Annales regni Francorum ad 782 (wie Anm. 9), S. 58, S. 60; Annales Laureshamenses ad 782 (wie Anm. 52), S. 32.
[55] Annales regni Francorum ad 782 (wie Anm. 9), S. 60.
[56] Ebd., S. 62.
[57] Vgl. die grundlegenden älteren Beiträge in: Lammers, Walther (Hrsg.): Die Eingliederung der Sachsen in das Frankenreich (WdF 185). Darmstadt 1970, S. 109-260; in jüngerer Zeit etwa noch Hengst, Karl: Die Ereignisse der Jahre 777/78 und 782. Archäologie und Schriftüberlieferung. In: Godman / Jarnut / Johanek: Am Vorabend der Kaiserkrönung (wie Anm. 23), S. 57-74, hier S. 66-69, gegen dessen Bedenken wohl an der Bluttat festzuhalten ist.

tale Reaktion sagt aber auch etwas über ihn und seine Situation aus. Die erneute Erhebung der Sachsen hatte ihn völlig überrascht. Der Verlust eines ganzen Heeres war sicherlich äußerst schmerzvoll und warf auch ein negatives Bild auf ihn und seine Politik. Es war offenkundig, dass er sich in der Einschätzung der Lage völlig getäuscht hatte. Neben den hohen Verlusten setzte ihn vor allem dies unter großen Zugzwang.

In das Jahr 782 wird üblicherweise auch die berüchtigte *Capitulatio de partibus Saxoniae* datiert, ein Erlass Karls des Großen, der die Befolgung heidnischer Riten und die Missachtung der christlichen Religion mit der Todesstrafe bedrohte.[58] Umstritten ist allerdings die Frage, ob die *Capitulatio* vor oder nach dem Wiederaufflammen des sächsischen Widerstands erlassen wurde – im ersten Fall wäre sie womöglich der Anlass, im zweiten die Folge dieses Geschehens. Die bedeutenderen ersten 14 Kapitel der *Capitulatio* lesen sich wie die Reaktion eines Herrschers, der über die Unbotmäßigkeit seiner neuen Untertanen maßlos erbost war. Fast jede dieser Vorschriften endet mit der Ankündigung: *morte moriatur*, er sterbe des Todes – laut Eugen Ewig eine schreckliche Monotonie.[59] Die Strafe galt etwa für die Verweigerung der Taufe, die Zerstörung von Kirchen, die Verschwörung gegen Christen, den Treubruch gegen den König und sogar für den absichtlichen und provozierenden Verstoß gegen das Fastengebot. Aus der *Capitulatio* spricht deutlich ein Eroberer, der seine Religion den Besiegten aufzwingen will, und dies sogar mit einer gewissen Ratio-

---

[58] Capitulatio de partibus Saxoniae. In: Leges Saxonum und Lex Thuringorum, ed. von Claudius von Schwerin (MGH Font. iuris Germ. ant. 4). Hannover / Leipzig 1918, S. 37-44; zur Quelle vgl. Schubert, Ernst: Die Capitulatio de partibus Saxoniae. In: Brosius, Dieter / van den Heuvel, Christine / Hinrichs, Ernst / van Lengen, Hajo (Hrsg.): Geschichte in der Region. Zum 65. Geburtstag von Heinrich Schmidt (Veröffentlichungen der Historischen Kommission für Niedersachsen und Bremen, Sonderband). Hannover 1993, S. 3-28; Effros, Bonnie: De partibus Saxoniae and the Regulation of Mortuary Custom: A Carolingian Campaign of Christianization or the Suppression of Saxon Identity? In: RBPH 75 (1997), S. 267-286; Weikmann, Hans Martin: Hoheitliche Strafbestimmungen als Instrument fränkischer Eroberungs- und Missionspolitik. In: Weitzel, Jürgen (Hrsg.): Hoheitliches Strafen in der Spätantike und im frühen Mittelalter. Köln / Weimar / Wien 2002, S. 15-174; Springer: Sachsen (wie Anm. 10), S. 221-230; von Padberg, Lutz E.: Capitulatio de partibus Saxoniae. In: HRG 1 (²2008), Sp. 813ff.

[59] Ewig, Eugen: Das Zeitalter Karls des Großen (768-814). In: Jedin, Hubert (Hrsg.): HKG 3/1 (1966), S. 62-188, hier S. 74.

nalität. Im ersten Kapitel, eigentlich eine programmatische Vorrede, heißt es: „Alle stimmen dem Prinzip der bedeutenderen Fälle zu, dass die Kirchen Christi in Sachsen keine geringere Ehre haben sollen, sondern eine höhere und hervorragendere als die Götzenstätten."[60] Mit Hilfe drakonischer Strafen sollte den Sachsen verdeutlicht werden, dass der christliche Gott kein gewöhnlicher Gott war, sondern weit über ihren eigenen Göttern stand.

Doch blieb Übeltätern ein zumindest vorläufiger Ausweg. „Wenn jemand Zuflucht in der Kirche sucht, soll er dort bis zu seiner Gerichtsverhandlung sicher sein, und niemand soll wagen, ihn mit Gewalt herauszuholen."[61] Vermutlich war ein Sachse, der sich in eine Kirche flüchtete, auch zur Taufe bereit. Daher wirkte das Asyl auch noch in der Gerichtsverhandlung, denn dort sollte in diesen Fällen keine Leib- oder Lebensstrafe verhängt werden, sondern sowohl eine Geldbuße als auch die Strafe der Exilierung durch den König selbst: „Dann soll er vor den König geführt werden, und der wird ihn dorthin stecken, wohin es seiner königlichen Gnade gefällt."[62] Auch am Ende des Todeskatalogs kommt die Kirche bzw. der Priester ins Spiel, denn wer zu einem Priester flüchtete, seine Taten beichtete und zur Buße bereit war, der entging nach dem Zeugnis des Priesters der Todesstrafe.[63] Mit anderen Worten: Karl erhöhte den Druck auf die Sachsen und wies ihnen zugleich einen Ausweg: die Zuflucht zur Kirche. Man mag das zynisch nennen, wurde doch der wichtigste Grund für den Widerstand der Sachsen, das Christentum, für viele zum einzigen Ausweg, um ihr nacktes Überleben zu sichern.

---

[60] Capitulatio de partibus Saxoniae (wie Anm. 58), S. 37: *Hoc placuit omnibus, ut ecclesiae Christi, que modo construuntur in Saxonia et Deo sacratae sunt, non minorem habeant honorem sed maiorem et excellentiorem quam vana habuissent idolorum.* In der Hs. beginnt die Zählung erst mit dem folgenden Kapitel.

[61] Ebd., c. 2, S. 38: *Si quis confugiam fecerit in ecclesiam, nullus eum de ecclesia per violentiam expellere praesumat, sed pacem habeat usque dum ad placitum praesentetur, et propter honorem Dei sanctorumque ecclesiae ipsius reverentiam concedatur ei vita et omnia membra.*

[62] Ebd., c. 2, S. 38: *Emendet autem causam in quantum potuerit et ei fuerit iudicatum; et sic ducatur ad praesentiam domni regis, et ipse eum mittat ubi clementiae ipsius placuerit.*

[63] Ebd., c. 14, S. 39: *Si vero pro his mortalibus criminibus latenter commissis aliquis sponte ad sacerdotem confugerit et confessione data ageri poenitentiam voluerit, testimonio sacerdotis de morte excusetur.*

Allerdings ist auch zu bedenken, dass manche Bestimmungen nicht ganz so drakonisch waren, wie man dem ersten Anschein nach glauben möchte. So war die mit der Todesstrafe belegte Brandbestattung nach archäologischen Untersuchungen in der zweiten Hälfte des 8. Jahrhunderts ohnehin in Sachsen kaum noch verbreitet.[64] Stattdessen schrieb die *Capitulatio* die Bestattung auf Kirchhöfen vor – ohne Androhung einer Strafe.[65] Lediglich mit einer Geldstrafe waren einige Bräuche der sächsischen Religion belegt wie die Verehrung von Naturheiligtümern und Gastmähler zu Ehren der Götter. Dies ist sicherlich nicht als Akt der Humanität zu verstehen, aber unter Anlegung zeitgenössischer Maßstäbe entspricht es eben auch nicht ganz dem Bild der brutalen Zwangsmission. Dazu kommt, dass einige der todeswürdigen Verbrechen wie Kannibalismus, Menschenopfer und Mord – eigens hervorgehoben wurde die Tötung von Bischöfen, Priestern und Diakonen – im ganzen Frankenreich mit dem Tode bestraft wurden.

Gleichwohl mussten die Sachsen die Verfügungen der *Capitulatio* als schwere Last empfinden, denn auch die weniger wichtigen Bestimmungen dienten ihrer Unterdrückung. So wurde die Christianisierung um den Aspekt der Finanzierung ergänzt: Jeder, gleich ob *Edeling*, *Friling* oder *Late*, musste zur Ausstattung ‚seiner' Kirche beitragen, indem je 120 von ihnen einen Knecht und eine Magd zu stellen hatten.[66] Die Bewohner eines Kirchsprengels hatten also die Pfarrkirche materiell auszustatten und zudem für ihren Unterhalt zu sorgen. „In gleicher Weise schreiben wir göttlichem Gebot gemäß vor, daß alle den Zehnt von ihrem Vermögen und ihrer Arbeit den Kirchen und Geistlichen abliefern sollen, und zwar sowohl die *Edelinge* als auch die *Frilinge* und die *Laten*; denn was Gott einem jeden Christen schenkt, muß zum Teil Gott wiedergegeben werden."[67] Mag diese Zahlung auch unter den christlichen

---

[64] Vgl. Schubert: Capitulatio (wie Anm. 58), S. 15; Effros: De partibus Saxoniae (wie Anm. 58), S. 279.

[65] Capitulatio de partibus Saxoniae (wie Anm. 58), c. 22, S. 41: *Iubemus ut corpora christianorum Saxonorum ad cimiteria ecclesiae deferantur et non ad tumulus paganorum.*

[66] Ebd., c. 15, S. 39: *Ad unamquamque ecclesiam curte et duos mansos terrae pagenses ad ecclesiam recurrentes condonant, et inter centum viginti homines, nobiles et ingenuis similiter et litos, servum et ancillam eidem ecclesiae tribuant.*

[67] Ebd., c. 17, S. 40: *Similiter secundum Dei mandatum praecipimus, ut omnes decimam partem substantiae et laboris suis ecclesiis et sacerdotibus donent:*

Franken akzeptiert gewesen sein, die neumissionierten Sachsen dürften sie als Zumutung empfunden haben. Deutlicher konnte ihnen ihre Niederlage nicht vor Augen geführt werden.

Dennoch hielten Karl der Große und die große Mehrheit seiner Berater, gleich ob Heerführer oder Bischöfe, an dieser Strategie fest. Kritische Stimmen gab es nur wenige. Vor allem Alkuin betonte am Ende des 8. Jahrhunderts immer wieder, wie falsch der Weg war, den der Frankenkönig eingeschlagen hatte.[68] Als nach dem Sieg über die Awaren deren Mission anstand, schrieb er an den zuständigen Erzbischof Arn von Salzburg: „Sei ein Prediger der Frömmigkeit, nicht ein Eintreiber des Zehnten, denn die neu gewonnene Seele muss mit geistlicher Milch ernährt werden, damit sie wächst, erstarkt und zur Annahme fester Speise gekräftigt wird. Man sagt, der Zehnte hat den Glauben der Sachsen vernichtet."[69] Und an anderer Stelle: „Wir wissen, dass der Zehnte gut für unseren Besitz ist, aber es ist besser, ihn zu verlieren, als den Glauben zu zerstören."[70] Alkuin äußerte seine Kritik an Karls Gewaltmission auch noch viel offener: „Der Glaube ist, wie der heilige Augustinus sagt, eine Angelegenheit des freien Willens und nicht des Zwanges."[71] Wieder an anderer Stelle zielt der gebildete Angelsachse auf die Praxis der gewaltsamen Bekehrung: „Wie kann ein Mensch gezwungen werden zu glauben, was er nicht glaubt? Man kann einen Menschen zur Taufe treiben, aber nicht zum Glauben."[72] Entsprechend äußerte sich der selbst als Missionar in Sachsen wirkende Liudger, später erster Bischof von Münster, in seiner Vita Gregors von Utrecht.[73]

---

tam nobiles quam ingenui similiter et liti, iuxta quod Deus unicuique dederit christiano, partem Deo reddant.

[68] Hierzu und zum Folgenden vgl. von Padberg: Inszenierung (wie Anm. 35), S. 349-358.

[69] Alkuin: Epistola, ed. von Ernst Dümmler. In: Epistolae Karolini Aevi 2 (MGH Epp. 4). Berlin 1895, Nr. 107, S. 154: *Et esto praedicator pietatis, non decimarum exactor, quia novella anima apostolicae pietatis lacte nutrienda est, donec crescat, convalescat et roboretur ad acceptionem solidi cibi. Decimae, ut dicitur, Saxonum subverterunt fidem.*

[70] Ebd., Nr. 110, S. 158: *Scimus, quia decimatio substantiae nostrae valde bona est: sed melius est illam amittere quam fidem perdere.*

[71] Ebd., Nr. 111, S. 160: *Fides quoque, sicut sanctus ait Augustinus, res est voluntaria, non necessaria.*

[72] Ebd., Nr. 113, S. 164: *Quomodo potest homo cogi, ut credat quod non credit? Inpelli potest homo ad baptismum, sed non ad fidem.*

[73] Vgl. von Padberg: Diskussion (wie Anm. 23), S. 134ff.

So verwundert es nicht, dass die Kämpfe mit den drakonischen Maßnahmen des Jahres 782 nicht ihr Ende fanden. Ein Jahr später besiegte Karl die Sachsen bei Detmold in einer der seltenen offenen Schlachten dieses Krieges.[74] Die militärisch unterlegenen Sachsen vermieden aber eigentlich offene Feldschlachten und agierten vor allem aus dem Hinterhalt – durchaus mit Erfolg. Bereits missionierte Gebiete wie Wigmodien, das Land zwischen Weser und Elbe, mussten wieder aufgegeben werden, denn natürlich fielen vor allem auch Missionare ihren Aktionen zum Opfer.[75] Die Lage war derart angespannt, dass Karl entgegen seiner Gewohnheit den Winter 784/785 im Kriegsgebiet verbrachte. Seine Präsenz im Land sollte vermutlich sowohl seine einheimischen Gegner verunsichern, als auch seine Anhänger in ihrer Haltung bestärken. Auch ersparte sich der König im folgenden Jahr den Anmarschweg. Allerdings ging er ein erhebliches persönliches Risiko ein, das vermutlich dadurch klein gehalten werden sollte, dass er auf der Skidrioburg, Schieder, überwinterte und seine Truppen von dort aus ständig gegen die Sachsen entsandte.[76]

Im Frühjahr 785 durchzog der Frankenkönig dann selbst das Land bis hin zur Elbe, ohne auf Gegenwehr zu stoßen. Zynisch vermerken die Reichsannalen, die Straßen seien frei gewesen.[77] Jeder Widerstand war also gebrochen – oder schien dies nur so? Widukind und sein Schwiegersohn Abbio hatten sich jedenfalls über die Elbe zurückgezogen. Endlich schlug Karl den Verhandlungsweg ein und bot ein persönliches Treffen an. Widukind und Abbio nahmen Karls Angebot an, in die *Francia* zu kommen, verlangten aber für ihre persönliche Sicherheit die Stellung fränkischer Geiseln. Erst als diese Bedingung erfüllt war, folgten Widukind und Abbio dem Frankenkönig über den Rhein. In Attigny ließen sie sich an Weihnachten 785 taufen, wobei Karl als Taufpate fungierte und Widukind mit reichen Geschenken ehrte.[78] Hier zeigte Karl endlich Einsicht in das politisch Mögliche, indem

---

[74] Annales regni Francorum ad 783 (wie Anm. 9), S. 64.
[75] Vgl. Büttner: Mission (wie Anm. 1), S. 469f.
[76] Annales regni Francorum ad 784 (wie Anm. 9), S. 68.
[77] Annales regni Francorum ad 785 (wie Anm. 9), S. 68, S. 70.
[78] Ebd., S. 70; vgl. Angenendt, Arnold: Kaiserherrschaft und Königstaufe. Kaiser, Könige und Päpste als geistliche Patrone in der abendländischen Missionsgeschichte (Arbeiten zur Frühmittelalterforschung 15). Berlin / New York 1984, S. 207-212.

er Widukind nicht bis zum bitteren Ende verfolgte, sondern ihm die Möglichkeit einer ehrenvollen Kapitulation ließ.[79] Unterwerfung unter den König und Annahme des christlichen Glaubens waren aber auch in diesem Fall eins. Die zeitgenössischen Reichsannalen stellten befriedigt fest: „[...] und da war nun ganz Sachsen unterworfen."[80] Im Überschwang seines Sieges entsandte Karl Boten an Papst Hadrian und teilte ihm die erfolgreiche Bekehrung der Sachsen mit.[81]

In den folgenden sechs Jahren wurden die Sachsen tatsächlich zunehmend in das Frankenreich integriert; eine sächsische Abteilung nahm sogar an fränkischen Kriegszügen teil, vor allem an Karls erstem Kriegszug gegen die Awaren 791.[82] Dessen Fehlschlag scheint das Signal zu neuen Aufständen in Sachsen gegeben zu haben, die sich vor allem gegen die Zehntpflicht richteten. Erneut begannen langwierige Kämpfe nach altbekanntem Muster. Aber dieses Mal ging Karl diplomatischer vor und kam den Sachsen entgegen, die sich nicht offen gegen ihn gestellt hatten. Im Jahr 797 erließ er auf einer Versammlung in Aachen ein zweites sächsisches Kapitular, das *Capitulare Saxonicum*, an dessen Zustandekommen Westfalen, Engern und Ostfalen mitgewirkt hatten.[83] Allein schon durch diese Beteiligung wurden sie nicht länger als Unterworfene behandelt, sondern als ‚normale' Reichsangehörige. Im Übrigen griff dieses Kapitular keine einzige Bestimmung der *Capitulatio* auf, weder um eine solche zu bestätigen noch zu wi-

---

[79] Zur Diskussion um Widukinds weiteres Schicksal vgl. Althoff, Gerd: Der Sachsenherzog Widukind als Mönch auf der Reichenau. In: FMASt 17 (1983), S. 251-279; ders.: Ein Sachsenherzog in Klosterhaft? Hypothesen über das Schicksal des Widukind. In: Damals 20 (1988), S. 938-954; Freise, Eckhard: Widukind in Attigny. Taufpatronat und Treueidleistung als Ziele der sächsischen Unterwerfungs- und Missionskriege Karls des Großen. In: Kaldewei, Gerhard (Hrsg.): 1200 Jahre Widukinds Taufe. Paderborn 1985, S. 12-45; Balzer, Manfred: Widukind. Sachsenherzog – und Mönch auf der Reichenau. In: Stadt Enger – Beiträge zur Stadtgeschichte 3 (1983), S. 9-29; ders.: Widukind. Sachsenherzog – und Mönch auf der Reichenau. In: Westfälischer Heimatbund. Rundschreiben 11-12 (1987), S. 1-6.

[80] Annales regni Francorum ad 785 (wie Anm. 9), S. 70.

[81] Codex Carolinus, ed. von Wilhelm Gundlach. In: Epistolae Merovingici et Karolini aevi 1 (MGH Epp. 3). Berlin 1892, Nr. 76, S. 607f.

[82] Zum Folgenden vgl. Springer: Sachsen (wie Anm. 10), S. 200-210.

[83] Capitulare Saxonicum. In: Leges Saxonum und Lex Thuringorum, ed. von Claudius von Schwerin (MGH Font. iuris Germ. ant. 4). Hannover / Leipzig 1918, S. 45-49; vgl. Springer: Sachsen (wie Anm. 10), S. 230-233.

derrufen.[84] Das *Capitulare Saxonicum* ist daher als Entgegenkommen gegenüber den loyalen Sachsen zu verstehen, nicht aber als Rücknahme der *Capitulatio*. Dennoch setzten die nördlich der Elbe siedelnden Sachsen ihren Widerstand fort. Dank eines Bündnisses mit den heidnischen Abodriten konnte Karl aber auch sie schließlich zur Unterwerfung zwingen.

Im Jahr 804 – nach mehr als dreißig Jahren blutiger Kämpfe – war der Krieg endlich beendet. Einerseits verstört die große Grausamkeit, mit der diese Auseinandersetzung geführt wurde, andererseits kann man nicht umhin, das Durchhaltevermögen beider Seiten zu registrieren: Das der Sachsen lässt sich leicht erklären – sie kämpften für ihre Freiheit. Und Karl? Er kämpfte zumindest phasenweise um seine Stellung. Selbst die in dieser Beziehung zurückhaltenden fränkischen Quellen wie die Reichsannalen und ihre Überarbeitung geben zu erkennen, dass die Franken gewaltige Verluste zu beklagen hatten. Es war nur eine Frage der Zeit, wann sie dem König die Gefolgschaft verweigern würden. Niederlagen gegen heidnische Gegner gefährdeten das übliche Legitimierungsmuster der fränkischen Königsherrschaft. Karl der Große fühlte sich als von Gott eingesetzter Herrscher, der den Glauben zu verteidigen hatte. Eine Niederlage gegen Heiden gefährdete diese Art der Herrschaftsbegründung, wurde doch deutlich, dass zumindest der aktuelle König nicht in der Gunst des Höchsten stand und von diesem sogar bestraft wurde. Eine solche Niederlage also musste Karl unter allen Umständen vermeiden. Dies gelang schließlich, aber zu welchem Preis?

Am Ende war die gewaltsame Missionierung Sachsens erfolgreich gewesen. Das Land wurde nicht nur in das Frankenreich eingegliedert, sondern auch dauerhaft für das Christentum gewonnen. Eine weltliche Verwaltung nach fränkischem Vorbild wurde eingerichtet und die Kirchenorganisation eingeführt. Priester und Mönche kümmerten sich um die Seelsorge, und eine Reihe von Bischofssitzen entstanden. Sowohl im geistlichen wie im weltlichen Bereich kamen bald auch Einheimische zum Zuge, die ihre Ausbildung bei den Franken erhalten hatten. Der König hatte also letztlich doch einen nachhaltigen Erfolg erzielt. Eine Bewertung fällt zwiespältig aus: Karl dem Großen ging es wohl zunächst vor allem um die Eingliederung des Landes; eine Oberherrschaft, die

---

[84] Schubert: Capitulatio (wie Anm. 58), S. 17.

den Sachsen vielleicht sogar die Beibehaltung der eigenen Religion erlaubt hätte, kam für ihn nach den ersten blutigen Gegenschlägen nicht mehr in Frage. Eine feste Integration in das Frankenreich, eine direkte Herrschaft des christlichen Frankenkönigs, war aber auf Dauer ohne eine Christianisierung der Sachsen nicht möglich. Damit wurden Eroberung und Mission zu den beiden Seiten der gleichen Medaille. Ganz unabhängig von Karls persönlicher Religiosität gaben daher die Zwänge der Kriegsführung auch die Art der Christianisierung vor: Gewalt ging vor Überzeugung, ein erzwungener Taufakt ersetzte den eigentlich notwendigen freiwilligen Entschluss zum Glaubenswechsel. Nur wenige Geistliche erhoben ihre Stimme gegen diese Art der Missionierung, aber der Zwang zum militärischen Erfolg war für Karl wichtiger als ihre Bedenken. Ohne die Frage sicher beantworten zu können, ob Karl der Große bei seiner Auseinandersetzung mit den Sachsen von Anfang an die Christianisierung dieses Volkes beabsichtigt hat, lässt sich doch abschließend festhalten, dass dieser immer intensiver und brutaler werdende Krieg zur ersten gewaltsamen Missionierung eines ganzen Volkes in der Geschichte der Christenheit geführt hat.

MATTHIAS HARDT

KIRCHENORGANISATION ODER AUFSTAND: DIE CHRISTIANISIERUNG VON SORBEN, ELB- UND OSTSEESLAWEN IN OTTONEN- UND SALIERZEIT

Im Jahr 1068 zog Bischof Burchard II. von Halberstadt mit einem Heer gegen die slawischen Liutizen und deren Heiligtum Rethra.[1] Nach Angaben der Augsburger Annalen ließ er den Tempel anzünden, das Land verwüsten und nach dem Ende der Aktion ritt er auf einem dort erbeuteten heiligen Pferd zurück nach Sachsen.[2] Sein ostentativ genossener Triumph über den seit dem Jahr 983 aufständischen Bund gentilreligiöser slawischer Gruppen im Nordosten des späteren Deutschland[3] auf dem schon von Thietmar von Merseburg beschriebenen orakelmächtigen Tier[4] aus dem Haupttempel der Liutizen entspricht wahrscheinlich am deutlichsten dem Thema „Schwertmission. Gewalt und Christianisierung im Mittelalter". Wenn im Folgenden dieser Zusammenhang für Sorben, Elb- und Ostseeslawen in Ottonen- und Salierzeit dargestellt werden

---

[1] Wächter, Joachim: Anfänge des Christentums im Osten des Liutizengebietes. In: Herbergen der Christenheit. Jahrbuch für deutsche Kirchengeschichte 17 (1989/1990), S. 117-125, hier S. 119f.; Lübke, Christian: Christianity and Paganism as Elements of Gentile Identities to the East of the Elbe and Saale Rivers. In: Garipzanov, Ildar H. / Geary, Patrick J. / Urbanczyk, Przemysław (Hrsg.): Franks, Northmen and Slavs. Identities and State Formation in Early Medieval Europe (Cursor Mundi 5). Turnhout 2008, S. 189-203, hier S. 202.

[2] Annales Augustani ad a. 1068, ed. von Georg Heinrich Pertz (MGH SS 3). Hannover 1839, S. 123-136, hier S. 128: *Burchardus Halberstatensis episcopus Liuticiorum provinciam ingressus incendit, vastavit, avectoque equo quem pro Deo in Rheda colebant, super eum sedens in Saxoniam rediit.*

[3] Brüske, Wolfgang: Untersuchungen zur Geschichte des Lutizenbundes. Deutsch-wendische Beziehungen des 10.-12. Jahrhunderts (Mitteldeutsche Forschungen 3). 2., um ein Nachwort vermehrte Auflage Köln / Wien 1983; Fritze, Wolfgang H.: Der slawische Aufstand von 983 – eine Schicksalswende in der Geschichte Mitteleuropas. In: Henning, Eckart / Vogel, Werner (Hrsg.): FS der Landesgeschichtlichen Vereinigung für die Mark Brandenburg zu ihrem hundertjährigen Bestehen 1884-1984. Berlin 1984, S. 9-55.

[4] Thietmar von Merseburg: Chronicon, ed. von Robert Holtzmann (MGH SS rer. Germ. n.s. 9). Berlin 1935, VI, 23, S. 303.

soll, wird schnell deutlich werden, dass so offen erkennbare gewalttätige Einflussnahmen zur Herbeiführung der Christianisierung zumindest nicht so deutlich festzustellen sind, wie sie im Rahmen der sogenannten ‚Schwertmission' Karls des Großen im Zuge der Sachsenkriege auftraten.[5] Die Charakterisierung der Christianisierung der Elbmarken des ostfränkischen Reiches demgegenüber ist einerseits mit einer unterschiedlichen Quellenlage, andererseits mit der Problematik des Aufstandes von 983 verbunden, der die Slawen des Nordostens in der Wahrnehmung christlicher Akteure und Historiographen zu von der wahren Lehre abgefallenen Apostaten machte, mit denen ein anderer Umgang gerechtfertigt erschien, als er mit paganen Personen und Gruppen gepflegt wurde, die noch keinerlei christliche Unterweisung erhalten hatten und noch nie einer christlichen Gemeinschaft zugehörig gewesen waren.[6]

Die Christianisierung der Slawen zwischen Elbe und Saale im Westen sowie Oder, Bober und Queis im Osten, nördlich des böhmischen Beckens und südlich der Ostsee begann mit den Kontakten, die sich zwischen ihnen und dem Karolingerreich, aber auch mit dem schon christianisierten Böhmen ergaben. Die ersten Hinweise auf christliche Slawen an der östlichen Peripherie des Frankenreiches finden sich in einer Urkunde Arnulfs von Kärnten aus dem Jahr 889, aus der hervorgeht, dass schon Karl der Große einen Würzburger Bischof beauftragt hatte, für „eben bekehrte" *Moin et Ratanzuuinidi*, Bewohner einer *terra Sclauorum*, vierzehn Kirchen zu errichten. Diese im heutigen Oberfranken an Main und Regnitz lebenden Slawen waren steuerpflichtig und offenbar bis zu einem gewissen Grade in das Frankenreich integriert,[7] weiter

---

[5] von Padberg, Lutz: Christianisierung im Mittelalter. Darmstadt 2006, S. 76-82; Hägermann, Dieter: Karl der Große. Herrscher des Abendlandes. München 2000, S. 213-216, S. 372-375; Kahl, Hans-Dietrich: Heidenfrage und Slawenfrage im deutschen Mittelalter. Ausgewählte Studien 1953-2008 (East Central and Eastern Europe in the Middle Ages, 450-1450, Bd. 4). Leiden / Boston 2011, XI und XII, S. 343-429.

[6] Kahl, Hans-Dietrich: Heidenfrage und Slawenfrage (wie Anm. 5), VIII-X, S. 181-342, und XV, S. 483-564.

[7] Hardt, Matthias: Slawen und Deutsche im früh- und hochmittelalterlichen Oberfranken. In: Schneider, Erich / Schneidmüller, Bernd (Hrsg.): Vor 1000 Jahren – Die Schweinfurter Fehde und die Landschaft am Obermain 1003 (Schweinfurter Museumsschriften 18). Schweinfurt 2004, S. 43-63.

Karte 2: Nördliches Mitteleuropa in Ottonen- und Salierzeit

zu mindest als viele derjenigen Gruppen, um die es im Folgenden gehen wird. Für den Verlauf des übrigen 9. Jahrhunderts ist zunächst lediglich davon zu berichten, dass die Reichsannalen zum Jahr 821 die Taufe eines Abodritenfürsten namens Slavomir überliefern. Sie stand im Zusammenhang mit der fränkischen Einflussnahme auf die Fürstenfamilie der verbündeten Abodriten, die jedoch nicht von dauerhaftem Erfolg war, zumal die Taufe des Fürsten auch erst kurz vor dessen Tod erfolgt war.[8] Im Jahr 892 wurde Bischof Arn von Würzburg auf dem Rückweg von einem Kriegszug gegen Böhmen am Fluss Chemnitz während eines Gottesdienstes von einer gegnerischen Kriegerschar überfallen und

---

[8] Annales regni Francorum ad a. 821, ed. von Friedrich Kurze (MGH SS rer. Germ. [6]). Hannover 1895 (ND 1950), S. 157.

umgebracht, ohne dass dies mit einer missionarischen Absicht Arns in Verbindung gebracht werden könnte.[9]

Als König Heinrich I. seine Armee in den Jahren 928/929 gegen die Fürstensitze von Hevellern, Daleminziern und Böhmen ziehen ließ, traf diese mindestens in Brandenburg an der Havel auf bereits mit dem christlichen Glauben vertraute Fürsten. Von dort stammten jene Drahomira, die wohl in den Jahren 906/907 den přemyslidischen Fürsten Vratislav geheiratet hatte und Mutter des später zum böhmischen Landespatron gewordenen Heiligen Wenzel wurde,[10] und jene Prinzessin, aus deren Beziehung mit Heinrichs I. Sohn Otto der spätere Mainzer Erzbischof Wilhelm hervorging.[11] Der Name dieser wahrscheinlichen Verwandten des Hevellerfürsten Tugumir, die nach Meinung von Herbert Ludat später im sächsischen Kloster Möllenbeck an der Weser verschwand, ist leider unbekannt geblieben.[12] Brandenburg an der Havel behielt seine Bedeutung, denn Otto der Große ließ dort als König im Jahr 948 ein Bistum einrichten,[13] ebenso wie im flussabwärts gelegenen Ha-

---

[9] Thietmar von Merseburg: Chronicon (wie Anm. 4), I, 4, S. 7f.; Schlesinger, Walter: Kirchengeschichte Sachsens im Mittelalter, Bd. 1: Von den Anfängen kirchlicher Verkündigung bis zum Ende des Investiturstreites (Mitteldeutsche Forschungen 27/1). Köln / Wien ²1983, S. 1f.

[10] Ludat, Herbert: An Elbe und Oder um das Jahr 1000. Skizzen zur Politik des Ottonenreiches und der slavischen Mächte in Mitteleuropa. Köln / Wien 1971, S. 14; Dralle, Lothar: Zu Vorgeschichte und Hintergründen der Ostpolitik Heinrichs I. In: Grothusen, Klaus-Detlef / Zernack, Klaus (Hrsg.): Europa slavica – Europa orientalis. FS für Herbert Ludat zum 70. Geburtstag (Osteuropastudien der Hochschulen des Landes Hessen Reihe 1 = Giessener Abhandlungen zur Agrar- und Wirtschaftsforschung des europäischen Ostens 100). Berlin 1980, S. 99-126, hier S. 115, S. 119-121; ders.: Slaven an Havel und Spree. Studien zur Geschichte des hevellisch-wilzischen Fürstentums (6.-10. Jahrhundert) (Osteuropastudien der Hochschulen des Landes Hessen Reihe 1 = Giessener Abhandlungen zur Agrar- und Wirtschaftsforschung des europäischen Ostens 108). Berlin 1981, S. 127-129; Ludat, Herbert: Böhmen und die Anfänge Ottos I. In: ders. / Schwinges, Rainer Christoph (Hrsg.): Politik, Gesellschaft, Geschichtsschreibung. Giessener Festgabe für František Graus zum 60. Geburtstag (Beihefte zum AKG 18). Köln / Wien 1982, S. 131-164, hier S. 142-146.

[11] Dralle: Slaven an Havel und Spree (wie Anm. 10), S. 129f.

[12] Ludat: An Elbe und Oder um das Jahr 1000 (wie Anm. 10), S. 12f.

[13] Die Urkunden Konrads I., Heinrichs I. und Ottos I., bearb. von Theodor Sickel (MGH DD 1). München 1987, hier MGH D O I, Nr. 105, S. 187ff.; Schößler, Wolfgang / Gahlbeck, Christian: Brandenburg / Havel. Prämonstratenser-Domkapitel St. Peter und Paul. In: Heimann, Heinz-Dieter / Neitmann, Klaus / Schich, Winfried (Hrsg.): Brandenburgisches Klosterbuch. Handbuch der Klös-

velberg.[14] Damit war die Zielrichtung weiterer, zunächst militärischer Ausbreitung in Richtung Nordosten vorgegeben, die mit dem Sieg über die slawischen Redarier in der Schlacht an der Raxa[15] im Jahr 955 als abgeschlossen gelten konnte. Die über Jahrzehnte gegen harten Widerstand des Bischofs von Halberstadt und des eben erwähnten Erzbischofs Wilhelm von Mainz vorbereitete und im Jahr 968 durchgesetzte Einrichtung des Erzbistums Magdeburg[16] mit Suffraganen in den beiden Bistümern an der Havel sowie in Merseburg, Zeitz und Meißen sowie die Gründung eines weiteren Bistums im abodritischen Fürstensitz Oldenburg in Holstein, das dem Erzbistum Hamburg-Bremen zugeordnet wurde,[17] bedeuteten eine hierarchische Kirchenorganisation in den Markengebieten, die noch eines gesicherten Unterbaus entbehrte.

Merseburg, Zeitz und Meißen waren bis dahin Mittelpunkte von Militärbezirken, sogenannten Marken, die im Zuge oder nach der Eroberung des Landes östlich der Saale in der Zeit König Heinrichs I. und unter Otto dem Großen entstanden waren. Merseburg[18]

---

ter, Stifte und Kommenden bis zur Mitte des 16. Jahrhunderts (Brandenburgische Historische Studien 14). Berlin-Brandenburg 2007, Bd. 1, S. 229-273, hier S. 230. Zur Diskussion um den Gründungszeitpunkt des Bistums Brandenburg vgl. Assing, Helmut: Wurde das Bistum Brandenburg wirklich 948 gegründet? In: JBLG 49 (1998), S. 7-18; Kurze, Dietrich: Otto I. und die Gründung des Bistums Brandenburg: 948, 949 oder 965. In: ebd. 50 (1999), S. 12-30; Ludwig, Uwe: Die Gründungsurkunde für das Bistum Brandenburg. Zur Methode der Urkundenkritik. In: ebd. 53 (2002), S. 9-28; Neumeister, Peter: Die Brandenburg im 10. Jahrhundert – Überlegungen zur Bistumsgründung von 948. Winfried Schich zum 65. Geburtstag. In: ebd. 54 (2003), S. 51-90.

[14] Die Urkunden Konrads I., Heinrichs I. und Ottos I. (wie Anm. 13), hier MGH D O I, Nr. 76, S. 155f.; Schlesinger, Walter: Bemerkungen zu der sogenannten Stiftungsurkunde des Bistums Havelberg von 946 Mai 9. In: JbGMOD 5 (1956), S. 1-38; Enders, Lieselott: Das Stiftungsjahr des Bistums Havelberg: 946 oder 948? Möglichkeiten und Grenzen der Quellenkritik. In: JBLG 45 (1994), S. 56-65.

[15] Widukind von Corvey: Rerum gestarum Saxonicarum, ed. von Paul Hirsch (MGH SS rer. Germ. [60]). Hannover 1935 (ND 1989), III, 53, S. 132f.

[16] Claude, Dietrich: Geschichte des Erzbistums Magdeburg bis in das 12. Jahrhundert, Teil 1: Die Geschichte der Erzbischöfe bis auf Ruotger (1124) (Mitteldeutsche Forschungen 67/1). Köln / Wien 1972, S. 63-113.

[17] Petersohn, Jürgen: Der südliche Ostseeraum im kirchlich-politischen Kräftespiel des Reichs, Polens und Dänemarks vom 10. bis 13. Jahrhundert. Mission – Kirchenorganisation – Kultpolitik (Ostmitteleuropa in Vergangenheit und Gegenwart 17). Köln / Wien 1979, S. 18-22.

[18] Schlesinger, Walter: Merseburg (Versuch eines Modells zukünftiger Pfalzbearbeitungen). In: Deutsche Königspfalzen. Beiträge zu ihrer historischen und ar-

hatte wahrscheinlich schon in der älteren Grenzorganisation des Frankenreiches, dem Limes Sorabicus, eine Rolle gespielt, und Meißen[19] war im Jahr 929 von den Truppen Heinrichs oder in dessen Auftrag erbaut worden, um mit der Elbe einen Fluss zu überwachen, der als mögliche Grenze ebenso wie zum Transit in weitere slawische Länder wie zum Beispiel Böhmen von Bedeutung war. Die Moritzburg in Zeitz über der weißen Elster kontrollierte die slawische Region Puonzowa-Bosau.[20] Die Installierung der Bischofssitze in solchen Burgen seit 968 war bezeichnend für die Lage des Christentums im sorbischen Gebiet: Noch brauchte es den Schutz der militärischen Anlagen, mit deren Inhabern es ins Land gekommen war, und so verwundert es auch nicht, dass die Kirchengebäude, die Orte von Liturgie und Predigt, in der sorbischen Sprache als *kostel* bezeichnet wurden,[21] abgeleitet vom lateinischen Wort *castellum*, das die Burg, nicht aber das sakrale Ge-Gebäude bezeichnete. Diese in ihrer Bedeutung für die sorbische Bevölkerung also untrennbar miteinander verbundenen Befestigungen und christlichen Kirchen fanden sich aber nicht erst an den Bischofssitzen, sondern waren schon vor dem Jahr 968 Kennzeichen jener Orte, welche die Eroberer zu ihren Stützpunkten auserwählt hatten und die sie in den folgenden Jahrzehnten zu sogenannten Burgwardmittelpunkten[22] ausbauen würden. Dort hatte die frühe Kirche militärischen und institutionellen Rückhalt, und von dort setzten auch die missionarischen Aktivitäten ein, von denen

---

chäologischen Erforschung (Veröffentlichungen des Max-Planck-Instituts für Geschichte 11/1). Göttingen 1963, Bd. 1, S. 158-206.

[19] Schmid-Hecklau, Arne: Die archäologischen Ausgrabungen auf dem Burgberg in Meißen. Die Grabungen 1959-1963 (Veröffentlichungen des Landesamtes für Archäologie mit Landesmuseum für Vorgeschichte 43). Dresden 2004.

[20] Schlesinger: Kirchengeschichte Sachsens (wie Anm. 9), S. 34f.

[21] Urkundenbuch des Hochstifts Naumburg, Teil 1 (967-1207), bearb. von Felix Rosenfeld (Geschichtsquellen der Provinz Sachsen und des Freistaates Anhalt, Neue Reihe 1), Nr. 152, S. 133f., hier S. 134: Bischof Udo von Naumburg weiht im Jahr 1140 die wiederhergestellte Kirche zu Altkirchen bei Altenburg, *[...] que lingua rustica Aldenkirkin, lingua vero patria Ztarecoztol vocatur*. Vgl. Schlesinger, Walter: Die deutsche Kirche im Sorbenland und die Kirchenverfassung auf westslawischem Boden. In: ders.: Mitteldeutsche Beiträge zur deutschen Verfassungsgeschichte des Mittelalters. Göttingen 1961, S. 133-157, hier S. 141.

[22] Billig, Gerhard: Die Burgwardorganisation im obersächsisch-meißnischen Raum. Archäologisch-archivalisch vergleichende Untersuchungen (Veröffentlichungen des Landesmuseums für Vorgeschichte Dresden 20). Berlin 1989.

insbesondere der Bischof Thietmar von Merseburg zu berichten wusste, weil sie von seinen Vorgängern Wigbert und Boso vorangetrieben worden waren.

Die missionarische Tätigkeit des Mönches Boso hatte schon begonnen, bevor die mitteldeutschen Bistümer im Jahr 968 eingerichtet worden waren.[23] Er war im Kloster St. Emmeram[24] ausgebildet worden, jenem ins 8. Jahrhundert zurückgehenden Kloster in Regensburg, von dem aus frühzeitig auf die slawischen Nachbarn, insbesondere Böhmens, eingewirkt wurde, so dass sich im Jahr 845 vierzehn slawische Fürsten mit ihren Gefolgschaften an der Residenz des ostfränkischen Königs hatten taufen lassen.[25] Auch aufgrund des langjährigen Kontakts der Mönche von St. Emmeram zur Regensburger Königspfalz[26] und der Beobachtung der Mission Kyrills und Methods in Mähren[27] wird zu erklären sein, dass sich Boso nach erfolgreichem Wirken in kaiserlichem Dienst zu den einstmals zeitweise zum Mährerreich gehörenden Sorben begeben und zur Erleichterung der Predigt bei ihnen slawische Worte aufgeschrieben hatte. Thietmar berichtet mit der ihm eigenen Gelehrsamkeit darüber wie folgt: „Zu bequemerer Unterweisung der ihm Anvertrauten hatte er eine Anweisung in slawischer Sprache geschrieben und den Gesang des Kyrie eleison verlangt, dessen Sinn er ihnen erläuterte. Doch die Heillosen verdrehten es zum Spott in w kri volsa; das bedeutet in unserer Sprache: ‚Die Erle steht im

---

[23] Schlesinger: Kirchengeschichte Sachsens (wie Anm. 9), S. 23-26; Dralle: Zu Vorgeschichte und Hintergründen der Ostpolitik Heinrichs I. (wie Anm. 10), S. 112.
[24] Rädlinger-Prömper, Christine: St. Emmeram in Regensburg. Struktur- und Funktionswandel eines bayerischen Klosters im früheren Mittelalter (Thurn und Taxis-Studien 16). Kallmünz 1987.
[25] Annales Fuldenses sive Annales regni Francorum orientalis ad a. 845, ed. von Friedrich Kurze (MGH SS rer. Germ. [7]). Hannover 1891, S. 35.
[26] Schmid, Peter: König – Herzog – Bischof. Regensburg und seine Pfalzen. In: Fenske, Lutz (Hrsg.): Deutsche Königspfalzen. Beiträge zu ihrer historischen und archäologischen Erforschung, Bd. 4: Pfalzen – Reichsgut – Königshöfe (Veröffentlichungen des Max-Planck-Instituts für Geschichte 11/4). Göttingen 1996, S. 53-83.
[27] Wolfram, Herwig: Die Geburt Mitteleuropas. Geschichte Österreichs vor seiner Entstehung 378-907. Berlin 1987, S. 292-301; Lübke, Christian: Das östliche Europa (Die Deutschen und das europäische Mittelalter). Berlin 2004, S. 73-90.

Busch'; trotz seiner richtigen Erklärung behaupteten sie, so habe Boso gesagt."[28]

Die Episode aus der Tätigkeit Bosos, der zunächst in der Umgebung von Zeitz gewirkt und dort mindestens eine steinerne Kirche inmitten von Wäldern hatte errichten lassen,[29] zeigt eine der Hauptschwierigkeiten der christlichen Glaubensboten. Um die sorbische Bevölkerung erreichen zu können, mussten sie die slawische Sprache beherrschen. Zumindest Boso hatte sich mit Hilfe seiner Regensburger Ausbildung dieser Aufgabe gestellt, und auch Bischof Thietmar war, wie seine zahlreichen in die Merseburger Chronik eingebauten etymologischen Deutungsversuche slawischer Namen zeigen, in der Lage, in sorbischer Sprache zu kommunizieren.[30]

Die Predigt in slawischer Sprache war allerdings im 10. Jahrhundert nicht der Regelfall in der Auseinandersetzung zwischen christlichen Glaubensboten und Gentilreligiösen. Die Verhältnisse waren trotz militärischer Eroberung, Markenorganisation und Burgwardsystem immer noch unruhig, so dass sich Boso, vor die Wahl gestellt, welchen Bischofssitz er 968 einnehmen wolle, für das sichere und deshalb friedliche Merseburg und gegen Zeitz entschied.[31] Diese Unruhe mag auch dadurch zu erklären sein, dass sich manche Kirchenmänner nicht für die Predigt entschieden, sondern nach bonifatianischem Vorbild, so wie dieser es im Jahr 723 an der kultischen Eiche in Geismar bei Fritzlar vorgemacht hatte,[32] zur Tat schritten. Solches überliefert Thietmar über seinen 1009 verstorbenen Vorgänger Wigbert, der als Bischof von Merseburg wie folgt handelte: „Durch ständige Verkündigungen suchte er die ihm Anvertrauten von ihrem nichtigen Irrglauben abzubringen; den heiligen Hain (*lucum*) Zutibure, Schkeitbar, der bei den Umwohnern immer in göttlichem Ansehen gestanden hatte und seit Urzeiten niemals verletzt worden war, ließ er völlig ausroden

---

[28] Thietmar von Merseburg: Chronicon (wie Anm. 4), II, 37, S. 85f.; Kahl: Heidenfrage und Slawenfrage (wie Anm. 5), XIV, S. 474; Schlesinger: Kirchengeschichte Sachsens (wie Anm. 9), S. 221.
[29] Schlesinger: Kirchengeschichte Sachsens (wie Anm. 9), S. 24.
[30] Ebd., S. 224.
[31] Thietmar von Merseburg: Chronicon (wie Anm. 4), II, 36, S. 85.
[32] Vita Bonifatii auctore Willibaldo, ed. von Wilhelm Levison (MGH SS rer. Germ. [57]). Hannover / Leipzig 1905, S. 1-58, hier c. 6, S. 31f.

(*radicitus eruens*); an seiner Stelle errichtete er eine Kirche für den heiligen Märtyrer Romanus."[33]

Der *ab evo antiquo* nie beschädigte Hain in Schkeitbar wirft ein Schlaglicht auf die Naturreligion der Sorben, sofern Thietmar bei seiner Schilderung nicht auf Vorlagen etwa aus der *Germania* des Tacitus[34] oder Willibalds *Vita Bonifatii* zurückgegriffen hatte. Die Verehrung natürlicher Heiligtümer durch die slawische Bevölkerung der Region um Lommatzsch beschreibt der Merseburger Bischof allerdings noch an einer anderen Stelle seiner Chronik: „Doch nun muß ich erzählen, wie dieser Gau zu seinem Namen gekommen ist. *Glomaci* ist eine nicht weiter als zwei Meilen von der Elbe entfernte Quelle; sie speist einen See, der nach Versicherungen der Einheimischen und Bestätigung durch viele Augenzeugen häufig wunderbare Erscheinungen hervorbringt. Wenn die örtlichen Bewohner (*indigenae*) Ruhe und Frieden zu erwarten haben und der Boden die Frucht nicht versagt, erfreut er, bedeckt mit Weizen, Hafer und Eicheln, die Herzen der sich oft an ihm versammelnden Umwohner (*laetos vicinorum*). Brechen dagegen wilde Kriegsstürme los, gibt es durch Blut und Asche im Voraus gewisse Kunde vom künftigen Ausgang. Ihn verehren und scheuen alle Einwohner mehr als Kirchen, wenn auch in ungewisser Erwartung. Von ihm also ist der Name des Gaues abgeleitet, der sich von der Elbe bis an die Chemnitz erstreckt."[35]

Mission, Bekehrungswerk, Neophytenbetreuung oder auch nur eine Pfarrkirchenorganisation blieben also, wie die Chronik des Bischofs Thietmar von Merseburg verdeutlicht, im Gebiet der Sorben eher rudimentär. Die sächsischen Eroberer strebten ganz offensichtlich neben der militärischen Durchdringung des Landes mit Burgwarden vor allem nach Entpaganisierung, weniger nach Christianisierung, denn sie bemühten sich durch die Zerstörung der heiligen Haine vor allem um die Unterbindung des paganen Kultes. Und während sie damit bei den Sorben erfolgreich bleiben sollten, scheiterten sie weiter nördlich schon schnell nahezu vollkommen.

---

[33] Ebd., VI, 37, S. 321.
[34] Tacitus: Germania, lateinisch und deutsch von Gerhard Perl. In: Herrmann, Joachim (Hrsg.): Griechische und lateinische Quellen zur Frühgeschichte Mitteleuropas bis zur Mitte des 1. Jahrtausends u. Z. (Schriften und Quellen der Alten Welt 37/2). Berlin 1990, c. 9, S. 88f.
[35] Thietmar von Merseburg: Chronicon (wie Anm. 4), I, 3, S. 6.

Im Jahr 983 erhoben sich *gentes, quae suscepta christianitate regibus et imperatoribus trubutariae serviebant,*[36] offenbar deshalb, weil sie den fortschreitenden Ausbau des Burgwardsystems auch im Norden als Einschränkung ihrer überkommenen Lebensweise empfanden.[37] Und während bisher von Gewalt nie explizit die Rede war, so wird Thietmar von Merseburg nicht müde, nun die Exzesse der Rebellierenden hervorzuheben: In Havelberg wurden die Besatzung der Burg niedergemacht und der Bischofssitz zerstört;[38] in Brandenburg an der Havel wurde „Dodilo, der zweite Bischof des Ortes, der von den Seinen erdrosselt nun schon drei Jahre im Grab lag, aus seiner Gruft gerissen; seine Leiche und sein Bischofsornat waren noch unversehrt; die habgierigen Hunde plünderten sie aus und warfen sie dann achtlos zurück. Alle Kostbarkeiten der Kirche wurden geraubt und das Blut vieler elendiglich vergossen."[39] Die Aufständischen schlossen sich in einem von Priestern geleiteten Bund zusammen; ihr Zentrum wurde der Tempel von Rethra,[40] einem Ort, der seit den Forschungen von Volker Schmidt in der Lieps am Südwestende des Tollensesees bei Neubrandenburg lokalisiert wird.[41]

Thietmar erzählt dazu: „Im Redariergau liegt die dreieckige und dreitorige Burg Riedegost, rings umgeben von einem großen, für die Einwohner unverletzlich heiligen Walde (*silva ab incolis intacta et venerabilis*). Zwei ihrer Tore sind dem Zutritt aller geöffnet. Das dritte und kleinste Osttor mündet in einen Pfad, der zu einem nahe gelegenen, sehr düsteren See führt. In der Burg befindet sich nur ein kunstfertig errichtetes, hölzernes Heiligtum, das auf einem Fundament aus Hörnern verschiedenartiger Tiere steht. Außen schmücken seine Wände, soviel man sehen kann, verschiedene, prächtig geschnitzte Bilder von Göttern und Göttinnen. Innen

---

[36] Ebd., III, 17, S. 118.
[37] Lübke: Das östliche Europa (wie Anm. 27), S. 232-240.
[38] Thietmar von Merseburg: Chronicon (wie Anm. 4), III, 17, S. 118.
[39] Ebd.
[40] Schmidt, Roderich: Rethra. Das Heiligtum der Lutizen als Heiden-Metropole. In: Beumann, Helmut (Hrsg.): FS für Walter Schlesinger (Mitteldeutsche Forschungen 74/2). Köln / Wien 1974, Bd. 2, S. 366-394.
[41] Schmidt, Volker: Lieps. Eine slawische Siedlungskammer am Südende des Tollensesees (Beiträge zur Ur- und Frühgeschichte der Bezirke Rostock, Schwerin und Neubrandenburg 16). Berlin 1984; ders.: Lieps. Die slawischen Gräberfelder und Kultbauten am Südende des Tollensesees (Beiträge zur Ur- und Frühgeschichte Mecklenburg-Vorpommerns 26). Lübstorf 1992.

aber stehen von Menschenhänden gemachte Götter, jeder mit eingeschnitzten Namen; furchterregend sind sie mit Helmen und Panzern bekleidet; der höchste heißt Swarozyc, und alle Heiden achten und verehren ihn besonders. Auch dürfen ihre Feldzeichen nur im Falle eines Krieges, und zwar durch Krieger zu Fuß, von dort weggenommen werden.

Für die sorgfältige Wartung dieses Heiligtums haben die Eingeborenen besondere Priester eingesetzt. Wenn man sich dort zum Opfer für die Götzen oder zur Sühnung ihres Zorns versammelt, dürfen sie sitzen, während alle anderen stehen; geheimnisvoll murmeln sie zusammen, während die zitternd die Erde aufgraben, um dort durch Loswurf Gewissheit über fragliche Dinge zu erlangen. Dann bedecken sie die Lose mit grünem Rasen, stecken zwei Lanzenspitzen kreuzweise in die Erde und führen in demütigender Ergebenheit ein Ross darüber, das als das größte unter allen von ihnen für heilig gehalten wird; haben sie zunächst durch Loswurf Antwort erhalten, weissagen sie durch das gleichsam göttliche Tier nochmals. Ergibt sich beide Male das gleiche Vorzeichen, dann setzt man es in die Tat um. Andernfalls lässt das Volk niedergeschlagen davon ab. Auch bezeugt eine alte, schon mehrfach als falsch erwiesene Kunde, aus dem See steige ein großer Eber mit weißen, von Schaum glänzenden Hauern empor, wälze sich voller Freude schrecklich im Morast und zeige sich vielen, wenn schwere grausame und langwierige innere Kriege bevorstehen."[42]

Thietmar berichtet im anschließenden Kapitel noch, dass jede Region im Liutizenland einen Tempel mit einem Götzenbild habe; Rethra jedoch sei das unumstrittene Zentrum, von dem Kriegszüge ausgingen, an dem Volksversammlungen abgehalten und an dem gelegentlich auch Menschen- und Tieropfer dargebracht würden.[43] Die Grausamkeit der über fast zwei Jahrhunderte erfolgreich widerständigen und zwischenzeitlich sogar mit Kaiser Heinrich II. gegen die christlichen polnischen Piasten verbündeten Liutizen findet sich auch in der auf Thietmar von Merseburg folgenden Historiographie. Adam von Bremen nutzte die Schilderung eines Offensivkrieges der Liutizen gegen die Abodriten nach 1018 zur Darstellung des Martyriums von Priestern in Wagrien, denen kreuzförmig die Kopfhaut geritzt und denen dann der Hirnschädel

---

[42] Thietmar von Merseburg: Chronicon (wie Anm. 4), VI, 23-24, S. 302ff.
[43] Ebd., VI, 25, S. 304.

mit einem Eisen geöffnet worden sei, und die man schließlich so durch verschiedene Orte geschleppt habe, bis sie gestorben seien.[44] Gegen den im Lüneburger Michaels-Kloster christlich erzogenen abodritischen Fürsten Gottschalk, der im Zuge der Wiederaufrichtung des Christentums in Folge dieser Ereignisse ebenfalls nicht zimperlich vorgegangen war, schürten die Liutizen bald einen neuen Aufstand. Gottschalk wurde am 7. Juni 1066 in Lenzen erschlagen.[45] Adam von Bremen berichtet über die damalige Steinigung der Christen in Ratzeburg, und den Bischof Johann von Mecklenburg habe man nach Rethra gebracht, wo er am 10. November getötet und sein Kopf auf eine Stange gesteckt worden sei.[46]

Die vergleichsweise ausführliche Beschreibung liutizischer Gewalttaten kann aber auch mit der Intention verbunden werden, nunmehr auch von christlich-sächsischer Seite ein hartes Vorgehen gegen die Apostaten zu begründen. So findet sich schon in einem Brief Bruns von Querfurt an Heinrich II. aus dem Jahr 1008[47] die Forderung nach jenem neutestamentarischen *compellere intrare* (Lukas 14, 23), das schon der Kirchenvater Augustinus von Hippo für die Donatisten vorgesehen hatte: sie zu nötigen, einzutreten.[48] Dementsprechend ließen christliche Gräuel auch nicht lange auf sich warten. Im Jahr 1035 war Konrad II. gegen die Liutizen gezogen, und Wipo berichtet im Zusammenhang damit von der Verstümmelung eines Kruzifixes durch Liutizen, mit denen Konrad II.

---

[44] Adam von Bremen: Gesta Hammaburgensis Ecclesiae Pontificum, ed. von Bernhard Schmeidler (MGH SS rer. Germ. [2]). Hannover / Leipzig 1917 (ND 1993), II, 43, S. 103f.; Brüske: Untersuchungen zur Geschichte des Lutizenbundes (wie Anm. 3), S. 70.

[45] Brüske: Untersuchungen zur Geschichte des Lutizenbundes (wie Anm. 3), S. 81ff.; Hardt, Matthias: Prignitz und Hannoversches Wendland. Das Fürstentum der slawischen Linonen im frühen und hohen Mittelalter. In: Aurig, Rainer / Butz, Reinhardt / Gräßler, Ingolf / Thieme, André (Hrsg.): Im Dienste der historischen Landeskunde. Beiträge zu Archäologie, Mittelalterforschung, Namenkunde und Museumsarbeit vornehmlich in Sachsen. Festgabe für Gerhard Billig zum 75. Geburtstag, dargebracht von Schülern und Kollegen. Beucha 2002, S. 95-103, hier S. 100.

[46] Adam von Bremen: Gesta (wie Anm. 44), III, 50-51, S. 193f.; Lübke: Christianity and Paganism (wie Anm. 1), S. 201f.

[47] Brunonis Querfurtensis epistola ad Henricum regem, ed. von Hedvigis Karwasińska (Monumenta Poloniae Historica, series nova 4/3). Warszawa 1973, S. 97-106, hier S. 104.

[48] Kahl: Heidenfrage und Slawenfrage (wie Anm. 5), XV, S. 483-564.

nach deren Gefangennahme dann ähnlich verfahren sei.[49] Konrad wurde hier nach Meinung Herwig Wolframs wie flavische Kaiser in ihren antijüdischen Kriegen als „Rächer des Glaubens" dargestellt.[50] Der Zug des Bischofs Burchard II. gegen Rethra und sein Ritt auf dem heiligen Pferd der Liutizen wurden eingangs bereits erwähnt. Ebo von Michelsberg berichtet in seiner Lebensbeschreibung Ottos von Bamberg erneut über die Zerstörung eines gentilreligiösen Hauptheiligtums durch Lothar von Supplingenburg.[51] Wolfgang Brüske nahm an, dass es sich dabei durchaus um Rethra gehandelt haben könnte, das damit zum zweiten und wohl endgültigen Mal zerstört worden wäre.[52] Seine Bedeutung nahm nun Arkona auf Rügen ein.[53]

Zusammenfassend kann nach diesem Überblick über Eroberung, Marken- und Kirchenorganisation und ihre Folgen in Slawenaufstand und Liutizenbund festgestellt werden, dass die Christianisierung von Sorben, Elb- und Ostseeslawen zunächst nur auf eine Depaganisierung ausgerichtet war, bei der nach dem Ende der unmittelbaren militärischen Eroberergewalt nur die auch in späteren Jahrhunderten berühmte ‚Gewalt gegen Sachen' ausgeübt wurde, gegen die heiligen Haine nämlich, die zerstört wurden, um die Ausübung heidnischer Kulte zu unterbinden. Nach dem als gewalttätig geschilderten Aufstand von 983 glaubten sich die christlichen Gegner der Rebellen dazu befugt, die Apostaten mit Gewalt in die Kirche zurücktreiben zu dürfen. ‚Gewaltmission' im Sinne karolingischen Vorgehens gegen die heidnischen Sachsen war dies, darauf hat auch Hans-Dietrich Kahl in zahlreichen Arbeiten immer

---

[49] Wipo: Gesta Chuonradi regis. Wiponis opera, ed. von Harry Bresslau (MGH SS rer. Germ. [61]). Hannover / Leipzig 1915, S. 1-62, hier c. 33, S. 53; dazu auch Kahl: Heidenfrage und Slawenfrage (wie Anm. 5), VIII, S. 205.
[50] Wolfram, Herwig: Konrad II. 990-1039. Kaiser dreier Reiche. München 2000, S. 241.
[51] Ebo von Michelsberg: Vita Ottonis episcopi Babenbergensis. In: Weinrich, Lorenz (Hrsg.) / Strzelczyk, Jerzy (Mitarb.): Heiligenleben zur deutsch-slawischen Geschichte. Adalbert von Prag und Otto von Bamberg (Ausgewählte Quellen zur deutschen Geschichte des Mittelalters. FSGA 23). Darmstadt 2005, S. 192-281, hier III, 5, S. 248f.
[52] Brüske: Untersuchungen zur Geschichte des Lutizenbundes (wie Anm. 3), S. 97.
[53] Reimann, Heike / Ruchhöft, Fred / Willich, Cornelia: Rügen im Mittelalter. Eine interdisziplinäre Studie zur mittelalterlichen Besiedlung auf Rügen (Forschungen zur Geschichte und Kultur des östlichen Mitteleuropa 36). Stuttgart 2011, S. 55-58.

wieder hingewiesen, aber nicht, sondern es handelte sich allenfalls um indirekte Missionskriege und das, was die Zeit unter ‚Apostatenexekutionen' verstand.[54] Für die davon Betroffenen allerdings werden solche terminologische Differenzierungen unerheblich gewesen sein.

---

[54] Kahl: Heidenfrage und Slawenfrage (wie Anm. 5), XV, S. 483-564.

FELIX BIERMANN

ÜBERZEUGUNG UND ZWANG BEI DER CHRISTIANISIERUNG POLENS UNTER DEN ERSTEN PIASTEN

Folgen wir dem zeitgenössischen Chronisten Thietmar von Merseburg (975-1018), dann hat die Liebe zwischen führenden Personen das piastische Polen zum Christentum geführt. Nach ihm wurde der erste historische Piast, der von etwa 960 bis 992 herrschende Mieszko I., durch seine christliche böhmische Frau, die přemyslidische Herzogstochter Dubrawka († 977), vom Christentum überzeugt. Diese „sann, da sie sah, dass ihr Gemahl noch im vielgestaltigen Irrwahne des Heidentums befangen war, emsig und besorgt darauf, wie sie ihn zu ihrem Genossen im Glauben machen könnte". So brach sie aus taktischen Gründen Mieszko zuliebe die Fastenzeiten, „tat mit Absicht zeitweilig Übles", bis der Herzog, „der vordem den Herrn eifrig verfolgt hatte, in sich ging, indem er auf wiederholtes Vermahnen der geliebten Gattin das Gift des angeborenen Unglaubens von sich gab und in der heiligen Taufe den ererbten Sündenmakel abwusch", worauf auch sein Land das Christentum übernahm: „Alsbald folgten die bis dahin schwachen Glieder des Volks ihrem geliebten Herrn und Haupte, und alle legten das hochzeitliche Kleid an und wurden unter Christi Jünger gezählt".[1] Durch seine zweite Frau Oda († 1023) „ward die Schar der Jünger Christi" in Polen „vergrößert", und ähnlich wirkte Emnildis († um 1017), die Gemahlin seines Sohnes Bolesław Chrobry (967-1025), auf ihren Gatten ein.[2] Die historische Entwicklung dürfte Thietmar von Merseburg damit allerdings nur unvollkommen beschreiben. Der Einfluss frommer Frauen auf ihre kriegerisch-rauen Gemahle mag zwar Wirksamkeit entfaltet haben, doch war dies

---

[1] Die Chronik des Thietmar von Merseburg, neu übertragen und bearb. von Robert Holtzmann (Die Geschichtsschreiber der deutschen Vorzeit 39). Leipzig 1939, IV.55-56.
[2] Ebd., IV.57-58.

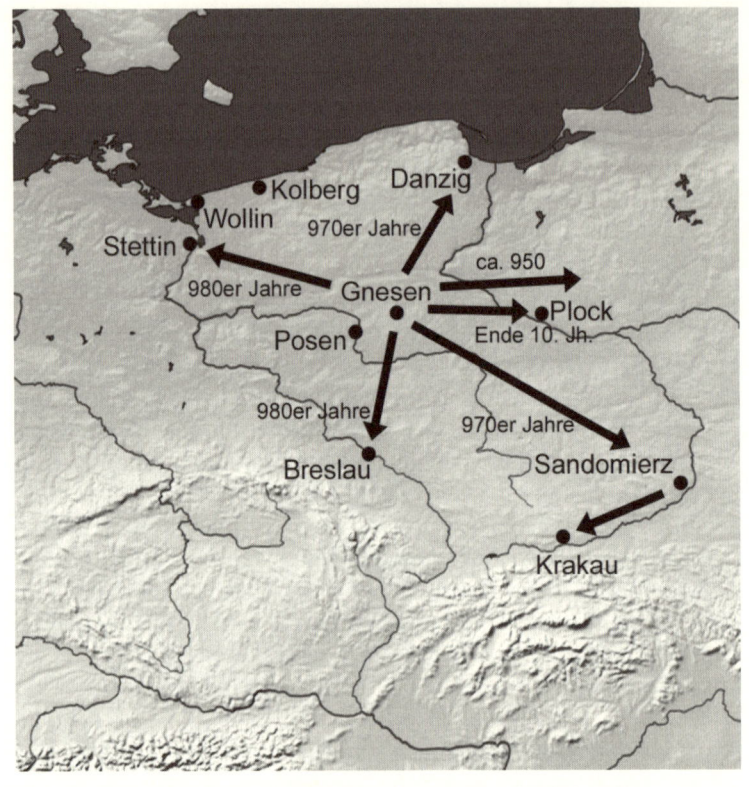

Karte 3: Das Ausgreifen der Piasten im 10. Jahrhundert

weder die vorrangige Motivation noch der ausschlaggebende Faktor für die Christianisierung Polens im fortgeschrittenen 10. Jahrhundert.

Das frühmittelalterliche Polen ist vielmehr ein Beispiel für das Zusammenspiel von Überzeugungsarbeit, Zwang und Gewalt bei einer „Christianisierung von oben nach unten".[3] Denn der Glau-

---

[3] Vgl. Wolfram, Herwig: Reichsbildungen, Kirchengründungen und das Entstehen neuer Völker. In: Wieczorek, Alfried / Hinz, Hans-Martin (Hrsg.): Europas Mitte um 1000. Beiträge zur Geschichte, Kunst und Archäologie. Handbuch zur Ausstellung (Europarat-Ausstellung 27), 2 Bde. Stuttgart 2000, hier Bd. 1, S. 342-353, hier S. 346; ferner Rosik, Stanisław: Christianisierung und Macht – zwischen heidnischer Theokratie und christlicher Monarchie (zur Systemwandlung in westslawischen Ländern im 10.-12. Jahrhundert). In: Parón, Aleksander / Rossignol, Sébastien / Szmoniewski, Bartłomiej Sz. / Vercamer, Grischa (Hrsg.): Potestas et communitas. Interdisziplinäre Beiträge zu Wesen

benswechsel war eine Konsequenz der Bildung der piastischen Großherrschaft im 10. Jahrhundert, und diese wiederum erfolgte wesentlich durch militärische Mittel. Der christliche Glaube, den Herzog Mieszko dann in den 960er Jahren annahm, war für ihn und seinen Nachfolger Bolesław den Tapferen nicht zuletzt ein bedeutendes innen- wie außenpolitisches Instrument, das seine Herrschaft gegenüber den unruhigen Großen seines Reiches stabilisierte, ihm Impulse und Personal aus dem Westen vermittelte und Polen zu einer akzeptierten christlichen Herrschaft in Europa machte. Das stärkte seine Position insbesondere in den Auseinandersetzungen mit dem nach Osten expandierenden ostfränkischen Reich der Ottonen, aber auch mit den přemyslidischen Herzögen von Böhmen und gegenüber den nordwestslawischen, noch heidnischen Lutizen.[4] Die Bedeutung der Christianisierung für die frühen Piasten macht im Gegenzuge verständlich, warum die polnischen Wirren und Aufstände der 1030er Jahre in der sog. ‚Krise des Piastenreiches' nicht selten mit einem Rückfall in den gentilreligiös-heidnischen Glauben einhergingen oder diesen sogar ausdrücklich als Identifikationskern der Rebellion verwendeten.[5]

Um ein Bild der komplexen Prozesse zu gewinnen, können schriftliche Quellen und archäologische Befunde herangezogen werden, die allerdings beide mit Problemen behaftet sind. Erstere sind insgesamt sehr rar, teils unzuverlässig und tendenziös, was namentlich für unsere beiden Hauptinformanten gilt: Thietmar von Merseburg schrieb über Bolesław den Tapferen nicht nur kritisch, sondern sogar mit Feindschaft,[6] wogegen der über einhundert Jahre später in Polen tätige Chronist Gallus Anonymus († nach 1116)

---

und Darstellung von Herrschaftsverhältnissen im Mittelalter östlich der Elbe. Wrocław / Warszawa 2010, S. 183-188, hier S. 187.

[4] Vgl. hierzu u.a. Rhode, Gotthold: Kleine Geschichte Polens. Darmstadt 1965, S. 10f.; Lübke, Christian: Frühzeit und Mittelalter. In: Jaworski, Rudolf / Lübke, Christian / Müller, Michael G.: Eine kleine Geschichte Polens. Frankfurt a.M. 2000, S. 11-150, hier S. 41f.; Strzelczyk, Jerzy: The Church and Christianity about the year 1000 (the Missionary Aspect). In: Urbańczyk, Przemysław (Hrsg.): Europe around the year 1000. Warsaw 2001, S. 41-67, hier S. 52.

[5] Vgl. zum Überblick Rhode: Geschichte (wie Anm. 4), S. 21f.; Gąssowski, Jerzy: Late Pagan and Early Christian Poland. In: ders. (Hrsg.): Christianization of the Baltic Region (Castri Dominae Nostrae Litterae Annales 1). Pułtusk 2004, S. 21-37, hier S. 23.

[6] Die wichtigste Quelle bildet die Chronik Thietmars von Merseburg (wie Anm. 1), der jedoch Bolesławs „schärfsten Kritiker" darstellte. Vgl. Mühle, Eduard: Die Piasten. Polen im Mittelalter. München 2011, S. 24.

kaum noch belastbare Kenntnisse über die ersten Piasten besaß, die er überdies mit der Absicht der Hebung und Verherrlichung schilderte.

Die archäologischen Befunde sind zwar per se nicht parteiisch, aber in der Regel vieldeutig. Heidnische Kultobjekte sind schwer zu identifizieren und stets umstritten; so werden hügelförmige Anschüttungen des 11. Jahrhunderts mit Knocheneinlagerungen aus der piastischen Burg von Ritschen (Ryczyn) bei Peisterwitz (Bystrzyca Oławska) in Niederschlesien als eine Art heidnischer Grabhügel betrachtet,[7] doch kann man sie auch für profane Hausstellen halten, die durch wiederholte Erneuerungen der Estriche und Feuerstellen beständig angewachsen sind.[8] Vermutlich slawenzeitliche Bergheiligtümer etwa auf dem Zobten (Ślęża) in Niederschlesien oder auf dem Łysa Góra im Heiligkreuzgebirge (südöstliches Mittelpolen), wo sich nicht nur Wallanlagen, sondern auch rohe Steinfiguren von Menschen und Tieren erhalten haben, sind weder genau zu datieren noch zu interpretieren.[9] Bunt glasierte Tonrasseln des 11. Jahrhunderts (*Pisanki* oder Kiewer Toneier),

---

[7] Moździoch, Sławomir / Przysiężna-Pizarska, Magdalena: Gród Recen – refugium episcopi. In: Kolenda, Justina (Hrsg.): Milicz. Clavis Regni Poloniae. Gród na pograniczu. Wrocław 2008, S. 235-254, hier S. 238-243 Abb. 5, Abb. 9.

[8] Vgl. beispielsweise entsprechende Befunde in Berlin-Spandau (von Müller, Adriaan / von Müller-Muči, Klara: Ausgrabungen, Funde und naturwissenschaftliche Untersuchungen auf dem Burgwall in Berlin-Spandau [Berliner Beiträge zur Vor- und Frühgeschichte 5]. Berlin 1989, S. 240 Taf. 8), in Usedom (Biermann, Felix: Untersuchungen zum frühgeschichtlichen Wirtschafts- und Herrschaftszentrum Usedom III. Lesefunde vom Burgwall Bauhof. In: ders. [Hrsg.]: Der Peeneraum zwischen Frühgeschichte und Mittelalter. Archäologische Beiträge zur Siedlungs- und Wirtschaftsgeschichte des 8. bis 14. Jahrhunderts [Studien zur Archäologie Europas 16]. Bonn 2011, S. 71-168, hier S. 77f. Abb. 3), in Rerik (Bastian, Willy: Beobachtungen in Burg und Siedlung Alt-Gaarz, Kr. Doberan. Ein Beitrag zur Lage von Rerik. In: Grimm, Paul [Hrsg.]: Varia Archaeologica. Wilhelm Unverzagt zum 70. Geburtstag dargebracht [Deutsche Akademie der Wissenschaften zu Berlin, Schriften der Sektion für Vor- und Frühgeschichte 16]. Berlin 1964, S. 237-254, hier S. 244 Abb. 5 Taf. 46) und Kleinitz (Klenica; Biermann, Felix / Kieseler, Andreas / Nowakowski, Dominik: Neue Forschungen am Burgwall Kleinitz [Klenica, pow. Zielonogórski] in Niederschlesien, Polen. Ein Vorbericht. In: EAZ 49 [2008], S. 67-98).

[9] Słupecki, Leszek Paweł: Slavonic Pagan Sanctuaries. Warsaw 1994, S. 172-184; Buko, Andrzej: Archeologia Polski wczesnośredniowiecznej. Odkrycia – hipotezy – interpretacje. Warszawa 2006, S. 107-122; Gąssowski: Poland (wie Anm. 5), S. 24-33.

die in ihrem ostkirchlichen Herkunftsgebiet als christliche Auferstehungssymbole dienten, können im westslawischen Milieu ebenfalls einen religiösen, allerdings ebenso paganen wie christlichen Hintergrund haben und darüber hinaus auch ohne solche Bedeutung als Spielzeug, Rhythmusinstrument oder exotisches Objekt geschätzt und genutzt worden sein.[10] Ähnlich problematisch sind die christlichen Architekturrelikte, denn die Mauern sind oft nicht genau datierbar – ein drastisches Beispiel sind die in den letzten Jahren freigelegten Relikte einer vermeintlichen Rotunde auf dem Rummelsberg (Gromnik) bei Strehlen (Strzelin) in Niederschlesien, die in das 9., das 15. oder das 19. Jahrhundert datiert werden könnten, ohne dass die Ausgrabungen letztgültige Klarheit erbrachten.[11] Bei den ältesten vermuteten Taufbecken Polens aus Wiślica und Posen (Poznań), denen man den Rang nationaler Denkmale zusprechen mag, wird verschiedentlich erwogen, es handele sich nicht um Tauffünten, sondern um während der Errichtung der Kirchen verwendete Putz- oder Mörtelmischmühlen.[12]

---

[10] Zu diesen Objekten z.B. Kaczmarek, Jarmila: Wczesnośredniowieczne przedmioty szkliwione związane z magią z Kruszwicy. In: Kóčka-Krenz, Hanna / Losiński, Władysław (Hrsg.): Kraje słowiańskie w wiekach średnich. Profanum i Sacrum. FS Zofia Kurnatowska. Poznań 1998, S. 549-560; Rossignol, Sébastien/Wehner, Donat: Methodologische Überlegungen zur interdisziplinären Erforschung von Herrschaft am Beispiel Ostmitteleuropas vom 9. zum 13. Jahrhundert. In: Parón/Rossignol/Szmoniewski/Vercamer: Potestas (wie Anm. 3), S. 23-52, hier S. 37f.

[11] Jaworski, Krzysztof / Pankiewicz, Aleksandra (Hrsg.): Mount Gromnik (Rummelsberg). From the history of settlement and management. Wrocław 2008, vor allem S. 66-79.

[12] Hierzu u.a. und mit unterschiedlichen Deutungen: Urbańczyk, Przemysław: Czy istnieją archeologiczne ślady masowych chrztów ludności wczesnopolskiej? In: Kwartalnik Historyczny 102 (1995), S. 3-18; Kurnatowska, Zofia: Poznańskie baptysterium. In: Slavia antiqua 39 (1998), S. 51-69; Kóčka-Krenz, Hanna / Kara, Michał / Makowiecki, Daniel: The beginnings, development and the character of the early Piast stronghold in Poznań. In: Urbańczyk, Przemysław (Hrsg.): Polish Lands at the Turn of the First and the Second Millenia. Warsaw 2004, S. 125-166, hier S. 155f. Anm. 26; Gąssowski, Jerzy: Early Medieval Wiślica: Old and New Studies. In: ebd., S. 341-356, hier S. 345ff. Abb. 4; Kurnatowska, Zofia: Początki i rozwój państwa. In: Kobusiewicz, Michał (Hrsg.): Pradzieje Wielkopolski. Od epoki kamienia do średniowiecza. Poznań 2008, S. 297-395, hier S. 335f.; dies.: Die Christianisierung Polens im Lichte der archäologischen Quellen. In: Wieczorek / Hinz: Europas Mitte, Bd. 1 (wie Anm. 3), S. 490-493, hier S. 491; Buko: Archeologia (wie Anm. 9), S. 217f. Abb. 10.7, 8; Miśkiewicz, Maria: Życie codzienne mieszkańców ziem polskich we wczesnym średniowieczu. Warszawa 2010, S. 155f. Abb. 86.

Die Christianisierung Polens ist im spezifischen Kontext dieser ostmitteleuropäischen Herrschaftsbildung zu verstehen. Während die Bekehrung seit den 960er Jahren erfolgte, gehen die Anfänge der piastischen Großherrschaft wohl ein gutes halbes Jahrhundert weiter zurück. Im piastischen Stammland Großpolen gab es noch um 900 keinerlei Ansätze einer zentralen Macht; vielmehr bestanden hier die für große Teile des nördlichen westslawischen Raums in der sog. mittelslawischen Periode oder Stammeszeit charakteristischen kleinteilig-segmentären Herrschaftsverhältnisse:[13] Auf Dutzenden von Burgwällen bescheidener Ausmaße saßen Herrschaften geringer Reichweite, die die Kontrolle über kleine, gentil verbundene Personengruppen und Gebiete innehatten.[14] Man kann sie wohl am ehesten als Häuptlinge charakterisieren.[15] Diese Herren hielten ihre vermutlich familial begründete Herrschaft durch militärische Gefolgschaften aufrecht, kontrollierten lokale Kulte und standen miteinander in ständiger Konkurrenz; nach Ausweis archäologischer Funde von Brandschichten, Waffen, Gewaltopfern, Kriegs- und Gewaltkulten in den betreffenden Burgen waren die

---

[13] Vgl. ausführlich zu diesen Herrschaftsverhältnissen Biermann, Felix: Siedlung und Landschaft bei den nördlichen Westslawen im späteren 9. und 10. Jahrhundert. In: Spieß, Karl-Heinz/Werlich, Ralf-Gunnar (Hrsg.): Landschaften im Mittelalter. Stuttgart 2006, S. 45-76; ders.: Frühstadt und Burg an der südlichen Ostseeküste vom 8. bis 12. Jh. In: ders. / Herrmann, Christofer / Müller, Matthias (Hrsg.): Beiträge zur Tagung „Die Stadt als Burg. Architektur-, rechts- und sozialhistorische Aspekte befestigter Städte im Ostseeraum vom Mittelmeer bis zur frühen Neuzeit", 03.-06. September 2003 in Greifswald (Castella Maris Baltici 7 = Archaeologia medii aevi Finlandiae 11). Greifswald 2006, S. 15-24.

[14] Vgl. Kurnatowska, Zofia: Wielkopolska w X wieku i formowanie się państwa polskiego. In: Samsonowicz, Henryk (Hrsg.): Ziemie Polskie w X wieku i ich znaczenie w kształtowaniu się Nowiej Mapy Europy. Kraków 2000, S. 99-117; dies.: Die Burgen und die Ausbildung der Stammesaristokratie bei den urpolnischen Slawen. In: Wieczorek/Hinz: Europas Mitte, Bd. 1 (wie Anm. 3), S. 257-263; dies.: Poczatki (wie Anm. 12), S. 305-318; dies./Kara, Michał: Wielkopolska południowa między Ziemia Gnieźnieńską a Śląskiem. In: Kolenda: Milicz (wie Anm. 7), S. 157-169; Buko: Archeologia (wie Anm. 9), S. 165-171; Brzostowicz, Michał: Bruszewo – ein Dorf in Südgroßpolen, Kreis Koscian. In: Wieczorek / Hinz: Europas Mitte, Bd. 1 (wie Anm. 3), S. 264ff.; ders.: Bruszczewski zespól osadniczy we wczesnym średniowieczu. Poznań 2002.

[15] Zur Anwendung der soziologisch-ethnologischen Kategorie des Häuptlingstums im archäologischen Zusammenhang vgl. Saile, Thomas: Anmerkungen zur sozialen Komplexität frühgeschichtlicher Gesellschaften in den unteren Elblanden aus archäologischer Sicht. In: Parón / Rossignol / Szmoniewski / Vercamer: Potestas (wie Anm. 3), S. 53-72.

CHRISTIANISIERUNG POLENS UNTER DEN ERSTEN PIASTEN 73

Auseinandersetzungen zwischen den Kleinstämmen mit ihren Häuptlingen gnadenlos. Opfer wurden niedergemacht oder in Knechtschaft gebracht, wohl auch Sklavenmärkten zugeführt.[16] Der wirtschaftlich wenig entfaltete großpolnische Raum war weder für auswärtige Händler noch für fremde Eroberer attraktiv. Er verfügte daher über nur geringe Verbindungen mit den Nachbarregionen, womit auch die Bedeutung fremder Impulse und Anregungen bescheiden blieb. Über die religiösen Vorstellungen jener Zeit sind wir für Großpolen zwar nicht informiert, dürfen aus Kultbelegen in benachbarten Gebieten jedoch schließen, dass auch zwischen Oder, Warthe und Weichsel eine polytheistische Religion bestand, in der sich naturreligiöse Vorstellungen und Orakelpraktiken mit der Verehrung eines komplexen Pantheons oft kriegerischer Gottheiten mischten.[17] Ein bedeutendes Heiligtum dürfte sich in Gnesen

---

[16] Hier seien nur einige Beispiele für Funde von Gewaltopfern auf niederschlesischen Burgwällen hervorgehoben, so aus Gustau (Gostyn; Langenheim, Kurt: Der frühslawische Burgwall von Gustau Kr. Glogau. In: Altschlesien 8 [1939], S. 104-127, hier S. 109, S. 123 Abb. 2 Taf. 24, Taf. 25), aus Kleinitz (Biermann / Kieseler / Nowakowski: Kleinitz [wie Anm. 8], S. 79f., S. 89 Abb. 11), aus Köben (Chobienia; Biermann, Felix / Kieseler, Andreas / Nowakowski, Dominik: Mittelalterliche Herrschafts- und Siedlungsstrukturen in Niederschlesien am Beispiel von Köben [Chobienia] an der Oder. In: Prähist. Ztschr. 86/1 [2011], S. 100-132) und Poppschütz (Popeszyce; Kieseler, Andreas: Der slawische Burgwall von Poppschütz [Popeszyce, pow. Nowosolski] – eine frühe Burgwallgrabung in der Provinz Niederschlesien. In: Biermann, Felix / Kersting, Thomas / Klammt, Anne / Westphalen, Thomas [Hrsg.]: Transformationen und Umbrüche des 12./13. Jahrhunderts. Beiträge der Sektion zur slawischen Frühgeschichte der 19. Jahrestagung des Mittel- und Ostdeutschen Verbandes für Altertumsforschung in Görlitz, 01. bis 03. März 2010 [Beiträge zur Ur- und Frühgeschichte Mitteleuropas 64]. Langenweißbach 2012, S. 229-261, hier S. 252). Den Burgwall von Gustau hält Sławomir Moździoch (Wczesnośredniowieczne grody śląskie a ówczesne podziały plemienne. In: Kóčka-Krenz / Łosiński: Kraje [wie Anm. 10], S. 99-114, hier S. 103) für einen Kultplatz, was u.E. nicht zutrifft. Jedoch würde selbst diese Deutung nichts daran ändern, dass die Anlage von gewalttätigen Zeiten zeugt. Zur Bedeutung des Sklavenhandels im frühen Mittelalter Henning, Joachim: Gefangenenfesseln im slawischen Siedlungsraum und der europäische Sklavenhandel vom 6. bis 12. Jahrhundert. Archäologisches zum Bedeutungswandel von „sklábos – sakāliba – sclavus". In: Germania 70 (1992), S. 403-426.

[17] Vgl. Gieysztor, Aleksander: Mitologia Słowian. Warszawa 1986; Łowmiański, Henryk: Religia Słowian i jej upadek (w. VI-XII). Warszawa 1979; Słupecki, Leszek Paweł: Heidnische Religion westlicher Slawen. In: Wieczorek / Hinz: Europas Mitte, Bd. 1 (wie Anm. 3), S. 239-251; zu archäologischen Objekten mit gentilreligiösem Hintergrund aus dem nördlichen westslawischen Raum – Kultstelen, Götterbilder und Amulette diverser Größen aus Holz, Stein und Me-

(Gniezno) befunden haben, wo Steinpackungen und mit Steinen ausgekleidete Schächte auf dem Lechberg mit Gefäßen voller Tierknochen als heidnische Sanktuarien gelten – eine Tradition, die in christlicher Zeit durch die dort errichteten Kirchen möglicherweise aufgenommen und zugleich gebrochen wurde.[18]

Aus den Konflikten zwischen den kleinen Burgherren, die die zweite Hälfte des 9. und die erste Hälfte des 10. Jahrhunderts im Raum zwischen Oder und Weichsel prägten, ging im Laufe der ersten Hälfte des 10. Jahrhunderts die Piastenfamilie erfolgreich hervor, die andere Herren und Gruppen militärisch unterwerfen bzw. dann zunehmend durch den Nimbus des kriegerischen Triumphs für sich gewinnen konnte. Diese Familie dürfte von einer der kleinen, stammeszeitlichen Burgen in Großpolen zwischen Kalisch (Kalisz) und Posen stammen.[19] Von dort aus erkämpfte sie ihre Großherrschaft, die im späten 10. Jahrhundert unter Mieszko I. und Bolesław Chrobry als Polnisches Herzogtum und dann Königreich bereits hoch entwickelt erscheint. Die Bedrohung durch die Ungarn, für deren Aktivität in Polen es frühe Belege gibt,[20] mag die Konsolidierung des Piastenreiches zusätzlich gefördert haben. Gegenüber den militärisch starken Reiternomaden traten innere Kon-

---

tall – vgl. die Beispiele in Wieczorek, Alfried / Hinz, Hans-Martin (Hrsg.): Europas Mitte um 1000. Beiträge zur Geschichte, Kunst und Archäologie, Katalog (Europarat-Ausstellung 27). Stuttgart 2000, S. 135-139.

[18] Zu den möglicherweise stammesreligiös deutbaren Befunden auf dem Gnesener Lechberg vgl. Sawicki, Tomasz: Hipotetyczna trasa wjazdu cesarza Ottona do Gniezna na podstawie najnowszych badań archeologicznych. In: Dzieduszycki, Woiciech / Przybył, Maciej (Hrsg.): Trakt Cesarski. Iława-Gniezno-Magdeburg (Biblioteca Fontes Archaeologici Posnanienses 11). Poznań 2002, S. 317-348, hier S. 338-344 Abb. 14-16; Kurnatowska, Zofia: The Stronghold in Gniezno in the light of older and more recent Studies. In: Urbańczyk: Polish Lands (wie Anm. 12), S. 185-206, hier S. 185f. Abb. 2; dies.: Początki (wie Anm. 12), S. 309-313; Buko: Archeologia (wie Anm. 9), S. 208ff. Abb. 10.2.

[19] Vgl. zu den Entwicklungen des 10. Jahrhunderts in Großpolen: Dulinicz, Marek: Forschungen zu den Herrschaftszentren des 10. bis 11. Jahrhunderts in Polen. In: Henning, Joachim (Hrsg.): Europa im 10. Jahrhundert. Archäologie einer Aufbruchszeit. Internationale Tagung in Vorbereitung der Ausstellung „Otto der Große, Magdeburg und Europa". Mainz 2002, S. 147-160, hier S. 148f.; Kurnatowska: Początki (wie Anm. 12), S. 319-359.

[20] Besonders das Gräberfeld von Przemyśl in Südostpolen: Koperski, Andrzej: Groby wojowników z koniem na cmentarzysk „staromadziarskim" w Przemyślu. In: Dulinicz, Marek (Hrsg.): Słowianie i ich Sąsiedzi we wczesnym średniowieczu. Lublin/Warszawa 2003, S. 365-374; Buko: Archeologia (wie Anm. 9), S. 102ff. Abb. 4.11, Abb. 12.

flikte in den Hintergrund, was einer im Entstehen begriffenen zentralen Herrschaft sehr förderlich sein konnte.[21] Die Bildung der überragenden Piastenmacht dürfte mithin recht rasch erfolgt sein, wahrscheinlich noch schneller, als der Chronist Gallus Anonymus im frühen 12. Jahrhundert mit den drei eher legendären Vorgängern Mieszkos I. – Ziemowit, Leszek und Ziemomysł – suggeriert.[22] Noch der Großvater Mieszkos wird seine Laufbahn als Häuptling eines gentilen Personenverbandes geringer Größe und Herr eines kleinen Sumpfringwalls in Großpolen begonnen haben.[23] Diese recht kurze Geschichte des piastischen Aufstiegs[24] wird im Wesentlichen durch archäologische Beobachtungen an den großpolnischen Burgwällen belegt: Zwischen etwa 940 und 960 – so zeigen Dendrodaten – wurden dort erstmals große und oft mehrteilige Burgen errichtet, während die kleinen Ringwälle der Stammeszeit bis in die zweite Hälfte des 10. Jahrhunderts nach und nach aufgegeben wurden; dies geschah, so zeigen Brandschichten und weitere Zerstörungshorizonte, in der Regel durch kriegerische Gewalt.[25] Die großen und mehrteiligen Wehrbauten lassen mit ih-

---

[21] Vgl. Wolfram: Reichsbildungen (wie Anm. 3), S. 344.
[22] Gallus Anonymus: Chronik und Taten der Herzöge und Fürsten von Polen, übersetzt, eingeleitet und erklärt von Josef Buinoch (Slavische Geschichtsschreiber 10). Graz/Wien/Köln 1978, 1.3; vgl. u.a. Rhode: Geschichte (wie Anm. 4), S. 7f.; Lübke: Frühzeit (wie Anm. 4), S. 36f.; Strzelczyk, Jerzy: Polen im 10. Jahrhundert. In: Wieczorek / Hinz: Europas Mitte, Bd. 1 (wie Anm. 3), S. 446-457, hier S. 447; Mühle: Piasten (wie Anm. 6), S. 10ff.
[23] Zur Diskussion um die Herkunft der Piasten, denen z.T. auch eine fremde, etwa skandinavische Herkunft zugesprochen wurde, vgl. Buko: Archeologia (wie Anm. 9), S. 172-177.
[24] Vgl. Strzelczyk: Polen (wie Anm. 22), S. 450f.
[25] Kurnatowska, Zofia: Die Burgen und die Ausbildung der Stammesaristokratie bei den urpolnischen Slawen. In: Wieczorek/Hinz: Europas Mitte, Bd. 1 (wie Anm. 3), S. 257-263; dies.: Herrschaftszentren und Herrschaftsorganisation. In: ebd., S. 458-463, hier S. 458f.; dies.: Wielkopolska (wie Anm. 14); dies.: Początki (wie Anm. 12), S. 297-396; Dulinicz: Forschungen (wie Anm. 19), S. 148ff.; Brzostowicz, Michał: Tradycja i nowy porządek. Mieszkańcy Wielkopolski w oliczu przemian zachodzących w X-XIII wieku. In: Możdzioch, Sławomir (Hrsg.): Stare i Nowe w średniowieczu. Pomiędzy innowacją a tradycją. Spotkania Bytomskie VI. Wrocław 2009, S. 23-50; zu den für diese Datierungen wesentlichen Jahrringdatierungen: Kara, Michał: Stan badań dendrochronologicznych wczesnośredniowiecznych grodzisk z terenu Wielkopolski. In: Buko, Andrzej / Świechowski, Zygmunt (Hrsg.): Osadnictwo i architektura ziem polskich w dobie zjazdu Gnieźnieńskiego. Warszawa 2000, S. 55-68; ders. / Krąpiec, Marek: Możliwości datowania metodą dendrochronologiczną oraz stan badań dendrochronologicznych wczesnośredniowiecznych

ren enormen Ausmaßen und ihrem immensen Bauaufwand allein für die Wallbefestigungen,[26] die die Kontrolle großer Menschengruppen für Bau und Verteidigung erforderten, eine ganz neue Machtkonzentration erkennen. Dass es sich um jene der Piasten – wohl des Vaters, allenfalls des Großvaters von Mieszko I. – handelte, erkennt man daran, dass mehrere davon in den Jahrzehnten um 1000 in schriftlichen Quellen als deren Stützpunkte, Verwaltungszentren und Residenzen bzw. Pfalzen in Erscheinung traten, etwa Posen und Gnesen. Andere dieser Burgen, zu denen stets ausgedehnte Agglomerationen offener Siedlungen gehörten, sind zwar nicht schriftlich bezeugt, doch erbrachten Ausgrabungen dort die Relikte repräsentativer steinerner Paläste und Kirchen, deren Bauherren wahrscheinlich die ersten Piasten waren, etwa auf der Inselburg von Ostrów Lednicki und in Giecz.[27]

Sowohl Mieszko I. als auch sein Sohn Bolesław I. Chrobry haben eine ausgeprägte Expansion in alle Himmelsrichtungen betrieben. In schneller Folge unterwarfen sie Schlesien, Masowien, Kleinpolen und zeitweise Pommern, wobei sie meist nicht große, sondern zahlreiche kleine Herrschaften überwinden mussten, dabei aber früh in Konkurrenz mit anderen Mächten gerieten – im Osten mit den russischen Rjurikiden, im Süden und Südwesten mit den böhmischen Přemysliden und im Westen mit dem Heiligen Römischen Reich. In wechselnden Konstellationen führten sie Kriege in Böhmen, Mähren sowie in der Kiewer Rus' und stritten mit den ottonischen Königen sowie ostfränkischen Markgrafen um elbslawi-

---

grodzisk z terenu Wielkopolski, Dolnego Śląska i Małopolski. In: Samsonowicz: Ziemie Polskie (wie Anm. 14), S. 303-327.

[26] Ein Wall bzw. befestigtes und mit Holz ausgesteiftes Podest der frühen Piastenburg in Gnesen soll eine Breite von nicht weniger als 75 m erreichen, vgl. Kurnatowska: Gniezno (wie Anm. 18), S. 187.

[27] Lübke: Frühzeit (wie Anm. 4), S. 37f.; einen guten deutschsprachigen Überblick zu diesen Befestigungs- und Siedlungsagglomerationen sowie ihren Steinbauten bieten Błaszczyk, Włodzimierz: Die Anfänge der polnischen Städte im Lichte der archäologischen Bodenforschung. Ausstellungskatalog Posen/Köln. Köln 1977, S. 30-63, und Żurowska, Klementyna: Sakralarchitektur in Polen. In: Wieczorek / Hinz: Europas Mitte, Bd. 1 (wie Anm. 3), S. 502-506; zu Giecz: Krzystofiak, Teresa: Giecz. In: ebd., S. 464ff.; zu Ostrów Lecnicki: Górecki, Janusz: Die Burg in Ostrów Lednicki – ein frühstaatliches Zentrum der Piastendynastie. In: ebd., S. 467-470; zu Gnesen: Sawicki, Tomasz: Gnesen (Gniezno). In: ebd., S. 471-474.

sche Gebiete.[28] Dieser dauernde Drang oder Zwang zur Ausdehnung hing mit dem spezifischen Charakter der Piastenherrschaft zusammen, die sich auf Loyalitäts- und Fürsorgebeziehungen in kriegerischen Gefolgschaften stützte. Deren Ergebenheit war durch Gaben zu erkaufen, die Treue der Untergebenen bedingte deren Versorgung durch den Herrn. Der jüdische Reisende Ibrāhīm ibn Ja'qūb berichtet über dieses Beziehungsgeflecht in den 960er Jahren recht beeindruckt: Mescheqqo (Mieszko I.) „zieht die Abgaben in gemünztem Gelde ein, und dieses bildet den Unterhalt seiner Mannen; in jedem Monat bekommt ein jeder eine bestimmte Summe davon. Er hat 3000 Gepanzerte, und das sind Krieger, von denen das Hundert 10000 andere Krieger aufwiegt. Er gibt den Mannen Kleider, Rosse, Waffen und alles, was sie brauchen. Wird einem von ihnen ein Kind geboren, so befiehlt er sofort Anweisung des Unterhalts", und auch die Organisation und Finanzierung der Verehelichung übernimmt der Herr.[29] Gallus Anonymus nennt noch größere Zahlen gepanzerter Reiter und Fußsoldaten, die Bolesław Chrobry Gefolgschaft leisteten,[30] und im Jahre 1000, beim berühmten ‚Akt von Gnesen', konnte der Herzog eine nicht weniger als 300 Mann umfassende Einheit schwerer Reiterei an den römischen Kaiser Otto III. (980-1002) übereignen.[31] Der ständig gegebene und stetig steigende, im Grunde unstillbare Anspruch jener ‚drużyna'-Gefolgschaften[32] und ihrer Führer auf Ernährung,

---

[28] Vgl. Strzelczyk: Polen (wie Anm. 22), S. 447; Buko: Archeologia (wie Anm. 9), S. 178-204; aus archäologischer Sicht unlängst umfassend Kara, Michał: Najstarsze państwo Piastów – rezultat przełomu czy kontynuacji. Studium Archeologiczne. Poznań 2009.

[29] Bekri (Ibrâhîm ibn Ja'qûb): Arabische Berichte von Gesandten an germanische Fürstenhöfe aus dem 9. und 10. Jahrhundert, ins Deutsche übertragen und mit Fußnoten versehen von Georg Jacob (Quellen zur deutschen Volkskunde 1). Berlin/Leipzig 1927, S. 10-18, hier S. 13f.; vgl. Wolfram: Reichsbildungen (wie Anm. 3), S. 346.

[30] Gallus Anonymus: Chronik und Taten (wie Anm. 22), I.8; Strzelczyk: Polen (wie Anm. 22), S. 451.

[31] Siehe unten Anm. 69.

[32] Żemlicka, Josef: Gemeinsame Züge der mitteleuropäischen Staaten. In: Wieczorek / Hinz: Europas Mitte, Bd. 2 (wie Anm. 3), S. 830-833, hier S. 831f.; Dulinicz: Forschungen (wie Anm. 19), S. 148; Lübke: Frühzeit (wie Anm. 4), S. 39f.; Vercamer, Grischa: Der Akt von Gnesen – ein misslungenes Ritual oder höchste Machtdemonstration Bolesław I. Chrobrys um 1000? In: Parón / Rossignol / Szmoniewski / Vercamer: Potestas (wie Anm. 3), S. 89-110, hier S. 91f.

Versorgung, Geschenke und anderweitige Gratifikationen, die das Land selbst nicht hergab, war nur durch fortwährende Unterwerfung benachbarter Gruppen, Tribute und Beute aus Feldzügen zu bestreiten. Die Herrschaftsausdehnung war insofern eine Art Selbstläufer.[33] Wir kennen die von Waffen, Reiterausrüstung und Prestigegütern starrenden Gräber dieser Herren, unter denen sich angeworbenes Gefolge aus den Kiewer Rus' und aus Skandinavien – Waräger und Wikinger – befunden haben mag,[34] von verschiedenen Orten Mittelpolens, Kujawiens und angrenzender Gebiete.[35] Das frühpiastische Polen befand sich daher beständig im Kriegszustand mit benachbarten Mächten.

Es war aber auch im Inneren nicht stabil, da die Ausdehnung sehr schnell erfolgte, die dabei angewandte Gewalt zweifellos Gegnerschaft provozierte und die Herrschaft sich stärker auf das Charisma der jeweiligen Herrscherperson stützte als auf staatliche Institutionen oder familial-dynastische Tradition. Sie musste von jedem Anwärter aufs Neue erkämpft und ausgefüllt werden. Schon Bolesław Chrobry ließ, um die gesamte Macht in Polen zu gewinnen, seine Verwandten vertreiben oder blenden.[36] Die schwankende, von Bruderzwist, äußerer Einmischung und Aufständen geprägte Herrschaft unter dem glücklosen Sohn des tapferen Bolesław, Mieszko II. Lambert (Regierungszeit 1025-1034), die nach dessen Tod dann erst einmal fast komplett zusammenbrach, zeigt

---

[33] Žemlicka: Gemeinsame Züge (wie Anm. 32), S. 831f.
[34] Kurnatowska: Herrschaftszentren (wie Anm. 25), S. 461; Rohrer, Wiebke: Wikinger oder Slawen? Die ethnische Interpretation frühpiastischer Bestattungen mit Waffenbeigabe in der deutschen und polnischen Archäologie (Studien zur Ostmitteleuropaforschung 26). Marburg 2012.
[35] Vgl. u.a. Nadolski, Andrzej / Abramowicz, Andrzej / Poklewski, Tadeusz: Cmentarzysko z XI wieku w Lutomiersku pod Łodzią (Acta Archaeologica Universitatis Lodziensis 7). Łódź 1959; Kara, Michał: Z Badań nad wczesnośredniowiecznymi grobami z uzbrojeniem z terenu wielkopolski. In: Leciejewicz, Lech (Hrsg.): Od plemienia do państwa. Śląsk na tle wczesnośredniowiecznej Słowiańszczyzny zachodniej. Wrocław/Warszawa 1991, S. 99-120; ders.: The graves of the armed Scandinavians from the early and middle Viking period in the territory of the first Piast state. In: Death and burial. Pre-printed papers, Bd. 4. Conference on Medieval Archeology in Europe 1992 (Pre-printed papers. Medieval Europe 1992, Bd. 4). York 1992, S. 167-178; ferner Lübke: Frühzeit (wie Anm. 4), S. 50f.; Buko: Archeologia (wie Anm. 9), S. 354-358.
[36] Thietmar von Merseburg: Chronik (wie Anm. 1), IV.37; vgl. Vercamer: Akt (wie Anm. 32), S. 107.

die Probleme eines politischen Systems an, das maßgeblich auf die herausragende Herrschergestalt bauen muss. In diesen Verhältnissen wird zugleich deutlich, dass Gewalt ein wesentliches Merkmal der Herrschaftsbildung und -sicherung im frühen Polen war. Darin unterschied es sich zwar nur graduell von seinen Nachbarn,[37] doch dürfte die Durchsetzung von Interessen durch Gewalt im frühen Polen eine größere Rolle gespielt haben als dort, und zwar aufgrund der erwähnten schwachen und jungen Institutionen. Ein ottonischer König begab sich bei seinem Herrschaftsantritt in ein legitimierendes Raster von Traditionen, Rechten, Pflichten und Ritualen, das persönliche Schwächen wie ein schützendes Gehäuse bis zu einem gewissen Grade auszugleichen vermochte. Das polnische Herzogtum hatte sich hingegen aus einer gentilen Herrschaftsform eher geringer Komplexität entwickelt, die sehr rasch zu gewaltiger Größe gewachsen und entsprechend eine noch nicht allzu lange und keineswegs allseitig akzeptierte Tradition besaß. Der entsprechende institutionelle Rahmen, der sich dem polnischen Herrscher bot, war insofern schwächer und fragiler, die Gewinnung und Erhaltung der Herrschaft erforderte größere persönliche Härte.

Vor diesem Hintergrund kam es zur Christianisierung Polens. Über irgendwelche Missionsversuche im Gebiet östlich der Oder vor Mieszkos Zeit hören wir nichts, was zumindest bedeutet, dass solche spärlich waren und keinen Erfolg gehabt haben. Missionsversuche von Seiten Großmährens im späten 9. Jahrhundert – das „Leben Methods" berichtet von der erzwungenen Taufe eines Herrschers der Wislanen in den 880er Jahren[38] – beschränkten sich auf Kleinpolen und spiegeln sich nicht in sicheren archäologischen

---

[37] Die Ähnlichkeit vieler Aspekte der Herrschaftsstrukturen, politischen Vorstellungen und Machterhaltungsstrategien im deutschen und im slawischen Milieu betont Wolfram: Reichsbildungen (wie Anm. 3), S. 344.

[38] Polek, Krzysztof: Północna i Zachodnia granica państwa Wielkomorawskiego w świetle badań historycznych. In: Wachowski, Krzysztof (Hrsg.): Śląsk i Czechy a kultura Wielkomorawska. Wrocław 1997, S. 9-19, hier S. 16f.; Gąssowski: Poland (wie Anm. 5), S. 33; Strzelczyk, Jerzy: Die Christianisierung Polens im Lichte der schriftlichen Quellen. In: Wieczorek / Hinz: Europas Mitte, Bd. 1 (wie Anm. 3), S. 487ff., hier S. 487f.; Kurnatowska: Christianisierung (wie Anm. 12), S. 490.

Zeugnissen wider.[39] Mögliche böhmische Anstalten zur Christianisierung in Schlesien, auf die einzelne christliche Funde des 10. Jahrhunderts aus Breslau (Wrocław) hinweisen könnten, dürften desgleichen allenfalls geringen Umfang und keinen oder keinen dauerhaften Erfolg gehabt haben.[40] Fränkisch-sächsische Missionsaktivitäten gingen über den elbslawischen Raum nicht hinaus.[41] Auch archäologische Zeugen für eine Verankerung des christlichen Glaubens in der Bevölkerung vor den 960er Jahren stehen aus.[42] Es sieht daher ganz danach aus, als sei die Christianisierung im Wesentlichen ein Entschluss Mieszkos gewesen und, wie eingangs erwähnt, „von oben nach unten" erfolgt.

Der Ablauf ist im Groben bekannt:[43] Mieszko lud den Missionsbischof Jordan an seinen Hof und wurde von diesem 966 getauft. Jordan trat 968 sein Amt als erster (Missions-)Bischof Polens an, wahrscheinlich in der piastischen Zentralburg Posen. 991 unterstellte der Herzog seine Herrschaft, die *„Civitas Schinesghe"* (der Gnesener Herrschaftsbereich*)*, dem Heiligen Stuhl. Dieser ungewöhnliche Schritt wird in dem berühmten *Dagome Iudex*-Regest dokumentiert.[44] Sein Sohn Bolesław der Tapfere konnte bei dem

---

[39] An verschiedenen Orten Großpolens vermutete Kirchenbauten aus der Zeit Großmährens sind nicht gesichert (vgl. Kurnatowska: Christianisierung [wie Anm. 12], S. 490).

[40] Zu den Breslauer Funden: Rzeźnik, Pawel: Breslau (Wrocław). In: Wieczorek / Hinz: Europas Mitte, Bd. 1 (wie Anm. 3), S. 483-486, hier S. 485; zu möglichen böhmischen Christianisierungsversuchen: Strzelczyk: Christianisierung (wie Anm. 3).

[41] Biermann, Felix: The Christian mission in the northwestern Slavic territories. In: Englert, Anton / Trakadas, Athena (Hrsg.): Wulfstan's Voyage. The Baltic Sea region in the early Viking Age as seen from shipboard (Maritime Culture of the North 2), Roskilde 2009, S. 330-342.

[42] Kurnatowska: Christianisierung (wie Anm. 12), S. 490f.

[43] Unter zahlreicher Literatur zu diesem Thema vgl. Urbańczyk, Przemysław / Rosik, Stanisław: The kingdom of Poland, with an appendix on Polabia and Pomerania between paganism and christianity. In: Berend, Nora (Hrsg.): Christianization and the Rise of Christian Monarchy: Scandinavia, Central Europe and Rus' c. 900-1200. Cambridge 2007, S. 263-318; Kurnatowska: Początki (wie Anm. 12), S. 331-342, aus archäologischer Sicht, und die deutschsprachige Übersicht bei von Padberg, Lutz E.: Die Christianisierung Europas im Mittelalter. Stuttgart 1998, S. 154-160.

[44] Hierzu Kürbisówna, Brygida: Dagome iudex – studium krytyczne. In: Tymieniecki, Kazimierz (Hrsg.): Początki Pánstwa Polskiego. Warszawa 1962, Bd. 1, S. 363-423; Rhode: Geschichte (wie Anm. 4), S. 13; Strzelczyk, Jerzy: Mieszko Pierwszy. Poznań 1992, hier S. 182-196; ders.: Polen (wie Anm. 22), S. 449; Lübke: Frühzeit (wie Anm. 4), S. 43f. Warnke, Charlotte: Ursachen und

ebenso bekannten Treffen von Gnesen im Jahre 1000, indem er den jungen Kaiser Otto III. an den Reliquien des hl. Adalbert von Prag empfing, gegen diverse Widerstände die Gründung eines Erzbistums an seinem Hauptort erwirken. Damit beschnitt er kirchenpolitisch u.a. den Magdeburger Einfluss und legte die Grundlage für eine eigene polnische Kirchenorganisation. In Breslau, Krakau (Kraków) und Kolberg (Kołobrzeg) wurden Bistümer gegründet.[45] Klöster entstanden, als erstes wohl in *Mezerici*/Meseritz (Międzyrzecz) westlich Posens, das 1005 von Thietmar von Merseburg erwähnt wird: Am 22. September 1005 feierte König Heinrich II. auf einem Feldzug gegen Bolesław Chrobry im dortigen Konvent das Fest der Thebäischen Legion.[46] Eine weitere geistliche Niederlassung war die polnische Klause von Kamaldulenser-Eremiten, in der sich 1003 das Martyrium der bald kanonisierten und bis heute verehrten ‚fünf Märtyrerbrüder' abspielte. Es wird vermutet, dass diese Zelle der Ausgangspunkt des Klosters Meseritz war, doch gibt es in Großpolen auch andere Lokalisierungsmöglichkeiten.[47] Anscheinend kam es daneben zur Stiftung erster Frauenkonvente, sicherlich in Anbindung an Burgzentren

---

Voraussetzungen der Schenkung Polens an den heiligen Petrus. In: Grothusen, Klaus-Detlev / Zernack, Klaus (Hrsg.): Europa Slavica – Europa Orientalis. FS für Herbert Ludat zum 70. Geburtstag (Osteuropastudien der Hochschulen des Landes Hessen, Reihe I = Gießener Abhandlungen zur Agrar- und Wirtschaftsforschung des europäischen Ostens 100). Berlin 1980, S. 127-177.

[45] von Padberg: Christianisierung (wie Anm. 43), S. 156f.; ders.: Festigung und Ausbau des lateinischen Christentums. Die ottonische Mission bei den Westslawen und Ungarn. In: Wieczorek / Hinz: Europas Mitte, Bd. 2 (wie Anm. 32), S. 671-675, hier S. 675.

[46] Thietmar von Merseburg: Chronik (wie Anm. 1), VI.27; vgl. Derwich, Marek: Die ersten Klöster auf dem polnischen Gebiet. In: Wieczorek / Hinz: Europas Mitte, Bd. 1 (wie Anm. 3), S. 515-518, hier S. 515; Kürbisowna, Brygida: Purpureae passionis aureus finis. Brun von Querfurt und die Fünf Märtyrerbrüder. In: ebd., S. 519-526, hier S. 522; Kurnatowska: Christianisierung (wie Anm. 12), S. 492.

[47] Darüber erfahren wir in der *Vita quinque fratrum [seu] vita uel passio Benedicti et Iohannis soiorumque suorum* des Brun von Querfurt, ed. von Jadwiga Karwasińska (MPH n.s. IV/3). Warszawa 1973, S. 27-84; vgl. Sames, Arno: „Weltliches" und Geistliches" bei Brun von Querfurt: Brun als Missionar. In: ders. (Hrsg.): Brun von Querfurt. Lebenswelt, Tätigkeit, Wirkung. Fachwissenschaftliche Tagung am 26. und 27. September 2009 auf der Burg Querfurt. Querfurt 2010, S. 79-93, hier S. 87f.; Kürbis: Finis (wie Anm. 46); Buko: Archeologia (wie Anm. 9), S. 308f.; Derwich: Klöster (wie Anm. 46), S. 515.

wie Posen oder Breslau.[48] In zahlreichen Burgen bzw. Burgstädten der Piasten wurden Kirchen errichtet, sowohl aus Holz als auch aus Stein; archäologisch erschlossene Beispiele gibt es u.a. aus Giecz, Gnesen, Kalisch, Łekno und Ostrów Lednicki.[49] Als besonders charakteristisch für die frühe Steinarchitektur der Piasten hat sich der Typus des Palastes mit an den Hallenbau angesetztem sakralen Zentralbau erwiesen, wie er aus Ostrów Lednicki, Przemyśl, Giecz und Płock bekannt ist. Vorbilder sind in Böhmen, Mähren und dem ostfränkischen Reich zu suchen.[50] Die Kirchen und Kirchen-Paläste – in Polen gab es keine ältere Tradition des Steinbaus – dienten der Repräsentation der Herrschaft und müssen in einem weithin von kleinen hölzernen Blockbauten geprägten Umfeld überaus beeindruckend gewirkt haben.

Die Ausbreitung und Intensität des neuen Glaubens in der Bevölkerung in den Dekaden um 1000 ist anhand unserer Quellen natürlich nicht genau zu bemessen. Da Kirchen ausschließlich in den Burgen bzw. deren Vorburgen errichtet wurden,[51] eine flächendeckende Pfarrorganisation aber zunächst ausstand,[52] wird sich die Bekehrung im Umfeld der Burgen rascher abgespielt haben als in

---

[48] Derwich: Klöster (wie Anm. 47), S. 516; Kürbis: Finis (wie Anm. 46), S. 524.
[49] Zu Giecz: Krysztofiak: Giecz (wie Anm. 27); zu Gnesen: Sawicki: Gnesen (wie Anm. 27); Pasiciel, Stanisław (Hrsg.): Gniezno. Pierwsza stolica Polski. Miasto świętego Wojciecha. Katalog wystawy. Gniezno 1995; zur Kalischer Holzkirche: Baranowski, Tadeusz: The stronghold in Kalisz. In: Urbańczyk: Polish Lands (wie Anm. 12), S. 285-304, hier S. 295ff. Abb. 10-12; Buko: Archeologia (wie Anm. 9), S. 222f. Abb. 10.12-14; zur Rotunde in Łekno (Anfang oder Mitte des 11. Jahrhunderts): Wyrwa, Andrzej M.: Klasztor Cysterski pod wezaniem NMP i Św. Piotra w Łeknie – stan badań architektoniczno-archeologicznych. In: Strzelczyk, Jerzy (Hrsg.): Historia i Kultura Cystersów w dawnej Polsce i ich Europejskie związki. Poznań 1987, S. 305-320, hier S. 313ff.; Kurnatowska: Początki (wie Anm. 12), S. 364, S. 382; Buko: Archeologia (wie Anm. 9), S. 323ff. Abb. 13.9; zu Kirchen und Palastbau in Ostrów Lecnicki: Górecki: Burg (wie Anm. 27); Żurowska, Klementyna: Ostrów Lednicki. U progu chrześcijaństwa w Polsce, 2 Bde. (Biblioteka studiów Lednickich 2). Kraków 1993.
[50] Vgl. Błaszczyk: Anfänge (wie Anm. 27); Żurowska: Sakralarchitektur (wie Anm. 27); Kurnatowska: Początki (wie Anm. 12), S. 331-368; zum Hallenbau in Przemyśl: Pianowski, Zbigniew / Proksa, Michał: Najstarsze budowle Przemyśla. Badania archeologiczno-architektoniczne do roku 2006 (Collectio Archaeologica Ressoviensis 8). Rzeszów 2008, S. 9-62.
[51] Vgl. Kurnatowska: Herrschaftszentren (wie Anm. 25), S. 462; dies.: Christianisierung (wie Anm. 12), S. 491f.
[52] Zu dieser kam es erst im 12./13. Jahrhundert, vgl. Słupecki: Heidnische Religion (wie Anm. 17), S. 251; ferner Rosik: Christianisierung (wie Anm. 3), S. 187.

peripheren Siedlungskammern. Unter Bolesław kamen landfremde Missionare ins Land, so die erwähnten Kamaldulenser-Eremiten. Als sie sowie auch ihr Koch 1003 erschlagen wurden, befanden sich bereits Einheimische unter den Brüdern, was vom Erfolg der Missionsarbeit kündet.[53] Diese wurde durch die umfassende Macht, die der Piastenherrscher im frühen Polen besaß, begünstigt. „Es ist nicht anzuzweifeln", so Jerzy Strzelczyk, „dass ebenso wie im Krieg [...], so auch in anderen Bereichen, über fast alles der Wille des Herrschers entschieden hat."[54] Sicherlich wurde das Christentum vielfach ganz einfach verordnet und mit jenem Zwang durchgesetzt, der in archaischen Gesellschaften mangels anderer Ordnungsinstrumente besonders drakonische Formen annehmen kann: Bezeichnend ist eine Mitteilung Thietmars von Merseburg darüber, wie in Polen unter Bolesław Chrobry christliches Verhalten herbeigeführt wurde: Dort „gibt es viele unterschiedliche Bräuche, und obwohl roh, sind sie doch bisweilen lobenswert. Bolizlavs Untertanen müssen gehütet werden wie eine Herde Rinder und gezüchtigt wie störrische Esel und sind ohne schwere Strafe nicht so zu regieren, dass der Fürst dabei bestehen kann. Wenn unter ihnen einer sich erfrecht, fremde Ehefrauen zu missbrauchen und so Hurerei zu treiben, muss er sofort folgende Strafe erdulden. Er wird auf die Marktbrücke geführt und ihm durch den Hodensack ein Nagel geschlagen; dann legt man ein scharfes Messer neben ihn hin und lässt ihm die harte Wahl, dort den Tod zu erwarten oder sich durch Ablösung jener Teile zu befreien. Und wer nach Septuagesima [Beginn der Vor-Fastenzeit] Fleisch gegessen zu haben befunden wird, der wird mit Ausreißen der Zähne schwer bestraft. Denn die göttlichen Gebote, die erst neuerdings in diesem Lande bekannt geworden sind, werden durch solchen Zwang besser befestigt als durch ein von den Bischöfen verordnetes Fasten."[55] Die Zustimmung, die der dem Polenherzog gegenüber ansonsten kritisch eingestellte Chronist hier erkennen lässt, dürfte die Glaubhaftigkeit seiner Darstellung unterstützen.

---

[53] Derwich: Klöster (wie Anm. 46), S. 515.
[54] Strzelczyk: Polen (wie Anm. 22), S. 452.
[55] Thietmar von Merseburg: Chronik (wie Anm. 1), VIII.2; vgl. Słupecki: Heidnische Religion (wie Anm. 17), S. 250f.; Rosik: Christianisierung (wie Anm. 3), S. 187.

Aber nicht nur derartige Grausamkeiten, sondern auch der neue Glaube selbst und die Überzeugungskraft seiner Vertreter bewirkten seine Annahme. Die letztendlich umfassende und rasch voranschreitende Christianisierung, mit der ein radikaler Wandel aller gesellschaftlichen Werte verbunden war,[56] spricht dafür, dass die Antworten des Christentums auf spirituell-religiöse, das Dies- und Jenseits betreffende Fragen und das christliche Wertesystem mehr Menschen überzeugten als die Argumente der paganen Priester.[57] Diese kennen wir freilich nicht oder nur in geringen, durch christliche Chronisten überlieferten Ausschnitten, die meist durch die Abneigung der Berichterstatter verzerrt sind. Es wird zwar vermutet, dass starke heidnische Reaktionen ausblieben, weil die Christianisierung nicht mit fremden Eroberern und deren Tributforderungen einherging, wie es etwa bei den nordwestslawischen Lutizen zwischen Elbe und Oder der Fall war;[58] allerdings kann das den Erfolg nur für die Kernräume Polens erklären. In die Regionen, in die die polnische Macht erst nach und nach expandierte (die sog. Pertinenzen[59]), kam die Christianisierung mit dem Schwert der Piasten. Sie gelang auch nicht überall: Entsprechende Bemühungen in Pommern scheiterten, das im Jahre 1000 gegründete Bistum Kolberg ging wieder ein,[60] und erst Bischof Otto von Bamberg sollte dort über 100 Jahre später Erfolg haben, als er bei seinen Missionsreisen in den 1120er Jahren den ganzen Raum durch Predigten, Massentaufen und Kirchengründungen christianisierte.[61] Die Geschichte der fünf Märtyrerbrüder, die in ihrer Klause 1003

---

[56] Vgl. Gąssowski: Poland (wie Anm. 5), S. 21.

[57] Diesen Aspekt betont Strzelczyk: Church (wie Anm. 4), S. 49ff.

[58] Hierzu Słupecki: Heidnische Religion (wie Anm. 17), S. 250; mit weiteren Beispielen Strzelczyk: Church (wie Anm. 4), S. 56.

[59] Im „Dagome Iudex" wird die *civitas Shinesge cum pertinentis* genannt, vgl. Strzelczyk: Polen (wie Anm. 22), S. 449, S. 451; Kurnatowska: Herrschaftszentren (wie Anm. 25), S. 458-463.

[60] Zum Bistum Kolberg vgl. zuletzt Hegewald, Michael: 1000 Jahre Bistum Kolberg? Gedanken über eine phantasiegeleitete Geschichtskonstruktion. In: Pommern. Zeitschrift für Geschichte und Kultur 29/2 (2001), S. 20-23; Rosik, Stanisław: Conversio Gentis Pomeranorum. Studium świadectwa o wydarzeniu (XII wiek). Wrocław 2010, S. 21-44.

[61] Zu Otto von Bamberg vgl. Petersohn, Jürgen: Der südliche Ostseeraum im kirchlich-politischen Kräftespiel des Reichs, Polens und Dänemarks vom 10. bis 13. Jahrhundert. Mission – Kirchenorganisation – Kultpolitik (Ostmitteleuropa in Vergangenheit und Gegenwart 17). Köln / Wien 1979, vor allem S. 231-261; Rosik: Conversio (wie Anm. 60).

von Räubern überfallen und erschlagen wurden, zeigt überdies an, dass selbst im Kerngebiet und in der Hochzeit von Bolesławs Herrschaft die Protagonisten des christlichen Glaubens nicht vor Angriffen sicher waren; wenn die Täter auch Räuber gewesen sein sollen und wohl nicht aus religiösen Motiven agierten, so waren sie zumindest keine überzeugten Christen, denen ein Konvent zweifellos sakrosankt gewesen wäre.[62] Von archäologischer Seite deuten diverse Beigaben in spätslawischen Gräberfeldern noch bis in das 12. Jahrhundert das Weiterleben heidnischer Traditionen bei äußerlicher Geltung christlichen Glaubens an, möglicherweise auch synkretistische Vorstellungen.[63] Funde christlichen Sinngehalts sind rar sowie im Wesentlichen auf die Burgzentren beschränkt – beispielsweise kennt man Kreuze und Kreuzanhänger, Buchbeschläge, kreuzverzierte Fingerringe, Bruchstücke beinerner Reliquienkästen aus Ostrów Lednicki, Posen, Gnesen und Giecz, ferner einen möglicherweise liturgischen Beinkamm aus Ostrów Lednicki und das Bruchstück einer Heiligenfigur aus Giecz.[64] Alles in allem war die Christianisierung aber doch wohl rasch, wirksam und erfolgreich, denn eine lang anhaltende und verbreitete Rückkehr zu den alten Göttern hat es in Polen fortan nicht mehr gegeben. Selbst in den Wirren der 1030er Jahre erwies sich der christliche Glaube trotz der bereits angesprochenen heidnischen Aufstände im Ganzen als stabil.

Die Kirche spielte für die Herrschaftsorganisation der Piasten eine vielschichtige Rolle: Außenpolitisch bildete sie die Grundlage

---

[62] Hierzu Sames: Weltliches (wie Anm. 47), S. 87f.
[63] Unter zahlreicher Literatur: Dulinicz, Marek: Pagane und christliche Körpergräber – ein Vergleich in ausgewählten westslawischen Siedlungsgebieten. In: Biermann, Felix / Kersting, Thomas / Klammt, Anne (Hrsg.): Der Wandel um 1000. Beiträge der Sektion zur slawischen Frühgeschichte der 18. Jahrestagung des Mittel- und Ostdeutschen Verbandes für Altertumsforschung in Greifswald, 23. bis 27. März 2009 (Beiträge zur Ur- und Frühgeschichte Mitteleuropas 60). Langenweißbach 2011, S. 249-255.
[64] Vgl. Kurnatowska, Zofia: Ostrów Lednicki in the early Middle Ages. In: Urbańczyk: Polish Lands (wie Anm. 12), S. 167-184, hier S. 179f. Abb. 8; dies.: Początki (wie Anm. 12), S. 331ff., S. 340, S. 342; zu Reliquiaresten in Posen: Kóčka-Krenz, Hanna: Relikwiarze z Ostrowa Tumskiego w Poznaniu. In: Galiński, Tadeusz / Wilgocki, Eugeniusz (Hrsg.): Res et Fontes. Księga jubileuszowa dr. Eugeniusz Cnotliwego. Szczecin 2003, S. 211-221; zu Funden mit christlichem Bezug aus Ostrów Lednicki auch Wieczorek / Hinz: Europas Mitte. Katalog (wie Anm. 17), S. 403ff. (spätslawische Fingerringe mit Kreuzzeichen, Pektorale, Reliquiar).

für die Akzeptanz Polens durch alle äußeren Mächte als neuer Hauptakteur im Osten Mitteleuropas. Nun konnte man auch am politischen Heiratsmarkt teilhaben, der die führenden Familien Mitteleuropas in jener Zeit netzwerkartig verband. Indem bereits Mieszko den Machtanspruch des Ottonenreiches gegen denjenigen des Papstes auszuspielen wusste, vermochte er geschickt seinem mächtigsten Nachbarn und dessen Versuch, durch Kirchenpolitik Macht auszuüben, entgegenzuwirken. Durch Mission in den mehr oder weniger eroberten Gebieten konnte er den polnischen Einfluss dort festigen, indem etwa Bistümer in erst halb kontrollierten Territorien – wie eben Kolberg – gegründet und auch die Missionstätigkeit fremder Missionare gefördert wurde; so konnten sowohl Adalbert von Prag 997 als auch Brun von Querfurt 1009 bei ihren Reisen zu den Prußen, die selbst der kriegsmächtige Bolesław militärisch nicht zu bezwingen vermochte, auf polnische Unterstützung zählen.[65] Nach dem Martyrium der Missionare erkannte der Herzog umgehend die Bedeutung der Leichen der Erschlagenen und erwarb sie von den Prußen als Reliquien,[66] „ein politisch bedeutsamer Schachzug" (František Graus).[67] „Binnen kürzester Frist erfolgte Adalberts Kanonisierung, so dass Bolesław noch vor der Jahrtausendwende seinen eigenen Heiligen hatte" (Eduard Mühle).[68] Der Herrscher nutzte die schwärmerische Verehrung des jungen Kaisers für seinen großen Lehrer Adalbert, um Otto III. zu einer Pilgerfahrt nach Gnesen zu bewegen, der sogleich voll glühender Verehrung aus Italien über die Alpen eilte; in Polen kam es

---

[65] Zuletzt zum Martyrium Adalberts, dessen Lokalisierung und Hintergründen Słupecki, Leszek P.: Święty Wojciech i miejsce jego Męczeństwa. Misja w strefie pogranicza. In: Moździoch: Stare i Nowe (wie Anm. 25), S. 339-356. Ein archäologischer Beleg für Missionstätigkeit im masowisch-prußischen Grenzgebiet – allerdings erst der zweiten Hälfte des 11. oder des frühen 12. Jahrhunderts – liegt vielleicht mit dem bemerkenswerten Grab Nr. 15 von Grzebsk bei Mława in Nordmasowien vor, das einen Würden- oder Wanderstab mit Griff in Form eines Tau-Kreuzes enthielt und wohl als christliches Symbol gedeutet werden kann (vgl. Dąbrowska, Elżbieta: Zagadkowy grób pielgrzyma z Grzebska koło Mławy – Głos w dyskusji. In: dies.: Groby, relikwie i insygnia. Studia z dziejów mentalności średniowiecznej [Collectio archeologica historica et ethnologica 2]. Warszawa 2008, S. 109-118, mit älterer Literatur).

[66] Thietmar von Merseburg: Chronik (wie Anm. 1), VI.95.

[67] Graus, František: St. Adalbert und St. Wenzel. Zur Funktion der mittelalterlichen Heiligenverehrung in Böhmen. In: Grothusen / Zernack: Europa (wie Anm. 44), S. 205-231, hier S. 210.

[68] Mühle: Piasten (wie Anm. 6), S. 23.

dann zu dem erwünschten feierlich-großartigen Treffen von Kaiser und Herzog, dem ‚Akt von Gnesen', der Bolesławs Herrschaft demonstrativ steigerte, eine eigenständige polnische Kirchenorganisation begründete und diverse weitere praktische Erfolge zeitigte. Mit einer Kopie der heiligen Lanze – einer der wichtigsten Insignien der ostfränkischen Herrschaft – wurde Bolesław vom römischen Herrscher zum Christenkämpfer gekürt.[69] Auch als er mit König Heinrich II. Kriege austrug, war ihm sein Glaube hilfreich, indem beispielsweise das Bündnis seines Gegners mit den heidnischen Lutizen diesen mehr diskreditierte als dass es ihm militärisch nutzte. Das dokumentiert der berühmte Brief Bruns von Querfurt an den König aus dem Jahre 1002, in dem Heinrich schwere Vorwürfe wegen seiner heidnischen Verbündeten gegen den christlichen Polen hinnehmen musste. Auch die Mitteilungen Thietmars von Merseburg in dieser Sache beweisen wenig Verständnis für Heinrich II.[70]

---

[69] Vgl. zu diesem in vieler Hinsicht kontrovers beurteilten Ereignis u.a. Rhode: Geschichte (wie Anm. 4), S. 15f.; Wasilewski, Tadeusz: Zjazd Gnieźnieński w roku 1000 i jego znaczenie polityczne i kościelne. In: Buko / Świechowski: Osadnictwo (wie Anm. 25), S. 23-34; Labuda, Gerard: Aspekty polityczne i kościelne tzw. „zjazdu gnieźnieńskiego" w roku 1000. In: Samsonowicz: Ziemie Polskie (wie Anm. 14), S. 17-33; Fried, Johannes: Otto III. und Bolesław Chrobry. Das Widmungsbild des Aachener Evangeliums, der „Akt von Gnesen" und das frühe polnische und ungarische Königtum. Eine Bildanalyse und ihre historischen Folgen (Frankfurter Historische Abhandlungen 30). Stuttgart 1989; Borgolte, Michael (Hrsg.): Polen und Deutschland vor 1000 Jahren (Europa im Mittelalter 5). Berlin 2002; Wolfram: Reichsbildungen (wie Anm. 3), S. 347f.; Urbańczyk, Przemysław: Zjazd Gnieźnieński w polityce imperialnej Ottona III. In: Dzieduszycki / Przybył: Trakt Cesarski (wie Anm. 18), S. 49-90; Strzelczyk: Polen (wie Anm. 22), S. 449; ders.: Das Treffen in Gnesen und die Gründung des Erzbistums Gnesen. In: Wieczorek / Hinz: Europas Mitte, Bd. 1 (wie Anm. 3), S. 494-497; von Padberg: Festigung (wie Anm. 46), S. 675; Vercamer: Akt (wie Anm. 32); Mühle: Piasten (wie Anm. 6), S. 23f.

[70] Thietmar von Merseburg: Chronik (wie Anm. 1), VI.25; vgl. Weinfurter, Stefan: Neue Kriege: Heinrich II. und die Politik im Osten. In: Wieczorek / Hinz: Europas Mitte, Bd. 2 (wie Anm. 3), S. 819-824, hier S. 819, S. 821f. Trosse, Barbara / Lehmann, Alexander: Politik und Praxis frühmittelalterlicher Heidenmission am Beispiel Bruns von Querfurt. In: Rudolph, Johanna / Kühnel, Martin (Hrsg.): Der heilige Brun von Querfurt. Eine Reise ins Mittelalter. Begleitband zur Sonderausstellung „Der heilige Brun von Querfurt – Friedensstifter und Missionar in Europa 1009–2009" im Museum Burg Querfurt. Querfurt 2009, S. 95-105, hier S. 97; Strzelczyk: Polen (wie Anm. 22), S. 450; Kürbis: Finis (wie Anm. 46), S. 520; zu den kriegerischen Aktionen Brüske, Wolfgang:

Innenpolitisch wurde mit dem Christentum ein Identifikationskern gewonnen, der der Organisation und Ausdehnung des polnischen Frühstaates eine Idee und einen Grundgedanken verlieh. „Christliche Überzeugung", so Stefan Weinfurter, „rief identitätsstiftende Kraft hervor und verstärkte die ethnische Identität."[71] Zugleich überprägte das neue Bekenntnis lokale Kulte und ersetzte sie durch eine zentrale, kleinteilige Glaubensdifferenzen überwölbende Religion. „Ein guter Gott" der heidnischen Phase war, wie Jerzy Strzelczyk ausführt, lediglich „nützlich für ‚seine' Leute", woraus sich Konkurrenzen zwischen den verschiedenen kleineren gentilen Gruppen der Stammeszeit ergeben hatten. Daher war es hilfreich, dass mit dem christlichen ein „fremder" und gleichsam neutraler Gott erhoben wurde, dem sich alle Gruppen im polnischen Herrschaftsbereich ungeachtet lokaler Differenzen beugen konnten.[72] Wie zuvor die Häuptlinge den örtlichen Kult und die Orakel bestimmt hatten, so konnten Mieszko I. und vor allem Bolesław, nachdem ihm der Aufbau eines polnischen Kirchensystems gelungen war, nun die Religion als Grundlage ihrer Herrschaft auf übergeordneter Ebene kontrollieren. Dies wurde auch dadurch erleichtert, dass Zehnt und Grundherrschaft als übliche Wirtschaftsbasis eines Klosters oder Bistums in Polen zunächst noch nicht üblich waren[73] und die kirchlichen Institutionen insofern unmittelbar von der Versorgung durch den Herrscher abhingen. Im Christentum ergab sich eine Fülle neuer Rituale, Feiertage und Feste, die die Herzöge zu glanzvoller Herrschaftsrepräsentation und Einigkeitsdemonstration nutzen konnten.[74] Die Bedeutung, die die christliche Herrschaftsidee für die frühen Piasten gewann, wird auch in den Kreuzen, Kapellen und Gotteshänden deutlich, die Bolesław Chrobry und Mieszko II. Lambert emblematisch auf ihre

---

Untersuchungen zur Geschichte des Lutizenbundes. Deutsch-wendische Beziehungen des 10.–12. Jahrhunderts (Mitteldeutsche Forschungen 3). Münster / Köln 1955, S. 56f.

[71] Weinfurter: Heinrich II. (wie Anm. 71), S. 819 (Zitat); vgl. auch Rosik: Christianisierung (wie Anm. 3), S. 184.

[72] Vgl. Strzelczyk: Church (wie Anm. 4), S. 55, S. 59 (Zitat).

[73] Vgl. Derwich: Klöster (wie Anm. 46), S. 515; Žemlicka: Gemeinsame Züge (wie Anm. 32), S. 830ff.; Strzelczyk: Polen (wie Anm. 22), S. 454ff.

[74] Zur Bedeutung von Ritualen zur Kommunikation zwischen Eliten und ihrem Gefolge sowie innerhalb der Herrschergruppen vgl. Rossignol / Wehner: Überlegungen (wie Anm. 10), S. 46-51.

Münzen schlagen ließen;[75] ferner im Bemühen Bolesławs um die Reliquien der erwähnten Missionare, wobei dem heiligen Adalbert das Patronat über Polen zugedacht war. Seine Gebeine sollten an prominenter Stelle in Gnesen ruhen. Der Ort wurde, so František Graus, „durch seine Reliquien zum kultischen Zentrum von Bolesławs Reich".[76] Das blieb er in dieser Art allerdings nur bis 1039, als der Böhmenherzog Břetislav I. den Leichnam nach Prag überführte.[77] Mit den Klerikern kamen gebildete, des Lateins mächtige Personen nach Polen, die Bolesław in Verwaltung und Diplomatie beschäftigte; Abt Antonius (Tuni) von Meseritz übernahm wiederholt diplomatische Aufgaben, u.a. bei Kaiser Heinrich II.[78] Der Posener Dom wurde als Grablege Mieszkos I., seines Sohnes Bolesław Chrobry und weiterer Mitglieder der Piastenfamilie auch zum familialen Memorial- und Identifikationsmonument.[79] So stabilisierte der neue Glaube die Piastenherrschaft.

Freilich brodelte es im polnischen Riesenreich unter der Oberfläche, und die Unzufriedenen fanden im Christentum dann auch Ziel und Objekt rebellischen Strebens in Phasen piastischer Schwäche. Während Bolesław Chrobry in der Lage war, sein Reich durch persönliche Aura, militärische Stärke und drakonische Gewalt zu kontrollieren, brachen unter seinem Sohn allerorten Aufstände aus, die das Reich in den 1030er Jahren in inneren Wirren und durch Angriffe von Böhmen und Deutschen fast zerbrechen ließen – die „Krise des Piastenreiches".[80] Dabei bot sich der

---

[75] Suchodolski, Stanisław: Die Anfänge der polnischen Münzprägung. In: Wieczorek / Hinz: Europas Mitte, Bd. 1 (wie Anm. 3), S. 195f.; ders.: Początki rodzimego mennictwa. In: Samsonowicz: Ziemie Polskie (wie Anm. 14), S. 351-359; Pasiciel: Gniezno (wie Anm. 50), S. 109ff.; Wieczorek / Hinz: Europas Mitte. Katalog (wie Anm. 17), S. 426ff.

[76] Graus: St. Adalbert (wie Anm. 67), S. 210f. (Zitat), S. 223.

[77] Dunin-Wąsowicz, Teresa: Der heilige Adalbert – Schutzheiliger des neuen Europas. In: Wieczorek / Hinz: Europas Mitte, Bd. 2 (wie Anm. 3), S. 839ff.; Gawlas, Sławomir: Der heilige Adalbert als Landespatron und die frühe Nationenbildung bei den Polen. In: Borgolte: Polen (wie Anm. 69), S. 193-234; Wolfram: Reichsgründungen (wie Anm. 3), S. 351f.; Strzeclzyk: Polen (wie Anm. 22), S. 449.

[78] Thietmar von Merseburg: Chronik (wie Anm. 1), VII.20, 21, VIII.33.

[79] Dulinicz: Forschungen (wie Anm. 19), S. 151f. Abb. 6.; Buko: Archeologia (wie Anm. 9), S. 218f. Abb. 10.9.

[80] Vgl. Borawska, Danuta: Kryzis monarchii wczesnopiastowskiej w latach trzydziestych XI wieku. Warszawa 1964; Labuda, Gerard: Mieszko II. Król

heidnische Glaube gleichsam als Programm für Aufrührer gegen die christlichen Piasten an.[81] Kirchen wurden zerstört, und es entstanden wieder heidnische Tempel, so auf der Dominsel zu Breslau: Ein 9 x 4,5 m großes Gebäude mit einem anthropomorphen Idol von 1,7 m Länge, das auf 1032/1033 jahrringdatiert wurde.[82] Im ebenfalls schlesischen Ritschen wurden erneut Brandgräber alten Stils angelegt,[83] und auf der anderen Seite Polens – in Kaldus (Kałdus) an der Weichsel im Kulmerland – blieb eine wohl unter Mieszko II. Lambert begonnene Burgkirche infolge der Wirren unvollendet.[84] Selbst im Zentralraum des Herrschaftsgebietes, im großpolnischen Szczerców bei Łódź,[85] entstand anscheinend ein heidnischer Tempel, und aus Giecz liegen die zerschmolzenen Reste von Glocken vor – Folgen der Feuerzerstörung des dortigen Gotteshauses.[86]

Dies blieben jedoch Episoden. Grundsätzlich war der neue Glaube, der als Folge und im Rahmen einer gewaltsamen Herrschaftsbildung und -sicherung in Polen mehr verordnet als durch Überzeugungsarbeit übertragen worden war, stabiler als die Herr-

---

Polski (1025-1034). Kraków 1992; Strzelczyk: Polen (wie Anm. 22), S. 450; Kurnatowska: Christianisierung (wie Anm. 12), S. 493.

[81] Vgl. Słupecki: Heidnische Religion (wie Anm. 17), S. 250; Rosik: Christianisierung (wie Anm. 3), S. 187.

[82] Moździoch, Sławomir: Nowe dane do zagadnienia sociotopografii Piastowskich grodów kasztelańskich w X-XIII wieku na przykładzie Wrocławia i Bytomia Odrzańskiego na Śląsku. In: Buko / Świechowski: Osadnictwo (wie Anm. 25), S. 331–353, hier S. 334–337 Abb. 2, 3; ders.: Śląsk między Gnieznem a Pragą. In: Samsonowicz: Ziemie Polskie (wie Anm. 14), S. 179 Abb. 5-7; ders.: Wrocław-Ostrów Tumski in the early Middle Ages. In: Urbańczyk: Polish Lands (wie Anm. 12), S. 319-338, hier S. 331ff. Abb. 11-13; Buko: Archeologia (wie Anm. 9), S. 267f. Abb. 10.44; Dulinicz: Forschungen (wie Anm. 19), S. 156.

[83] Vgl. Moździoch / Przysiężna-Pizarska: Recen (wie Anm. 7), S. 245ff. Abb. 12.

[84] Chudziak, Wojciech: Wyniki badań weryfikacyjnych i rozpoznawczych na ziemi Chełmińskiej. In: Buko / Świechowski: Osadnictwo (wie Anm. 25), S. 85-100, hier S. 86ff.; ders.: Die Kirche im Burgwall von Kałdus bei Kulm (Chełmno). In: Wieczorek / Hinz: Europas Mitte, Bd. 1 (wie Anm. 3), S. 511-514; Buko: Archeologia (wie Anm. 9), S. 283f. Abb. 11.9.

[85] Gąssowski: Poland (wie Anm. 5), S. 34f.

[86] Wohl als Zeugen der Zerstörung der Piastenburg durch die Böhmen im Jahre 1039. Kurnatowska: Początki (wie Anm. 12), S. 373f.; vgl. zu diesen Ereignissen generell Gąssowski: Poland (wie Anm. 5), S. 34.

schaft selbst und bildete im ganzen Mittelalter die Grundlage der polnischen Staatlichkeit.[87]

---

[87] Der Verfasser dankt herzlich Dr. Katrin Frey (Prenzlau) und Prof. Dr. Benno Biermann (Dülmen) für Hinweise zum Manuskript.

DAVID CRISPIN

HERRSCHAFT CHRISTI VON MEER ZU MEER.
EROBERUNG, GEWALT UND MISSION IM RAHMEN DER FRÜHEN KREUZZÜGE

Eines der frühesten narrativen Zeugnisse zum Ersten Kreuzzug ist in Form eines Briefes überliefert, der im September 1099 im Namen geistlicher und weltlicher Anführer des Zuges verfasst wurde. Das Schreiben ist an den Papst sowie die gesamte Christenheit adressiert und sollte wie andere zuvor den Verlauf des Unternehmens im lateinischen Europa bekannt machen. Darin blicken die Kreuzfahrer auf die spektakulären militärischen Erfolge der letzten zwei Jahre zurück und berichten von der Einnahme Nikäas, dem monatelangen Kampf um Antiochia und der blutigen Erstürmung Jerusalems. Breiten Raum nimmt abschließend die Schilderung der nur wenige Wochen zurückliegenden Schlacht von Askalon ein, in der die christlichen Krieger ein aus Ägypten anrückendes Heer der Fatimiden vernichtend schlagen und somit den Bestand der noch jungen lateinischen Herrschaft in der Levante vorerst sichern konnten.[1]

Folgt man der Darstellung des Briefes, wurde der Erfolg von Askalon mit göttlichem Beistand errungen. Die Kreuzfahrer wandten sich beim Anblick der feindlichen Übermacht flehend an den Allmächtigen, der ihnen daraufhin zum wiederholten Male den Sieg schenkte: „Als sich unser Heer und das feindliche erblickten, riefen wir auf Knien Gott an, dass er, der in unseren anderen Notlagen das Gesetz der Christen bestätigt hatte, auch in dieser Schlacht die Kraft der Sarazenen und des Teufels brechen und die

---

[1] Epistula (Dagoberti) Pisani archiepiscopi et Godefridi ducis et Raimundi de S. Aegidii et uniuersi exercitus in terra Israel ad papam et omnes Christi fideles. In: Epistulae et chartae ad historiam primi belli sacri spectantes, quae supersunt aevo aequales ac genuinae. Die Kreuzzugsbriefe aus den Jahren 1088-1100, ed. von Heinrich Hagenmeyer. Innsbruck 1901, Nr. 18, S. 167-174. Zur Schlacht von Askalon vgl. France, John: Victory in the East. A Military History of the First Crusade. Cambridge 1994, S. 361ff.

Herrschaft Christi und der Kirche von Meer zu Meer und überallhin ausbreiten möge."[2]

Welche zeitgenössischen Vorstellungen verbargen sich hinter der so bezeichneten „Ausbreitung der Herrschaft Christi und der Kirche" durch die Kreuzzugsbewegung? Wie begründete man die in dieser Form noch nicht dagewesenen Eroberungen? Wie beurteilte man die kriegerische Gewalt, mit der die „Kraft der Sarazenen" gebrochen werden sollte, und welche Rolle spielte bei der Ausbreitung der christlichen Herrschaft die Bekehrung der Ungläubigen?

Diesen Fragen wird im Folgenden in zwei Schritten nachgegangen: Zunächst werden grundlegende Argumente skizziert, die bei der Begründung der Eroberungszüge Verwendung fanden. Im Anschluss wird diskutiert, welche Stellung der Missionsgedanke in diesem Kontext innehatte. Besonderes Augenmerk liegt auf der Bedeutung der Gewalt für Eroberung und Mission, wobei vor allem zeitgenössische Vorstellungen und Deutungen untersucht werden. Die bei gewissen Episoden der Kreuzzugsgeschichte nach wie vor strittige Frage nach der Faktizität der in den Quellen geschilderten Gewaltexzesse soll an dieser Stelle nicht erörtert werden.[3]

Im Fokus der Betrachtung steht die erste Phase der Kreuzzüge in den Vorderen Orient, das heißt in etwa die Zeitspanne vom Aufruf zum Ersten Kreuzzug 1095 bis zum Niedergang des Königreichs Jerusalem in den späten 1180er Jahren. In dieser Periode, die Jonathan Riley-Smith als „Adoleszenz der Kreuzzüge" bezeichnet hat, befand sich deren institutionelle Ausformung noch in einem frühen Stadium und zentrale Fragen, die beispielsweise die

---

[2] Epistula Dagoberti (wie Anm. 1), S. 171f.: *Cumque exercitus noster et hostium se conspexissent, genibus flexis adiutorem Deum inuocauimus, ut, qui in aliis nostris necessitatibus legem Christianorum confirmauerat, in praesenti bello, confractis uiribus Saracenorum et diaboli, regnum Christi et ecclesiae a mari usque ad mare usquequaque dilataret.*

[3] Im Fokus der betreffenden Diskussionen steht vor allem das berühmte Massaker bei der Einnahme Jerusalems durch die Kreuzfahrer im Juli 1099. Einen Überblick über die divergierenden Bewertungen von den zeitgenössischen Geschichtsschreibern bis zur modernen Forschung bietet Kedar, Benjamin Z.: The Jerusalem Massacre of July 1099 in the Western Historiography of the Crusades. In: Crusades 3 (2004), S. 15-75. Vgl. zuletzt Kostick, Connor: The Siege of Jerusalem. Crusade and Conquest in 1099. London / New York 2009, sowie Althoff, Gerd: „Selig sind, die Verfolgung ausüben". Päpste und Gewalt im Hochmittelalter. Darmstadt 2013, S. 121-146.

rechtliche Stellung der Kreuzfahrer, die Finanzierung der Expeditionen oder die genaue Regelung des Kreuzzugablasses betrafen, waren noch nicht hinreichend geklärt.[4]

Mit der Eroberung Jerusalems durch die Truppen des Ersten Kreuzzugs im Juli 1099 erreichte die noch junge Bewegung früh ihren größten Erfolg.[5] Neben dem Königreich Jerusalem etablierten sich mit dem Fürstentum Antiochia sowie den Grafschaften Edessa und Tripolis weitere Kreuzfahrerherrschaften. In den ersten Jahrzehnten nach der Einnahme Jerusalems gelang es, die Eroberungen zu festigen und zu erweitern, wobei die Unterstützung aus dem Westen in Form kleinerer Kreuzzugsunternehmungen eine wichtige Rolle spielte.[6]

Ab etwa der Mitte des 12. Jahrhunderts gerieten die Lateiner zunehmend in die Defensive. Der Verlust Edessas 1144 führte zum sogenannten Zweiten Kreuzzug, der trotz enormen Aufwands in einem deutlichen militärischen Misserfolg vor Damaskus endete.[7] In der zweiten Jahrhunderthälfte wurde die Situation der auch durch innere Zwistigkeiten geschwächten Kreuzfahrerherrschaften trotz zwischenzeitlicher Erfolge zunehmend prekär. Einen bedeutenden Faktor stellte der Aufstieg Saladins dar, dem es gelang, große Teile der muslimischen Fraktionen der Region unter seiner Führung zu vereinigen.[8] Die vernichtende Niederlage des Heeres des Königreichs Jerusalem bei Hattin im Juli 1187 sowie der fol-

---

[4] Vgl. Riley-Smith, Jonathan: The Crusades: A History. London / New York ²2005, hier bes. S. 112ff. und S. 120. Christopher Tyerman hat in einer kontrovers diskutierten Studie angezweifelt, ob man angesichts der fehlenden institutionellen Ausprägung für die Zeit vor 1187 überhaupt von einer für die Zeitgenossen eindeutig definierten Kreuzzugsbewegung ausgehen könne. Vgl. Tyerman, Christopher: Were There Any Crusades in the Twelfth Century? In: EHR 110 (1995), S. 553-577, sowie ders.: The Invention of the Crusades. Basingstoke / London 1998. Dagegen Riley-Smith, Jonathan: What Were the Crusades? Basingstoke / New York ⁴2009, S. 2-5.

[5] Zum Ersten Kreuzzug siehe France: Victory (wie Anm. 1), zuletzt Rubenstein, Jay: Armies of Heaven. The First Crusade and the Quest for Apocalypse. New York 2011, sowie Frankopan, Peter: The First Crusade. The Call From the East. London 2012.

[6] Zur Geschichte der Kreuzfahrerherrschaften in der ersten Hälfte des 12. Jahrhunderts vgl. Mayer, Hans Eberhard: Geschichte der Kreuzzüge. Stuttgart ¹⁰2005, S. 81-119.

[7] Zum Zweiten Kreuzzug siehe Phillips, Jonathan: The Second Crusade. Extending the Frontiers of Christendom. New Haven / London 2007.

[8] Zu den Kreuzfahrerherrschaften nach dem Zweiten Kreuzzug und dem Aufstieg Saladins vgl. Mayer: Kreuzzüge (wie Anm. 6), S. 135-168.

gende Verlust der Heiligen Stadt und großer Teile des lateinischen Herrschaftsgebiets bedeuteten schließlich den bis dato tiefsten Einschnitt in der Geschichte der Kreuzzugsbewegung.[9]

Es sei nur kurz erwähnt, dass im Zusammenhang des Zweiten Kreuzzugs auch Kriegszüge in Europa geführt wurden, die von vielen Zeitgenossen durchaus als Teil der gleichen Unternehmung verstanden wurden.[10] Die hier im Fokus stehende Etablierung und Verteidigung einer lateinisch-christlichen Herrschaft im Vorderen Orient nahm jedoch zweifelsohne eine Sonderstellung ein, die auch über das 12. Jahrhundert hinaus bestehen blieb.[11]

---

[9] Dies zeigt sich in dem massiven Echo, dass der Fall Jerusalems im Lateinischen Europa auslöste. Zu den zeitgenössischen Reaktionen vgl. Schein, Sylvia: Gateway to the Heavenly City. Crusader Jerusalem and the Catholic West (1099-1187) (Church, Faith and Culture in the Medieval West). Aldershot 2005, S. 159-187.

[10] Dies hat bereits Constable, Giles: The Second Crusade As Seen By Contemporaries. In: Traditio 9 (1953), S. 213-279, herausgestellt.

[11] Die Frage, nach welchen Kriterien man einen Kreuzzug zu definieren habe, ist Gegenstand einer langen und kontroversen Debatte. Vgl. den aktualisierten Überblick bei Constable, Giles: The Historiography of the Crusades. In: ders.: Crusaders and Crusading in the Twelfth Century. Farnham 2008, S. 3-43, bes. S. 18-22, dessen erstmals 2001 vorgenommene Unterteilung der divergierenden Positionen der Forschung in unter anderem „Traditionalisten", die lediglich die Expeditionen zur Wiederherstellung und Verteidigung der christlichen Herrschaft über das Heilige Land als ‚echte' Kreuzzüge ansehen, und „Pluralisten", die auch zahlreiche andere päpstlich autorisierte Unternehmungen mit einschließen, weite Verbreitung gefunden hat. Siehe auch Hehl, Ernst-Dieter: Was ist eigentlich ein Kreuzzug? In: HZ 259 (1994), S. 297-336, sowie Riley-Smith: What Were the Crusades? (wie Anm. 4).

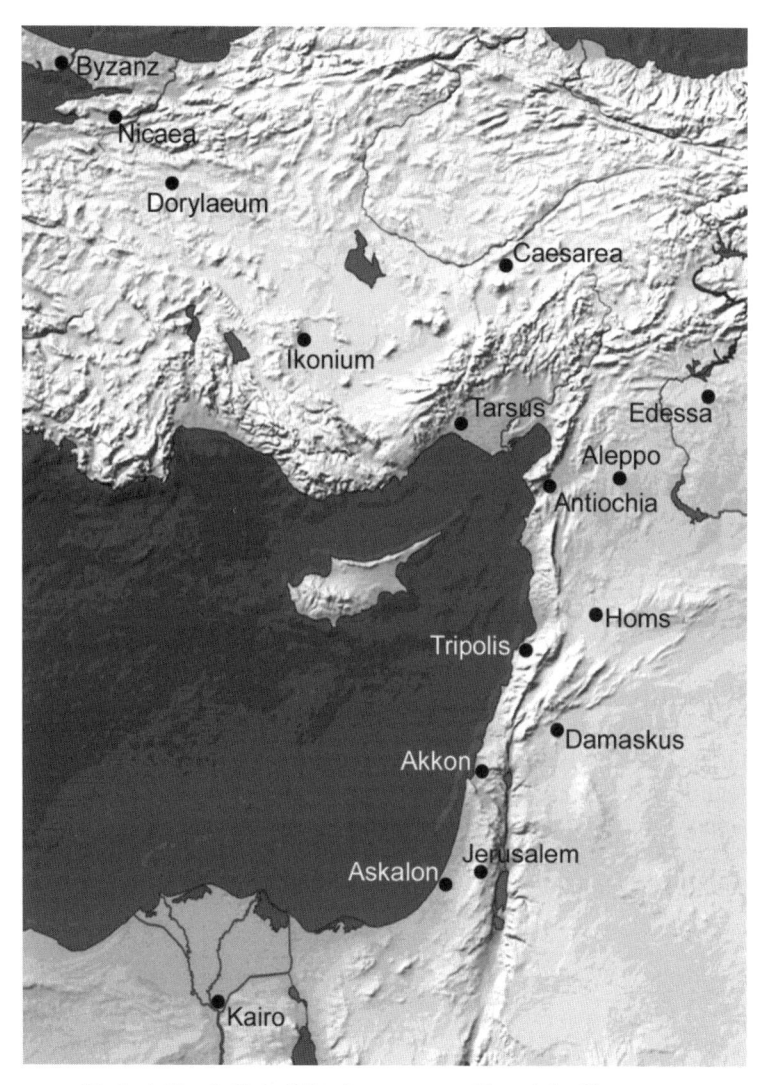

Karte 4: Der östliche Mittelmeerraum während der Kreuzzüge

Eroberung und Gewalt

In der Forschung wird seit langem die Bedeutung der augustinischen Lehre vom *bellum iustum* für die Kreuzzüge diskutiert.¹² Vornehmlich unter Bezug auf die Kanonistik hat man argumentiert, dass vor allem die Annahme eines gerechten Anlasses entscheidend für die Rechtfertigung der Züge gewesen sei. Ein solcher Anlass bestand nach den von Augustinus formulierten Kriterien im Falle der Verteidigung oder der Wiedererlangung geraubten Gutes. Ernst-Dieter Hehl hat in jüngster Zeit die Dominanz des Konzeptes des *bellum iustum* im hohen Mittelalter betont und angezweifelt, dass die lateinische Christenheit daneben die Vorstellung eines *heiligen* Krieges entwickelt habe. Die Kreuzzüge stellen für Hehl keine Ausnahme dar: „Das, was die moderne Forschung für das Mittelalter auf die Formel ‚heiliger Krieg' bringt, nämlich den Kreuzzug, hat das Mittelalter selbst als spezifische Form eines gerechten Krieges aufgefasst. Es ging um die Verteidigung der Christenheit gegen die Bedrohung durch islamische Mächte und um die Rückgewinnung ehemals christlicher Gebiete."¹³

Die Vorstellung, dass das Heilige Land – die Region, in der Jesus Christus selbst gewirkt hatte – rechtmäßig unter christlicher Herrschaft stehen sollte, war für die Zeitgenossen zweifellos von zentraler Bedeutung. Dass man die Kreuzzüge in den Vorderen Orient als eine Bewegung ansah, die der *Rück*eroberung und Verteidigung von Orten diente, die ursprünglich der Christenheit zustanden, macht das Beispiel Wilhelms von Tyrus deutlich.

Der Erzbischof von Tyrus verfasste in den 1170er und 1180er Jahren eine umfangreiche Geschichte des Königreichs Jerusalem,

---

¹² Vgl. beispielsweise Mayer: Kreuzzüge (wie Anm. 6), S. 26f., und Riley-Smith: What Were the Crusades? (wie Anm. 4), S. 5-12, sowie zuletzt Angenendt, Arnold: Die Kreuzzüge. Aufruf zum „gerechten" oder zum „heiligen" Krieg? In: Holzem, Andreas (Hrsg.): Krieg und Christentum. Religiöse Gewalttheorien in der Kriegserfahrung des Westens (Krieg in der Geschichte 50). Paderborn u.a. 2009, S. 341-367. Grundlegend zur Theorie des gerechten Krieges im Mittelalter siehe Russel, Frederick H.: The Just War in the Middle Ages (Cambridge Studies in Medieval Life and Thought: Third Series). Cambridge u.a. 1975.

¹³ Vgl. Hehl, Ernst-Dieter: Heiliger Krieg – eine Schimäre? Überlegungen zur Kanonistik und Politik des 12. und 13. Jahrhunderts. In: Holzem: Krieg und Christentum (wie Anm. 12), S. 323-340, hier S. 325.

in der vor allem der Erste Kreuzzug breiten Raum einnimmt.[14] Zu Beginn des Werkes widmet sich Wilhelm jedoch der Ausbreitung des Islam ab dem frühen 7. Jahrhundert. Im Zentrum steht dabei die Einnahme Jerusalems durch den Kalifen Umar und die Situation der christlichen Bevölkerung unter den folgenden muslimischen Herrschern. Indem er seine Abhandlung mit dieser Vorgeschichte einleitet, hebt Wilhelm besonders hervor, dass es sich beim folgenden Kreuzzug um eine Rückeroberung handelt.[15]

Der Aspekt der Rückgewinnung und Verteidigung ehemals christlicher Gebiete spielte seit den Anfängen der Bewegung eine bedeutende Rolle. Trotz der nicht unproblematischen Überlieferungslage lässt sich mit einiger Sicherheit sagen, dass Papst Urban II. in seiner berühmten Kreuzzugspredigt im November 1095 in Clermont-Ferrand in diese Richtung argumentierte.[16] Ebenfalls in diesem Sinne begründete man die Notwendigkeit weiterer Expeditionen im Laufe des 12. Jahrhunderts und darüber hinaus, so beispielsweise anlässlich des Verlustes von Edessa im Jahr 1144.[17] Besondere Dringlichkeit gewann das Motiv der Rückeroberung nach der Niederlage von Hattin 1187 und dem darauf folgenden Verlust Jerusalems und weiter Teile der Kreuzfahrerherrschaften an Saladin.[18]

Es soll an dieser Stelle nicht weiter diskutiert werden, ob man die Kreuzzüge nun lediglich als eine spezielle Form des *bellum*

---

[14] Wilhelm von Tyrus: Chronicon, ed. von Robert B.C. Huygens (CC Cont. Med. 63). Turnhout 1986. Zu Wilhelm und seinem Werk siehe Schwinges, Rainer Christoph: Kreuzzugsideologie und Toleranz. Studien zu Wilhelm von Tyrus (Monographien zur Geschichte des Mittelalters 15). Stuttgart 1977; Hiestand, Rudolf: Zum Leben und zur Laufbahn Wilhelms von Tyrus. In: DA 34 (1978), S. 345-380, sowie Edbury, Peter W. / Rowe, John G.: William of Tyre. Historian of the Latin East. Cambridge 1988.

[15] Wilhelm von Tyrus: Chronicon (wie Anm. 14), I, 1-10, S. 105-124.

[16] Aus der umfangreichen Literatur zum Kreuzzugsaufruf von Clermont, der bei verschiedenen Chronisten in abweichenden Varianten überliefert ist, vgl. nur Cole, Penny J.: The Preaching of the Crusades to the Holy Land, 1095-1270. Cambridge / Mass. 1991, S. 1-36, sowie Maier, Christoph T.: Konflikt und Kommunikation: Neues zum Kreuzzugsaufruf Urbans II. In: Bauer, Dieter / Herbers, Klaus / Jaspert, Nikolas (Hrsg.): Jerusalem im Hoch- und Spätmittelalter. Konflikte und Konfliktbewältigung – Vorstellungen und Vergegenwärtigungen. Frankfurt a.M. / New York 2001, S. 13-30.

[17] Ausführlich zur Propagierung des auf den Fall Edessas folgenden Zweiten Kreuzzugs vgl. Phillips: Second Crusade (wie Anm. 7), S. 37-98.

[18] Vgl. Anm. 9.

iustum betrachten sollte, oder doch als heilige Kriege, wie beispielsweise Arnold Angenendt gegen Hehl argumentiert hat.[19] Eindeutig ist, dass die augustinischen Kriterien bei ihrer Rechtfertigung von Bedeutung waren. Ebenfalls kaum zu bezweifeln ist jedoch der Stellenwert bestimmter religiöser Motive, die über den defensiven Charakter eines gerechten Krieges hinausweisen.

Entscheidend für die zeitgenössische Argumentation war der Umstand, dass es sich bei den zu erobernden Gebieten um das Heilige Land, um die Wirkstätten Christi auf Erden, handelte.[20] Im Mittelpunkt stand die Befreiung Jerusalems, welches als Schauplatz der Passionsgeschichte und Standort der Kirche des Heiligen Grabes bereits seit Jahrhunderten Ziel christlicher Pilgerfahrten war.[21] Dass die Sonderstellung Jerusalems als primäres Ziel des Ersten Kreuzzugs von Beginn an etabliert war, ist in der Forschung kontrovers diskutiert worden. Hier sei lediglich darauf verwiesen, dass es neben dem Kreuzzugsaufruf von Clermont überzeugende, dafür sprechende Hinweise in den Urkunden der aufbrechenden Kreuzfahrer gibt.[22]

Zweifelsohne steht die Befreiung Jerusalems im Zentrum der historiographischen Überlieferung. Die Erfolgsgeschichte der Rückgewinnung der Heiligen Stadt für die lateinische Christenheit fand, ausgehend von den von Teilnehmern selbst verfassten Berichten, eine beispiellose Verbreitung und wurde auch im Hinblick auf die darauf folgenden Unternehmungen immer wieder als Beispiel herangezogen.[23]

---

[19] Vgl. Angenendt: Kreuzzüge (wie Anm. 12).

[20] Zu den zeitgenössischen Vorstellungen vom Heiligen Land siehe Jaspert, Nikolas: „Wo seine Füße standen" *(Ubi steterunt pedes eius)*. Jerusalemsehnsucht und andere Motivationen mittelalterlicher Kreuzfahrer. In: Kotzur, Hans-Jürgen (Hrsg.): Kein Krieg ist heilig. Die Kreuzzüge (Ausstellungskatalog). Mainz 2004, S. 173-185, hier S. 176-182.

[21] Zum Verhältnis von Pilgerwesen und Kreuzzugsbewegung siehe Mayer: Kreuzzüge (wie Anm. 6), S. 23ff.

[22] Vgl. Riley-Smith, Jonathan: The First Crusade and the Idea of Crusading. With a New Introduction. London / New York ²2009, S. 22-25.

[23] So beispielsweise von Papst Eugen III. in seiner berühmten Kreuzzugsbulle *Quantum predecessores* vom Dezember 1145. Siehe Rassow, Peter: Der Text der Kreuzzugsbulle Eugens III. In: NA 45 (1924), S. 300-305, hier S. 302f. Zum Beispiel des Ersten Kreuzzugs im 12. und 13. Jahrhundert vgl. zudem Powell, James M.: Myth, Legend, Propaganda, History: The First Crusade, 1140 - ca. 1300. In: Balard, Michel (Hrsg.): Autour de la première croisade:

Der Darstellung der Quellen zufolge ging der Erfolg der Unternehmung mit massiven Gewaltexzessen, von denen das Massaker von Jerusalem zweifellos das bekannteste – und zugleich umstrittenste – Beispiel ist, einher.[24] Der bereits genannte Wilhelm von Tyrus schildert die Erstürmung der Heiligen Stadt in grausigen Details als ein geradezu systematisch anmutendes Gemetzel.[25] Seine anschließende Wertung des Blutvergießens kann exemplarisch für die Vorstellungen gelten, die sich seit den Anfängen der Kreuzzugsbewegung etabliert hatten: „Es hat sich sicher nach dem gerechten Urteilsspruch Gottes ereignet, dass die, die das Heiligtum des Herrn mit ihren heidnischen Riten entweiht und die den gläubigen Völkern Ungehöriges vergolten hatten, dies mit dem Verlust ihres eigenen Blutes sühnten [...]."[26]

Die hier anklingende religionsgeschichtlich archaische Vorstellung der *pollutio*, der religiösen Verunreinigung heiliger Orte, war ein für die Rechtfertigung der Kreuzzüge zentrales Motiv. Demnach waren die heiligen Stätten der Christenheit durch die Präsenz und die heidnischen Riten der Muslime beschmutzt worden und mussten nun durch das Vergießen ihres Blutes gereinigt werden.[27] Ein biblisches Vorbild fand man in den Makkabäern, die dem Bericht des Alten Testaments zufolge den Jerusalemer Tempel befreit und vom Schmutz der Heiden gereinigt hatten.[28]

Das Motiv der religiösen Verunreinigung war im 12. Jahrhundert weit verbreitet: Es findet sich von den Teilnehmerberichten

---

Actes du colloque de la Society for the Study of the Crusades and the Latin East. Paris 1996, S. 127-141.

[24] Vgl. Anm. 3.
[25] Wilhelm von Tyrus: Chronicon (wie Anm. 14), VIII, 19-20, S. 410ff.
[26] Ebd., VIII, 20, S. 412: *Iustoque dei iudicio id certum est accidisse, ut qui supersticiosis ritibus domini sanctuarium prophanaverant et fidelibus populis reddiderant alienum, id proprii cruoris luerent dispendio [...]*.
[27] Für einen Überblick zum Motiv der *pollutio* durch die Religionsgeschichte bis zur Zeit der Kreuzzüge siehe Angenendt, Arnold: Die Reinigung Jerusalems. In: Althoff, Gerd / Riches, Theo (Hrsg.): Denkmuster christlicher Legitimation von Gewalt. Ihre Herkunft und ihr Wandel von der Antike zur Moderne (im Druck).
[28] Zum Vorbild der Makkabäer für die Kreuzfahrer siehe Auffahrt, Christoph: Die Makkabäer als Modell für die Kreuzfahrer. Usurpationen und Brüche in der Tradition eines jüdischen Heiligenideals. In: Elsas, Christoph u.a. (Hrsg.): Tradition und Translation. Zum Problem der interkulturellen Übersetzbarkeit religiöser Phänomene. FS für Carsten Colpe zum 65. Geburtstag. Berlin / New York 1994, S. 362-390.

des Ersten Kreuzzugs bis zu Wilhelm von Tyrus und darüber hinaus bei einer Vielzahl von Geschichtsschreibern und ist nicht zuletzt Thema in den Zeugnissen der päpstlichen Kreuzzugspropaganda.[29] In jüngster Zeit wurde in diesem Zusammenhang herausgestellt, dass sich bereits im vorigen Jahrhundert im Zuge der erstarkten Gehorsamsansprüche des Reformpapsttums eine spezielle Form kirchlicher Gewaltrhetorik etablierte, die vor allem mit Rückgriffen auf geeignete Stellen des Alten Testaments die Anwendung physischer Gewalt legitimierte. Diese lässt sich von den Auseinandersetzungen zwischen Gregorianern und Heinricianern im Rahmen des sogenannten Investiturstreits in der zweiten Hälfte des 11. Jahrhunderts bis zur *pollutio*-Argumentation im Rahmen der Kreuzzüge verfolgen.[30]

Das Beispiel Guiberts von Nogent macht schließlich eine weitere Facette der zeitgenössischen religiösen Deutungen deutlich, die ebenfalls über die Kategorien des *bellum iustum* hinausweist. Guiberts Geschichte des Ersten Kreuzzugs lässt sich zusammen mit den Werken Roberts des Mönchs und Balderichs von Dol als eine Art zweite Welle der Kreuzzugschronistik auffassen. Die drei Kleriker, allesamt nordfranzösische Benediktiner, hatten nicht selbst am Zug teilgenommen, sondern schrieben jeweils innerhalb etwa eines Jahrzehnts nach der Einnahme Jerusalems auf Basis der von einem anonymen Kreuzzugsteilnehmer verfassten *Gesta Francorum*.[31]

Wie auch Robert und Balderich hatte Guibert den expliziten Anspruch, den Bericht der *Gesta* sprachlich und theologisch aufzubessern.[32] Er verstärkte besonders die in der Vorlage durchaus vorhandenen biblischen Bezüge und interpretierte die Ereignisse

---

[29] Vgl. Cole, Penny J.: 'O God, the heathen have come into your inheritance' (Ps. 78.1). The Theme of Religious Pollution in Crusade Documents, 1095-1188. In: Shatzmiller, Maya (Hrsg.): Crusaders and Muslims in twelfth-century Syria. Leiden / New York / Köln 1993, S. 84-111.

[30] Vgl. ausführlich Althoff: Päpste und Gewalt (wie Anm. 3), hier bes. S. 121-146.

[31] Zu den *Gesta Francorum* und ihrem Nachleben vgl. France, John: The Use of the Anonymous Gesta Francorum in the Early Twelfth-Century Sources of the First Crusade. In: Murray, Alan V. (Hrsg.): From Clermont to Jerusalem. The Crusades and Crusader Societies 1095-1500. Selected Proceedings of the International Medieval Congress, University of Leeds, 10-13 July 1995. Turnhout 1998, S. 29-42.

[32] Vgl. hierzu ausführlich Riley-Smith: First Crusade (wie Anm. 22), S. 135-152.

des Kreuzzugs als Erfüllung alttestamentlicher Prophezeiungen. Die Notwendigkeit, die christliche Herrschaft über Jerusalem wieder herzustellen, erhält dabei eine starke apokalyptische Komponente.

In seiner Variante des Aufrufs von Clermont lässt Guibert Papst Urban entsprechend argumentieren: „Denn es ist klar, dass der Antichrist nicht gegen die Juden oder die Heiden Krieg führen, sondern, gemäß der Etymologie seines Namens, gegen die Christen vorgehen wird. Und wenn der Antichrist keine Christen dort findet [...], wird es niemanden geben, der sich ihm widersetzt, noch jemand, gegen den er mit Recht vorgehen kann. Daniel und seinem Interpreten Hieronymus zufolge wird er seine Zelte auf dem Ölberg aufschlagen, und es ist, wie der Apostel lehrt, sicher, dass er sich in Jerusalem in den Tempel Gottes setzen wird, als wäre er selbst Gott [...]."[33]

Jay Rubenstein hat in seinem 2011 erschienenen Buch „Armies of Heaven" derartigen Passagen besondere Aufmerksamkeit gewidmet und den ersten Kreuzzug als eine primär von der Erwartung der Letzten Tage getriebene Unternehmung beschrieben. Demzufolge verfielen die Teilnehmer im Laufe dieser „Quest for Apocalypse" – so der Untertitel des Werkes – zunehmend in endzeitliche Stimmungen, die nicht zuletzt zur Missachtung der üblichen, gleichsam weltlichen Regeln der Kriegführung und somit zur Entgrenzung der Gewalt führten.[34]

Diese Interpretation ist sicherlich diskussionswürdig, schon allein, weil Rubenstein sich stark auf die Chronisten der zweiten Welle stützt. Zudem argumentiert er mit seinem Fokus auf den Endzeiterwartungen letztlich zu monokausal. Es bleibt jedoch festzuhalten, dass apokalyptische Vorstellungen im zeitgenössischen

---

[33] Guibert von Nogent: Dei Gesta per Francos, et cinq autres textes, ed. von R.B.C. Huygens (CC Cont. Med. 127A). Turnhout 1996, II, 4, S. 113f.: *Perspicuum namque est Antichristum non contra Iudeos, non contra gentiles bella facturum, sed iuxta ethimologiam sui nominis Christianos pervasurum, et si Antichristus ibidem christianum neminem [...] inveniat, non erit qui sibi refragetur aut quem iure pervadat: iuxta enim Danielem et Iheronimum Danielis interpretem fixurus est in Oliveti Monte tentoria, et Iherosolimis in dei templo tanquam sit deus certum est apostolo docente sedeat [...].*

[34] Rubenstein: Armies of Heaven (wie Anm. 5), hier bes. S. 199-203.

Diskurs über die christliche Herrschaft über Jerusalem eine Rolle spielten.³⁵

Dieser knappe Abriss sollte zeigen, dass sich die Argumente, mit denen man die gewaltsamen Eroberungen der frühen Kreuzzüge begründete, nur schwer unter einem einheitlichen Konzept zusammenfassen lassen. Der gerechte Anlass der Rückeroberung und Verteidigung ehemals christlicher Gebiete war gewiss ein gewichtiger Punkt, jedoch war die Legitimation der konkreten physischen Gewalt wohl stärker von alttestamentlichen Vorstellungen wie der religiösen *pollutio* beeinflusst als von den augustinischen Kriterien für einen *bellum iustum*.³⁶

Bevor im Folgenden die Frage diskutiert wird, inwieweit in der vielschichtigen Vorstellungswelt der frühen Kreuzzüge der Gedanke der Bekehrung von Nichtchristen auftritt, sei erwähnt, dass die Praxis der Kriegführung in nicht unerheblichem Maße von pragmatischen Überlegungen beeinflusst war. So gibt es trotz aller Betonungen religiös begründeter Feindschaft und der daraus resultierenden Gewaltexzesse eine ganze Reihe von Belegen für Verhandlungen, Waffenstillstände und Bündnisse zwischen Christen und Muslimen für die hier behandelte Periode und darüber hinaus.³⁷

Kreuzzug und Mission

Nachdem die Kreuzfahrer im Juni 1098 siegreich aus dem entbehrungsreichen Kampf um Antiochia hervorgegangen waren, verzö-

---

³⁵ Vgl. auch Auffahrt, Christoph: Jerusalem zwischen apokalyptischer Gewalt und ewigem Frieden. Religiöse Motive der Kreuzfahrer. In: Wieczorek, Alfried / Fansa, Mamoun / Meller, Harald (Hrsg.): Saladin und die Kreuzfahrer (Begleitband zur Ausstellung). Mainz 2005, S. 37-46, bes. S. 38f., der die Kreuzzüge letztlich nicht als apokalyptische Bewegung sieht.

³⁶ Bei der Entstehung der Kreuzzugsbewegung wirkten selbstverständlich noch zahlreiche weitere Faktoren zusammen. Grundlegend zu den Voraussetzungen des vieldiskutierten ‚Kreuzzugsgedankens', wenn auch in Teilen überholt, ist immer noch Erdmann, Carl: Die Entstehung des Kreuzzugsgedankens. Stuttgart 1935. Vgl. zudem Mayer: Kreuzzüge (wie Anm. 6), S. 18-52.

³⁷ Siehe Köhler, Michael A.: Allianzen und Verträge zwischen fränkischen und islamischen Herrschern im Vorderen Orient. Eine Studie über das zwischenstaatliche Zusammenleben vom 12. bis ins 13. Jahrhundert. Berlin / New York 1991.

gerte sich der Weitermarsch nach Jerusalem aufgrund innerer Uneinigkeiten um mehrere Monate. Der ohnehin recht fragile Zusammenhalt des Heeres lockerte sich weiter, und verschiedene Gruppen brachen zu kleineren Expeditionen auf.[38]

Der anonyme Autor der *Gesta Francorum* berichtet in diesem Zusammenhang von der Einnahme einer namentlich nicht benannten Festung: „Die Ritter und Pilger Christi begaben sich direkt zu jener Festung, belagerten sie von allen Seiten und nahmen sie mit Christi Hilfe umgehend ein. Sie nahmen alle Bauern der Gegend gefangen und töteten die, die sich nicht taufen lassen wollten. Die, die es jedoch vorzogen, Christus anzuerkennen, verschonten sie."[39]

Es handelt sich bei dieser Passage um eines der wenigen Beispiele, in denen man im Kontext des Ersten Kreuzzugs von gezielter gewaltsamer Bekehrung hört. Tatsächlich wird das Thema Glaubenswechsel eher am Rande thematisiert.

Die vieldiskutierte Überlieferungslage zum Kreuzzugsaufruf von Clermont wurde bereits angedeutet. Papst Urbans Predigt ist von mehreren Chronisten, von denen drei mit einiger Sicherheit in Clermont anwesend waren, überliefert, allerdings in mitunter erheblich voneinander abweichenden Varianten.[40] Dass der Papst explizit zur Bekehrung der Muslime aufgerufen habe, legt jedoch keine der Fassungen nahe. Ebenso wenig geben Urbans Briefe derartige Hinweise.[41]

Auch die folgenden päpstlichen Aufrufe zu weiteren Zügen in den Vorderen Orient formulieren nicht die Mission als deren Ziel. Die Etablierung und Verteidigung der christlichen Herrschaft über das Heilige Land und die heiligen Stätten blieben die dominanten

---

[38] Vgl. France: Victory (wie Anm. 1), S. 297ff., sowie Rubenstein: Armies of Heaven (wie Anm. 5), S. 228-245.

[39] Gesta Francorum et aliorum Hierosolimitanorum, ed. von Rosalind Hill. Oxford 1967, X, 30, S. 73: *Ad hoc castrum ilico ierunt Christi milites peregrini, et undique inuaserunt illud, quod continuo ab illis captum est Christi adiutorio. Apprehenderunt igitur omnes illius loci colonos, et qui christianitatem recipere noluerunt, occiderunt; qui uero Christum recognoscere malverunt, uiuos conseruauerunt.*

[40] Grundlegend zur Überlieferung des Aufrufs von Clermont ist immer noch Munro, Dana C.: The Speech of Pope Urban II at Clermont, 1095. In: American Historical Review 11 (1905), S. 232-242. Vgl. zudem Cole: Preaching (wie Anm. 16), S. 1-36, sowie Maier: Kreuzzugsaufruf Urbans II. (wie Anm. 16), zuletzt Althoff: Päpste und Gewalt (wie Anm. 3), S. 129-136.

[41] Vgl. Kedar, Benjamin Z.: Crusade and Mission. European Approaches toward the Muslims. Princeton 1984, S. 57f.

Motive. Arnold Angenendt kommt in diesem Zusammenhang in seinem 2007 erschienenen Werk über „Toleranz und Gewalt" des Christentums zu dem Schluss, dass bei den Kreuzzügen „überraschenderweise" der Missionsgedanke gefehlt habe.[42]

Wenn die Missionierung der Ungläubigen auch keine offizielle Zielvorgabe war, so berichten die Quellen doch vereinzelt von Konversionen. Diese werden jedoch meist lediglich beiläufig erwähnt. So beschreibt beispielsweise Raimund von Aguilers, einer der Geschichtsschreiber, die persönlich am Ersten Kreuzzug teilnahmen, im Zusammenhang der erfolglosen Belagerung von Arqa im Frühjahr 1099, wie die Kreuzfahrer von verschiedenen Städten und Festungen der Umgebung Tributzahlungen erhielten.[43] Er fügt an, dass zudem einige Sarazenen dem Islam abgeschworen und die Taufe empfangen hätten – aus Furcht wie aus Eifer für die christliche Lebensart.[44] Über diese knappe Bemerkung hinaus erfährt man jedoch nichts über die abtrünnigen Muslime, ihre Motive oder den genauen Hergang der Konversionen.

Unter den Chronisten des Ersten Kreuzzugs sticht vor allem Albert von Aachen hervor, bei dem sich verhältnismäßig viele derartige Episoden finden. Der aus Aachen oder der Umgebung stammende Kleriker war zwar selbst kein Teilnehmer des Zuges, seine *Historia Ierosolimitana* ist jedoch in einmaliger Weise unabhängig von den übrigen Chronisten und repräsentiert eine eigene lothringische Überlieferungstradition.[45]

---

[42] Angenendt, Arnold: Toleranz und Gewalt. Das Christentum zwischen Bibel und Schwert. Münster ³2007, S. 423.

[43] Raimund von Aguilers: Liber, ed. von John H. Hill und Laurita L. Hill. Paris 1969, S. 111f. Zu Raimunds Werk siehe France, John: The Anonymous Gesta Francorum and the Historia Francorum qui ceperunt Iherusalem of Raymond of Aguilers and the Historia de Hierosolymitano itinere of Peter Tudebode: An Analysis of the Textual Relationship between Primary Sources for the First Crusade. In: ders. / Zajac, William G. (Hrsg.): The Crusades and Their Sources. Essays presented to Bernard Hamilton. Aldershot 1998, S. 39-69.

[44] Raimund von Aguilers: Liber (wie Anm. 43), S. 112: *Baptizabantur etiam aliqui Sarracenorum timore et zelo nostrae legis, anatemizantes Mahummet et progeniem eius omnem.*

[45] Albert von Aachen: Historia Ierosolimitana, ed. von Susan B. Edington (Oxford Medieval Texts). Oxford 2007. Das umfangreiche Werk behandelt die Geschichte des Ersten Kreuzzugs sowie die ersten Jahrzehnte der Kreuzfahrerherrschaften. Zu Albert und seinen Quellen vgl. Edington, Susan B.: Albert of Aachen Reappraised. In: Murray: Clermont to Jerusalem (wie

Albert berichtet beispielweise von einem türkischen Spion, der während der Belagerung Nikäas von den Kreuzfahrern gefangen genommen wurde.[46] Dieser habe bereitwillig Informationen über die Lage der feindlichen Truppen preisgegeben und zudem von sich aus darum gebeten, die Taufe empfangen zu dürfen. Dies sei ihm schließlich auch gewährt worden, wobei Albert kritisch anmerkt, dass die Furcht vor dem Tod, und nicht eine aufrichtige Liebe zum Christentum sein eigentlicher Antrieb gewesen sei.[47]

Ähnliches wird im Zusammenhang mit der Belagerung von Antiochia berichtet: In Folge eines blutigen Gefechts vor den Toren der Stadt, das die Kreuzfahrer für sich entscheiden konnten, sei die Moral der Verteidiger dauerhaft gesunken. Angesichts der zunehmend bedrängten Lage hätten schließlich einige Muslime heimlich die Stadt verlassen und gegenüber den Führern des Kreuzzugs behauptet, Christen werden zu wollen.[48]

In Alberts Darstellung der eingangs erwähnten Schlacht von Askalon werden die Kreuzfahrer von dem Präfekten von Ramla, einem Sarazenen, mit dem sie zuvor ein Bündnis geschlossen hatten, begleitet.[49] Demzufolge erklärte Gottfried von Bouillon dem muslimischen Fürsten, dass die Aussicht auf das Paradies und das Vertrauen auf Schutz durch das Zeichen des Kreuzes den Christen besondere Tapferkeit in der Schlacht verliehen.[50] Der Präfekt zeigte

---

Anm. 31), S. 55-67, sowie dies.: Albert of Aachen and the Chansons de Geste. In: France / Zajac: Crusades (wie Anm. 43), S. 23-37.

[46] Albert von Aachen: Historia (wie Anm. 45), II, 25-26, S. 102ff.

[47] Ebd., II, 26, S. 104: *Instabat etiam multa et humillima prece, quatenus Christianitatis professione baptismum susciperet, et Christiano iure Christianis communicaret, sed hoc pocius petebat timore suspecte mortis, quam aliquo catholice fidei amore.*

[48] Ebd., III, 66, S. 246: *Victis in nomine et uirtute Domini Iesu Christi tam ferocissimis Turcorum cuneis, et crudeli cede fugaque in portam urbis coactis, et Christianis cum magna gloria uictorie in tentoria relatis, ab ipsa die et deinceps gentilium animi ceperunt mollescere, et assultus eorum ante creberrimi prorsus deficere, insidie quiescere, uirtus eorum languescere, timor quam plurimos eorum adeo inuadere, ut aliqui a ciutate et suorum societate subtracti noctu migrarent, et Christianos se uelle fieri confitentes, Christianorum se principibus commendarent.*

[49] Ebd., VI, 43-44, S. 458-462.

[50] Ebd. ,VI, 43-44, S. 460: *Dicebat enim: „Populus hic quem uides et audis in uoce exultationis aduersum inimicos properare, et prelium in nomine Domini Iesu Christi Dei sui committere, scito quia certus est hodie de corona regni celorum, et quia ad meliorem transibit uitam, in qua primum felicius uiuere incipiet, si pro eius nomine et gratia in hoc prelio mori meruerit [...]. Hoc uero*

sich beeindruckt und äußerte den Wunsch, zum Christentum überzutreten. Albert bemerkt, dass er selbst nicht sicher sei, ob die folgende Taufe sofort oder im Anschluss an die erfolgreiche Schlacht stattgefunden habe. Er habe jedoch gehört, dass der Eindruck des christlichen Triumphs den Ausschlag gegeben habe.[51]

Diese Beispiele mögen genügen, um zu veranschaulichen, in welchen Formen das Motiv des Glaubenswechsels in der frühen Zeit der Kreuzzüge begegnet. Die Faktizität gerade der bei Albert geschilderten Konversionen von Muslimen ist im Einzelnen sicherlich bezweifelbar. Für einige der Fälle gibt es außerhalb seiner *Historia* keine weiteren Belege.[52] Episoden wie die Konversion des Präfekten von Ramla folgen zudem einem etablierten Muster: Geschichten, in denen Ungläubige durch die Demonstration von Macht und Stärke von der Überlegenheit des Christentums überzeugt werden, waren seit Jahrhunderten verbreitet.[53]

Unabhängig von der Glaubwürdigkeit einzelner Fälle erlauben die genannten Episoden und weitere verstreute Hinweise jedoch die Annahme, dass es im Zuge des Ersten Kreuzzugs zu vereinzelten Fällen von Glaubensübertritten kam. Dass diese das Resultat grundsätzlicher Missionsbemühungen der Kreuzfahrer darstellten, seien sie friedlicher oder gewaltsamer Natur, ist jedoch nicht auszumachen. Vielmehr gehen die von den Chronisten berichteten Taufen meist auf die Initiative der Ungläubigen selbst zurück.

Fälle aggressiver Bekehrung nach dem Prinzip ‚Tod oder Taufe' sind über die erwähnte Passage der *Gesta Francorum* hinaus hingegen kaum fassbar. Ein wiederkehrendes Thema ist vielmehr die grundlegende Skepsis gegenüber Glaubenswechseln, welche die Furcht vor Gewaltanwendung zum Anlass haben, wie im Falle des bei der Belagerung Nikäas gefangen genommenen Spions, von dem bei Albert die Rede ist.

---

signum sancte crucis quo munimur et sanctificamur proculdubio spirituale scutum est contra omnia iacula inimicorum, et in eodem signo sperantes tutius contra omnia pericula stare audemus [...].'

[51] Ebd., VI, 44, S. 460: *Vtrum autem statim aut post bellum baptismum susceperit, incertum habemus, preter quod quidam profitentur quod uisa uirtute et uictoria Christianorum baptismi gratiam perceperit.*

[52] Vgl. Kedar: Crusade and Mission (wie Anm. 41), S. 62ff.

[53] Zahlreiche Beispiele aus dem früheren Mittelalter bei Fletcher, Richard: The Conversion of Europe. From Paganism to Christianity, 371 – 1386 AD. London 1997.

Eines der wenigen Beispiele für direkte gewaltsame Mission und zugleich einen der bekanntesten Gewaltexzesse im Rahmen der Kreuzzüge stellen die massiven Ausschreitungen gegen die Juden des Rheinlandes durch Teile des sogenannten ‚Volkskreuzzugs' im Jahr 1096 dar.[54] Auch hierbei legt Albert, der die primäre lateinische Quelle für die Ereignisse darstellt, eine eindeutig kritische Haltung an den Tag, wie schon die einleitenden Worte seines Berichts erkennen lassen: „Ich weiß nicht, ob es aufgrund eines Urteilsspruchs Gottes geschah, oder wegen eines geistigen Irrtums ihrerseits, aber das Volk erhob sich in grausamer Gesinnung gegen die Juden [...] und massakrierte sie auf grausige Weise [...], wobei sie behaupteten, dass dies der Beginn ihres Feldzugs und ihres Dienstes gegen die Feinde des christlichen Glaubens sei."[55]

Es folgt eine ausführliche Schilderung der Massaker an der jüdischen Bevölkerung in drastischen Details, wobei die erzwungene Taufe von Teilen der Juden zunächst nur knapp erwähnt wird: Einigen sei die Flucht gelungen, andere hätten die Taufe akzeptiert, allerdings mehr aus Furcht als aus Liebe für den christlichen Glauben.[56]

An späterer Stelle nimmt Albert grundsätzlicher Stellung: Er schildert den Untergang von Teilen des ‚Volkskreuzzugs' in Ungarn und führt das Schicksal der Teilnehmer auf ihr sündhaftes Verhalten zurück, durch das sie sich den Unwillen Gottes zugezo-

---

[54] Vgl. den historiographiegeschichtlichen Überblick bei Kedar, Benjamin Z.: Crusade Historians and the Massacres of 1096. In: Jewish History 12 (1998), S. 11-31.

[55] Albert von Aachen: Historia (wie Anm. 45), I, 25, S. 50: *Vnde nescio si uel Dei iudicio aut aliquo animi errore spiritu crudelitatis aduersus Iudeorum surrexerunt populum [...] et crudelissimam in eos exercuerunt necem [...] asserentes id esse principium expeditionis sue, et obsequii contra hostes fidei Christiane.* Zur lateinischen Überlieferung generell vgl. Haverkamp, Eva: What Did the Christians Know? Latin Reports on the Persecution of Jews in 1096. In: Crusades 7 (2008), S. 59-86.

[56] Albert von Aachen: Historia (wie Anm. 45), I, 27-28, S. 52: *Iudei uero uidantes Christianos hostes in se suosque paruulos insurgere, et nulli etati parcere, ipsi quoque in se suosque confratres natosque, mulieres, matres et sorores irruerunt, et mutua cede se peremerunt. Matres pueris lactentibus, quod dictu nefas est, guttura ferro secabant, alios transforabant, uolentes pocius sic propriis manibus perire, quam incircumcisorum armis extingui. Hac Iudeorum cede tam crudeliter peracta, paucisque elapsis, et paucis timore pocius mortis quam amore Christiane professionis baptizatis, cum plurimis illorum spoliis, comes Emecho, Clareboldus, Thomas, et omnis illa intolerabilis societas uirorum ac mulierum, uiam Ierusalem continuauerunt [...].*

gen hätten.⁵⁷ Neben Unreinheit durch fleischliche Sünden nennt er auch das Vorgehen gegen die Juden als Grund für den göttlichen Zorn: „[...] sie hatten die exilierten Juden – die freilich Christus feindlich gesinnt sind – mit einem großen Massaker bestraft, mehr aus Gier auf ihr Geld als für göttliche Gerechtigkeit. Denn Gott ist ein gerechter Richter und zwingt niemanden, gegen seinen Willen oder unter Zwang unter das Joch des katholischen Glaubens zu treten."⁵⁸

Albert kritisiert also zunächst die niederen weltlichen Motive der Kreuzfahrer, verurteilt jedoch vor allem grundsätzlich die Bekehrung Andersgläubiger unter Gewaltandrohung – auch wenn es sich, wie im Falle der Juden, um Feinde Christi handele, sei dies nicht im Sinne Gottes.

Die negative Sicht auf Gewaltmission steht in auffälligem Kontrast zur sonstigen Bewertung kriegerischer Gewalt gegen Nichtchristen, die im Zuge der *pollutio*-Argumentation bei Albert und anderen als legitimes, ja nötiges Mittel zur Befreiung der heiligen Stätten dargestellt wird.⁵⁹ Grundsätzlich steht bei den frühen Kreuzzugchronisten der Gedanke einer wie auch immer gearteten Bekehrung Andersgläubiger deutlich hinter dem Ziel zurück, die heiligen Orte unter christliche Herrschaft zu bringen und von der Verschmutzung durch die Ungläubigen zu reinigen.

Ab etwa der Mitte des 12. Jahrhunderts wird die Idee der Mission als ein Ziel von Kreuzzügen hingegen vereinzelt greifbar.⁶⁰ Ein Beispiel bietet der Benediktinermönch Odo von Deuil, der im Gefolge des französischen Königs Ludwig VII. am Zweiten Kreuzzug teilnahm und eine der wenigen ausführlichen Darstellungen über die weitgehend erfolglose Unternehmung verfasste. Darin lässt Odo führende Kreuzfahrer die Tilgung ihrer Sünden durch das Blut *oder* die Konversion der Heiden als päpstlich angeordnetes Ziel

---

[57] Ebd., I, 28-29, S. 52-58.
[58] Ebd., I, 30, S. 56ff.: *Hic manus Domini contra peregrinos esse creditur, qui nimiis inmundiciis et fornicario concubitu in conspectu eius peccauerunt, et exules Iudeos licet Christo contrarios, pecunie auaricia magis quam pro iusticia Dei graui cede mactauerant, cum iustus iudex Deus sit, et neminem inuitum aut coactum ad iugum fidei Catholice iubeat uenire.*
[59] Siehe beispielsweise Alberts ausführliche Schilderung des Massakers von Jerusalem 1099. Ebd., VI, 20-30, S. 428-442. Vgl. auch die Hinweise in Anm. 29 und Anm. 30.
[60] Vgl. Kedar: Crusade and Mission (wie Anm. 41), S. 67-72.

des Zuges anführen.⁶¹ Wie bereits angemerkt, spielte der Missionsgedanke in den tatsächlichen päpstlichen Kreuzzugsaufrufen der Zeit jedoch keine Rolle und die entsprechende Bulle Eugens III. bestätigt die Nachricht des Geschichtsschreibers nicht.⁶² Über die genannte Stelle hinaus finden sich bei Odo dann auch keine Hinweise auf tatsächliche Missionsanstrengungen.

Blickt man weiterhin auf das in Folge des Ersten Kreuzzugs gegründete Königreich Jerusalem, bestätigt sich der Eindruck, dass mit der Etablierung einer lateinischen Herrschaft im Vorderen Orient keine verstärkten Maßnahmen zur Ausbreitung des christlichen Glaubens einhergingen. Im Gegensatz zu früheren christlichen Eroberungszügen in Europa scheint es im Heiligen Land zunächst nicht zu einer nennenswerten Verbindung von Herrschaftssicherung und Mission gekommen zu sein. Im Umgang mit den Unterworfenen orientierte man sich vielmehr an der Praxis der vorigen muslimischen Herrscher: So waren Andersgläubige zwar den lateinischen Christen rechtlich nicht gleichgestellt und zur Zahlung einer Kopfsteuer verpflichtet, unterlagen jedoch keinem Religionszwang.⁶³

Fulcher von Chartres, der nach seiner Teilnahme am Ersten Kreuzzug als Kaplan König Balduins I. im Heiligen Land blieb, erwähnt vereinzelt Glaubensübertritte von Muslimen und berichtet sogar von Heiraten zwischen Lateinern und Konvertierten.⁶⁴ Derar-

---

⁶¹ Odo von Deuil: De profectione Ludovici in orientem, ed. von Virginia G. Berry. New York 1943, IV, S. 70: *Certum vero est regem nuper cum papa locutum fuisse et super hoc nec praeceptum eius nec consilium accepisse. Visitare sepulcrum Domini cognovimus nos et ipse et nostra crimina, praecepto summi pontificis, paganorum sanguine vel conversione delere.* Vgl. auch Phillips: Second Crusade (wie Anm. 7), S. 166.

⁶² Rassow: Kreuzzugsbulle Eugens III. (wie Anm. 23).

⁶³ Zur Situation der Andersgläubigen unter fränkischer Herrschaft vgl. Favreau-Lilie, Marie-Luise: „Multikulturelle Gesellschaft" oder „Persecuting Society"? „Franken" und „Einheimische" im Königreich Jerusalem. In: Bauer / Herbers / Jaspert: Jerusalem (wie Anm. 16), S. 55-93. Grundlegend zu den verschiedenen Gruppen von Unterworfenen siehe Prawer, Joshua: The Latin Kingdom of Jerusalem. European Colonialism in the Middle Ages. London 1972, S. 46-59 und S. 233-251.

⁶⁴ Fulcher von Chartres: Historia Hierosolymitana (1095-1127), ed. von Heinrich Hagenmeyer. Heidelberg 1913, II, 4, 4: *Et cum cuncta illic inventa tam annonam quam bestias, comedendo sonsumpsissemus et nihil nobis utile amplius invenire possemus, inito consilio cum quibusdam patriae alumnis prius Saracenis, sed nuper Christianis, qui loca culta et inculta longe lateque sciebant, in Arabiam secedere dispositum est.* Ebd., III, 37, 4, S. 748: *Hic iam*

tige Nachrichten lassen zwar darauf schließen, dass es im Königreich Jerusalem im Laufe der Zeit zu wiederholten Fällen von Konversionen kam. Dass diese zu einem Massenphänomen wurden, legen die verstreuten Hinweise jedoch keinesfalls nahe.[65] Auch Wilhelm von Tyrus, der wichtigste Zeuge für die Geschichte der Kreuzfahrerherrschaften des 12. Jahrhunderts, schenkt dem Thema Mission nur sehr geringe Aufmerksamkeit.[66] Insgesamt sind gezielte, anhaltende Anstrengungen, den Unterworfenen gegenüber das Christentum zu predigen, im hier behandelten Zeitraum nicht auszumachen.

Zu derartigen Bemühungen kam es vielmehr erst im 13. Jahrhundert, wobei vor allem Mitglieder der Bettelorden als Missionare auftraten.[67] Der Missionsgedanke verband sich in dieser Zeit zudem wiederholt mit der im Vergleich zum vorigen Jahrhundert breiteren und grundsätzlicheren Kreuzzugskritik, in der die friedliche Bekehrung der Ungläubigen als wahre Methode zur Ausbreitung der Christenheit und als Alternative zum kriegerischen Vorgehen präsentiert wurde.[68] Damit befindet man sich jedoch bereits in einer späteren Phase der Kreuzzugsbewegung, in der im Zuge vielfältiger Entwicklungen die christliche Herrschaft über das Heilige Land zwar weiterhin eine Sonderstellung inne hatte, andere Ziele jedoch zunehmende Bedeutung erlangten.

---

possidet domos proprias et familias quasi iure paterno et hereditario, ille vero iam duxit uxorem non tantum compatriotam, sed et Syram aut Armenam et interdum Saracenam, baptismi autem gratiam adeptam. Zu Fulcher und seinem Werk siehe Epp, Verena: Fulcher von Chartres. Studien zur Geschichtsschreibung des ersten Kreuzzuges (Studia humaniora 15). Düsseldorf 1990, sowie Giese, Wolfgang: Untersuchungen zur Historia Hierosolymitana des Fulcher von Chartres. In: AKG 69 (1987), S. 62-115.

[65] Generell zu Konversionen im Königreich Jerusalem siehe Kedar: Crusade and Mission (wie Anm. 41), S. 74-82.

[66] Zum Missionsgedanken bei Wilhelm von Tyrus vgl. Schwinges: Kreuzzugsideologie (wie Anm. 14), S. 270-281.

[67] Vgl. Kedar: Crusade and Mission (wie Anm. 41), S. 136-158, sowie Favreau-Lilie: Multikulturelle Gesellschaft (wie Anm. 63), S. 86ff.

[68] Zur Kreuzzugskritik vgl. Hiestand, Rudolf: „Gott will es!" – Will Gott es wirklich? Die Kreuzzugsidee in der Kritik ihrer Zeit (Beiträge zur Friedensethik 29). Stuttgart u.a. 1998, S. 16-34.

Fazit

Für die hier behandelte Periode bleibt ein Nebeneinander verschiedener Deutungsmodelle festzuhalten: Die Eroberungszüge in den Vorderen Orient erscheinen in der Sicht der Zeit einerseits als gerechte Kriege mit dem gerechten Anlass der Rückgewinnung und Verteidigung ehemals christlicher Gebiete, andererseits als von der archaischen Vorstellung der religiösen *pollutio* dominiert und zudem von apokalyptischen Vorstellungen beeinflusst.

Wenn auch in verschiedenen Zusammenhängen von Konversionen berichtet wird, beschränkt sich dies meist auf beiläufige Erwähnungen. Die Muslime werden summa summarum weniger als Ziel christlicher Mission dargestellt denn als Feinde der eigenen Religion, die sich unrechtmäßig christliches Land angeeignet und heilige Orte entweiht haben und gegen die der Einsatz kriegerischer Gewalt durch die Kreuzzugsheere legitim und gerecht ist. Bei dieser Errichtung der ‚Herrschaft Christi' im Heiligen Land spielte die gewaltsame wie auch die friedliche Verbreitung des christlichen Glaubens hingegen eine lediglich untergeordnete Rolle.[69]

---

[69] Im Zusammenhang des sogenannten Wendenkreuzzugs kam es hingegen bereits in der Mitte des 12. Jahrhunderts zur Verbindung von Kreuzzugs- und Missionsgedanken. Vgl. dazu den Beitrag von Hermann Kamp in diesem Band.

HERMANN KAMP

DER WENDENKREUZZUG

Nachdem Bernhard von Clairvaux den französischen König Ludwig VII. dafür gewonnen hatte, dem päpstlichen Aufruf zur Rückeroberung Edessas zu folgen, gelang es ihm schließlich, auch den römisch-deutschen König für das Unternehmen zu gewinnen. Am 28. Dezember 1146 erklärte sich Konrad III. bereit, das Kreuz zu nehmen, und dasselbe Gelübde legten mit ihm noch eine Reihe anderer Fürsten ab.[1]
Die Mehrheit der sächsischen Fürsten fand sich dazu indes nicht bereit. Wahrscheinlich schon auf dem Regensburger Hoftag im Februar 1147 brachten sie dies deutlich zum Ausdruck. Sie verwiesen auf ihre Nachbarn im Osten, die Elbslawen, die noch immer dem schändlichen Götzendienst anhingen, ja es sei nicht nur gottgefällig, diese zu bekämpfen, sondern ihre vorrangige Pflicht.[2] Die Sachsen überzeugten den König und die anderen Großen von ihrem Vorhaben, und so wurde ihnen auf dem Frankfurter Hoftag im März zugestanden, statt ins Heilige Land gegen die heidnischen

---

[1] Zum zweiten Kreuzzug und zur Rolle Bernhards von Clairvaux vgl. zuletzt Phillips, Jonathan: Heiliger Krieg. Eine neue Geschichte der Kreuzzüge. München 2011 (London 2009), S. 137-180. Siehe auch Dinzelbacher, Peter: Bernhard von Clairvaux. Leben und Werk des berühmten Zisterziensers. Darmstadt 1998, S. 284ff. und S. 293-301. Von den Fürsten, die damals bereits das Kreuz genommen haben, wird nur Herzog Friedrich von Schwaben, der spätere König, namentlich genannt. Vgl. Bernardi, Wilhelm: Konrad III. (Jahrbücher des deutschen Reiches), 2 Bde. Leipzig 1883, Bd. 2, S. 531 mit Anm. 62.
[2] Von der Weigerung der sächsischen Großen berichtet Otto von Freising: Gesta Friderici, ed. von Franz-Josef Schmale und übersetzt von Adolf Schmidt (FSGA 17). Darmstadt 1965, I,43, S. 210f.: „Die Sachsen dagegen, die ja Völker zu Nachbarn haben, die noch dem schändlichen Götzendienst huldigten, waren nicht geneigt, in den Orient zu ziehen; sie nahmen zwar auch das Kreuz, aber um gegen jene Völker Krieg zu führen [...]" Otto von Freising ist es denn auch, der von der Weigerung der Sachsen im Zusammenhang mit dem Hoftag von Regensburg spricht, allerdings unmittelbar zuvor auch schon etwas weiter zurückliegende Ereignisse vermeldet (ebd.). Vgl. zum Wendenkreuzzug und zu seiner Vorgeschichte zuletzt Herrmann, Jan-Christoph: Der Wendenkreuzzug von 1147 (Europäische Hochschulschriften. Reihe III: Geschichte und ihre Hilfswissenschaften 1085). Frankfurt a.M. u.a. 2011, S. 151ff.

Wenden ziehen zu dürfen. Erneut hatte sich wohl Bernhard von Clairvaux in Frankfurt eingefunden, in jedem Fall verfasste er nun einen Aufruf, mit dem er den Krieg gegen die Heiden jenseits der Elbe rechtfertigte und den Teilnehmern einen Sündennachlass in Aussicht stellte.[3] Am 11. April des Jahres erhielt der Plan dann auch den päpstlichen Segen. Eugen III. überführte das Gedankengut Bernhards in eine feierliche Bulle und rief von Troyes aus zum Kreuzzug gegen die Slawen und sonstigen Heiden jenseits der Elbe auf.[4] Da der Papst schließlich auch den Spaniern das Seelenheil versprach, die die Muslime vor Ort bekämpfen wollten, zerfiel der Kreuzzug in drei einzelne kriegerische Unternehmungen, die aber in der Wahrnehmung der Zeitgenossen zusammengehörten,[5] auch wenn, wie es Otto von Freising berichtet, die Teilnehmer des Wendenkreuzzuges sich dadurch unterschieden, „dass die Kreuze nicht einfach auf die Röcke genäht waren, sondern von einem Kreis umgeben emporragten".[6] Wenn der Kreis, wie zumeist vermutet, auf den Erdkreis verweist, dann dürfte mit diesem Zeichen die besondere Aufgabe des Kreuzfahrer, die gegen die Wenden zogen, angedeutet worden sein: nämlich für die weitere Verbreitung des Christentums auf dem Erdkreis zu sorgen.[7]

---

[3] Vgl. Dinzelbacher: Bernhard (wie Anm. 1), S. 302.

[4] Vgl. JL 9017. Ediert ist die Urkunde im Mecklenburgischen Urkundenbuch, hrsg. vom Verein für mecklenburgische Geschichte und Altertumskunde, Bd. 1. Schwerin, Nr. 44, S. 36; eine Übersetzung bietet Herrmann: Wendenkreuzzug (wie Anm. 2), S. 254.

[5] Vgl. JL 9017. Zur Wahrnehmung der drei Kreuzfahrten als Teile ein- und desselben Kreuzzuges siehe Beumann, Helmut: Kreuzzugsgedanke und Ostpolitik im hohen Mittelalter. In: ders. (Hrsg.): Heidenmission und Kreuzzugsgedanke in der deutschen Ostpolitik des Mittelalters. Darmstadt 1973, S. 140, und zuletzt Bysted, Ane / Jensen, Carsten Selch / Jensen, Kurt Villads / Lind, John H.: Jerusalem in the North. Denmark and the Baltic Crusades. 1100-1522. Turnhout 2012 (2004), S. 46.

[6] *[...] a nostris in hoc distantes, quod non simpliciter vestibus assute, sed a rota subterposita in altum protendebantur.* Otto von Freising: Chronica (wie Anm. 2), I, 43, S. 212 und S. 213.

[7] Vgl. dazu auch Herrmann: Wendenkreuzzug (wie Anm. 2), S. 156, der aber selbst auf eine Deutung verzichtet und nur darauf hinweist, dass lange das Zeichen im Sinne eines ‚imperialen Anspruchs' gedeutet wurde.

Karte 5: Ausgangspunkte und Schauplätze des Wendenkreuzzuges

Während Konrad III. Ende Mai 1147 von Regensburg aus die Reise ins Heilige Land antrat,[8] machten sich die sächsischen Fürsten erst einige Wochen später auf den Weg. In seinem Aufruf hatte Bernhard von Clairvaux den Aufbruch des Kreuzfahrerheeres gegen die Wenden auf den 29. Juni gelegt, aber allem Anschein nach hat es mit der Mobilisierung etwas länger gedauert.[9] Doch nicht nur das. Auch jetzt zog man nicht gemeinsam in den Kampf gegen die Heiden, sondern stellte zwei Heere auf, die von unterschiedlichen Orten aus in das Gebiet zwischen Elbe und Oder einfallen sollten. Das eine Heer versammelte sich in Magdeburg. An seiner Spitze standen Albrecht der Bär, der Markgraf der Nordmark, Konrad von Wettin, der Markgraf von Meißen, sowie der Pfalzgraf

---

[8] Vgl. Bernardi: Konrad III. (wie Anm. 1), S. 596.
[9] Vgl. ebd., S. 565 und S. 570 mit Anm. 18, wo die einschlägigen Quellenstellen für die Datierung aufgeführt sind. Siehe auch Herrmann: Wendenkreuzzug (wie Anm. 2), S. 133.

bei Rhein Hermann von Stahleck. Hinzu kam eine Reihe geistlicher Würdenträger, angefangen mit dem Erzbischof von Magdeburg über die Bischöfe von Halberstadt, Merseburg, Havelberg, Brandenburg, Münster und Olmütz bis zu Abt Wibald von Stablo.[10] Weiter im Norden befehligte der sächsische Herzog Heinrich der Löwe das zweite Heer, gemeinsam mit seinem Schwiegervater Konrad von Zähringen. Hier beteiligten sich auch der Erzbischof von Hamburg-Bremen und der Bischof von Verden.[11]

Koordiniert scheinen die Attacken der beiden Ritterheere nicht gewesen zu sein. Albrecht der Bär und seine Mitkämpfer ritten zunächst nach Malchow oder Malchin, verbrannten dort eine Tempelanlage und stießen anschließend bis zur Peene vor, wo sie Demmin belagerten.[12] Die Krieger unter der Ägide Heinrichs des Löwen zogen dagegen nach Dobin am Schweriner See. Hier hatten die Abodriten ein großes Lager errichtet und gut befestigt.[13] Vergeblich bemühten sich die Sachsen, es einzunehmen, und mussten dann auch noch erleben, wie die Dänen, die auch das Kreuz genommen hatten und aus Dänemark kommend ihnen zur Hilfe eilten, von den Abodriten vor Dobin zurückgeschlagen wurden. Noch schlimmer traf es dann die Dänen, als sie, von den Ranen angegriffen, ein Gutteil ihrer Schiffe verloren.[14] Die Belagerungen zogen sich bis in den Spätherbst hin, ohne größere Erfolge zu zeitigen. In Dobin schloss man schließlich einen Vertrag mit den dortigen Slawen, der deren Taufe vorsah, und zog sich dann zurück. Auch den Kreuzfahrern um Albrecht den Bären gelang es nicht, Demmin zu nehmen. Einige Kreuzfahrer kehrten bereits im September zurück wie Wibald von Stablo.[15] Andere, ob mit oder ohne Albrecht den Bären ist unklar, ritten weiter nach Südosten, um Stettin in ihre Hände zu bekommen. Als sie dort ankamen, mussten sie indes erkennen, dass die dort lebenden Slawen bereits getauft waren. Un-

---

[10] Vgl. zur Organisation und zu den Teilnehmern zuletzt zusammenfassend Herrmann: Wendenkreuzzug (wie Anm. 2), S. 131ff.
[11] Vgl. ebd., S. 134ff.
[12] Vgl. zu den beiden Vorstößen ebd., S. 134-140; und mit vielen Belegstellen Bernardi: Konrad III. (wie Anm. 1), S. 570ff.
[13] Vgl. Herrmann: Wendenkreuzzug (wie Anm. 2), S. 134ff.
[14] Vgl. hierzu und zum Folgenden ebd.; Christiansen, Eric: The Northern Crusades. London 1997, S. 54, und Bysted / Jensen / Jensen / Lind: Jerusalem in the North (wie Anm. 5), S. 55, unter stärkerer Berücksichtigung der dänischen Quellen.
[15] Vgl. Bernardi: Konrad III. (wie Anm. 1), S. 578 mit Anm. 41.

verrichteter Dinge kehrten sie nach Sachsen zurück.[16] Mehr oder minder drei Monate nach dem Aufbruch hatte der Wendenkreuzzug bereits sein Ende gefunden.

Mit Ruhm hatten sich die sächsischen Kreuzfahrer nicht gerade bekleckert. Eine vernichtende Niederlage, wie sie die Kreuzritter im Orient hinnehmen mussten, war ihnen erspart geblieben, aber größere Erfolge lassen sich auch nicht erkennen. Eine Episode will man meinen, und doch war der Wendenkreuzzug eine Art Wendepunkt in den Beziehungen zwischen den Deutschen, vor allem den Sachsen, und ihren heidnischen Nachbarn, weil mit ihm zum ersten Mal der Kreuzzugsgedanke unverkennbar Einfluss gewann, auch wenn man über die Stärke des Einflusses trefflich streiten kann und schon gestritten hat.[17] Einen Wendepunkt stellte aber der Wendenkreuzzug auch deshalb dar, weil sich in seinem Fall der Kreuzzugsgedanke zum ersten Mal mit dem Bekehrungsziel verbindet, er gleichsam die ideologische Geburtsstunde der Schwertmission abgibt, die mit einem großen Feuerwerk der Gewaltrhetorik eingeleitet wird.[18] Und deshalb sei im Folgenden der Blick weniger auf seine Wirkung als auf die Umstände seiner Entstehung gerichtet, um zu erkennen, aus welchen Gründen, in welchem Maße und mit welchen unmittelbaren Folgen die Gewalt als Instrument der Christianisierung heidnischer Völker neu bewertet wurde.

I.

Schaut man sich die Umstände an, unter denen es zum Wendenkreuzzug kam, erblickt man sehr schnell politische Spannungen im

---

[16] Vgl. Herrmann: Wendenkreuzzug (wie Anm. 2), S. 138f.
[17] Während Naujoks-Bünding, Margret: Das Imperium Christianum und die deutschen Ostkriege vom zehnten bis zum zwölften Jahrhundert. In: Beumann: Heidenmission (wie Anm. 5), S. 65-120, den Einfluss des Kreuzzugsgedankens im 12. Jahrhundert auf die Ostpolitik hervorhebt, veranschlagt Beumann: Kreuzzugsgedanke (wie Anm. 5), S. 121-145, die Bedeutung desselben für die praktische Politik der Fürsten gegenüber den Elbslawen gering und sieht hier weiter alte machtpolitische ‚ottonische' Ideen fortwirken.
[18] Auf diese Besonderheit im Aufruf Bernhards wies auch schon Beumann: Kreuzzuggedanke (wie Anm. 5), S. 139, hin. Bartlett, Robert: Die Geburt Europas aus dem Geist der Gewalt. München 1998 (1993), S. 488, sieht im Wendenkreuzzug „erstmals die Begrifflichkeit, Institutionen und Praktiken des heiligen Krieges" eingeführt.

Reich und weniger akute Probleme, die die Elbslawen den Sachsen oder gar dem Reich bereitet hätten. Der letzte größere slawische Einfall in Sachsen lag etwa zehn Jahre zurück und war noch im Winter 1138/39 mit einem Verwüstungs- und Vertreibungszug von Seiten der sächsischen Großen beantwortet worden, der das ostholsteinische Gebiet dauerhaft der Kolonisierung öffnete.[19] Auch die direkten Kämpfe Albrechts des Bären mit den Slawen datieren in die Zeit um 1137, während der Markgraf dann in den vierziger Jahren die friedliche Übernahme der Herrschaft über die Heveller auszuhandeln suchte.[20] Von einer akuten Bedrohung kann man in den Jahren vor 1146 also keinesfalls sprechen. Zugleich war die politische Situation im Reich so angespannt, dass Konrad III. selbst lange dem Ansinnen Bernhards von Clairvaux widerstand, das Gelübde zu nehmen. Erst als es Bernhard von Clairvaux gelungen war, die Auseinandersetzungen zwischen dem König und Welf VI., aber auch jene zwischen Friedrich von Schwaben und Konrad von Zähringen zu befrieden, entschloss sich Konrad III., dem Drängen des Abtes nachzugeben.[21] Vor diesem Hintergrund drängt es sich geradezu auf, die Weigerung der sächsischen Fürs-

---

[19] Vgl. Lotter, Friedrich: Die Konzeption des Wendenkreuzzuges. Ideengeschichtliche, kirchenrechtliche und historisch-politische Voraussetzungen der Missionierung von Elb- und Ostseeslawen um die Mitte des 12. Jahrhunderts. Sigmaringen 1977, S. 64f.

[20] Vgl. Partenheimer, Lutz: Die Entstehung der Mark Brandenburg. Köln / Weimar / Wien 2007, S. 68.

[21] Vgl. zur Befriedung zwischen Friedrich von Schwaben und Konrad von Zähringen Görich, Knut: Fürstenstreit und Friedensstiftung vor dem Aufbruch Konrads III. zum Kreuzzug. In: ZGO 158 (2010), S. 117-136, hier bes. S. 124 und S. 132, der ausgehend von dem Konflikt zwischen Barbarossa und Konrad von Zähringen zu Recht die Rivalitäten der Fürsten mit der Konzeption des Wendenkreuzzugs in Verbindung bringt. Zu Welf VI. siehe Althoff, Gerd: Demonstration und Inszenierung. Spielregeln der Kommunikation in mittelalterlicher Öffentlichkeit. In: ders.: Spielregeln der Politik im Mittelalter. Kommunikation in Frieden und Fehde. Darmstadt 1997, S. 248ff., der auf die Verhandlungen hinweist, die angesichts der politischen Brisanz allein die Gleichzeitigkeit der Kreuzzugsgelübde Konrads und des Welfen erklären können. Bezeichnenderweise schickten später dann auch beide Gesandte an Ludwig VII., um über den Ablauf des geplanten Kreuzzugs zu verhandeln (Bernardi: Konrad III. [wie Anm. 1], S. 537). Während Althoff aufgrund der vorhergehenden Verhandlungen in der Kreuznahme Konrads eine Inszenierung erblickt, stellt Dinzelbacher: Bernhard von Clairvaux (wie Anm. 1), S. 295, den spontanen Entschluss Konrads III. heraus, was zuletzt aber auch von Phillips: Heiliger Krieg (wie Anm. 1), S. 150, zurückgewiesen wurde.

ten, am Kreuzzug ins Heilige Land teilzunehmen, auf Probleme in Sachsen zurückzuführen. Und sobald man sich auf diese Fährte begibt, stößt man in der Tat auf eine Reihe von Schwierigkeiten, ja auch von ungelösten Konflikten sächsischer Großer untereinander oder mit dem König selbst, die zumindest einige sinnvollerweise von einer Reise ins Heilige Land Abstand nehmen ließen, was dann andere zwang, dasselbe zu tun. Angesichts der Opfer, die der Kreuzzug vom König und den Fürsten verlangte, die ihr Gelübde bereits abgelegt hatten, hätte dies das gesamte Projekt gefährdet. Diese Gefahr konnte aber gebannt werden, wenn die Sachsen ähnliche Strapazen auf sich luden, und insofern erscheint der Wendenkreuzzug vor allem als ein Mittel, den Zug des Königs in den Orient zu ermöglichen und stellte gleichsam dessen Voraussetzung dar.

Höchstwahrscheinlich ging die Idee, einen Kreuzzug ins Land der Wenden zu unternehmen, auf das engere Umfeld Albrechts des Bären zurück, zu dem auch der Erzbischof von Magdeburg zu zählen ist. Albrecht der Bär selbst hatte gute Gründe, dem Zug ins Heilige Land fernzubleiben: Er hatte in den zurückliegenden Jahren alles getan, um seine Herrschaft auf das Gebiet der Heveller auszuweiten.[22] Er hatte bereits die ersten Kolonisten angeworben und ein enges Bündnis mit dem christlichen Hevellerfürsten Pribislaw Heinrich geschlossen, der ihn, da selbst kinderlos, zu seinem Nachfolger bestimmt hatte.[23] Aber Pribislaws Herrschaft war nicht gesichert, er lebte von der Unterstützung des Markgrafen. Verließ dieser längere Zeit das Land, so konnte es schnell zum Umsturz kommen, und Albrechts Pläne lösten sich in Schall und Rauch auf. Auch dem Magdeburger Erzbischof kam die Fahrt zur Befreiung Edessas ungelegen. Die Konflikte zwischen den verschiedenen Thronprätendenten in Polen, die erst im Herbst beigelegt worden waren, ließen es ihm möglicherweise geraten erscheinen, vor Ort die Magdeburger Ansprüche auf das nordöstliche Liutizengebiet und das Bistum Pommern zu verteidigen.[24] Ob Alb-

---

[22] Vgl. hierzu auch Gaethke, Hans-Otto: Herzog Heinrich der Löwe und die Slawen nordöstlich der unteren Elbe. Frankfurt a.M. 1999, S. 84-87, der den Wendenkreuzzug vor allem auf das Engagement Albrechts des Bären zurückführt.
[23] Vgl. Partenheimer: Die Entstehung (wie Anm. 20), S. 66ff.
[24] Zum Abkommen siehe Annales Magdeburgenses, ed. von Georg Heinrich Pertz (MGH SS 16). Leipzig, S. 188f., mit Böhmer, Johann-Friedrich: Regesta Imperii Online, Bd. 4: Lothar III. und ältere Staufer 1125-1197, 1. Abt.: Die

recht nun selbst die Idee hatte, als Ausgleich für den Kreuzzug einen Krieg gegen die Heiden nebenan zu unternehmen, oder ob ihm es etwa der Magdeburger Erzbischof nahegelegt hatte oder der Rat von den vertrauten Bischöfe von Havelberg oder Brandenburg stammte, die auf diese Weise die Chance erhielten, ihre Bischofsitze wieder in Beschlag zu nehmen, darüber lässt sich nichts sagen.[25]

In jedem Fall konnten die geistlichen Herren darauf verweisen, dass man schon einmal zu einem Kreuzzug gegen die heidnischen Slawen aufgerufen hatte. Denn im Jahre 1108 hatte ein aus Flandern stammender Verfasser, der vielleicht in den Diensten eines der sächsischen Bischöfe stand, einige Fürsten vor allem aus Sachsen aufgefordert, sich gegen die heidnischen Slawen zu wappnen und in den Krieg zu ziehen, wobei er die Krieger nicht nur mit der Möglichkeit, auf diese Weise das Seelenheil zu gewinnen, zu ködern suchte, sondern auch mit dem Gedanken, in den slawischen Gebieten fruchtbares Land finden zu können.[26] Insofern kann man

---

Regesten des Kaiserreichs unter Lothar III. und Konrad III., Teil 2: Konrad III. 1138 (1093/94) – 1152, bearbeitet von Jan Paul Niederkorn und Karel Hruza. Köln u.a. 2008, Nr. 401. Siehe auch Claude, Dietrich: Geschichte des Erzbistums Magdeburg bis in das 12. Jahrhundert, 2 Bde. Köln / Wien 1972-1975, Bd. 2, S. 63f., und Petersohn, Jürgen: Der südliche Ostseeraum im kirchlich-politischen Kräftespiel des Reiches, Polens und Dänemarks vom 10. bis 13. Jahrhundert. Mission, Kirchenorganisation, Kultpolitik. Köln / Wien 1979, S. 346, der im Unterschied zu Claude aufgrund der Magdeburger Ansprüche auf das neu gegründete Bistum Pommern im Magdeburger Erzbischof eine wichtige Triebkraft des Wendenkreuzzugs sieht.

[25] Zu Anselm vgl. Herrmann: Wendenkreuzzug (wie Anm. 2), S. 170; zu den Bemühungen des Brandenburger Bischofs zur Wiederherstellung seines Bistums vgl. Partenheimer: Entstehung (wie Anm. 20), S. 70.

[26] Ediert ist der Aufruf im Urkundenbuch des Erzstifts Magdeburg, Bd. 1: 937-1142, bearb. von Friedrich Israel. Magdeburg 1937, Nr. 193, S. 249ff. Übersetzung nach: Urkunden und erzählende Quellen zur deutschen Ostsiedlung im Mittelalter, gesammelt und hrsg. von Herbert Helbig und Lorenz Weinrich, 1. Teil: Mittel- und Norddeutschland, Ostseeküste (Ausgewählte Quellen zur deutschen Geschichte des Mittelalters. FSGA 26a). Darmstadt 1968, Nr. 19, S. 97ff. Zum Charakter des Aufrufs siehe Knoch, Peter: Kreuzzug und Siedlung. Studien zum Aufruf der Magdeburger Kirche von 1108. In: JbGMOD 23 (1974), S. 1-33; zum Inhalt vgl. Lotter: Konzeption (wie Anm. 19), S. 59f. Zuletzt Neumeister, Peter: Die slawische Ostseeküste im Spannungsfeld der Nachbarmächte (bis 1227/1239). In: Harck, Ole / Lübke, Christian (Hrsg.): Zwischen Reric und Bornhöved. Die Beziehungen zwischen den Dänen und ihren slawischen Nachbarn vom 9. bis ins 13. Jahrhundert. Stuttgart 2001, S. 37-55, hier, S. 39-43, der hinter dem Aufruf nicht das Bestreben, gegen die Elb-

sich denken, dass die sächsischen Fürsten, die kein Interesse an dem Kreuzzug ins Heilige Land besaßen, schnell auf die Idee kamen, dem König einen Kreuzzug gegen die Slawen als Alternative zu präsentieren. Fragt man, warum sich der König darauf eingelassen hat, so muss man als erstes auf seine engen Bindungen an Albrecht, aber auch an Anselm von Havelberg hinweisen, die zu den engen Vertrauten des Königs in jenen Jahren zählten und immer wieder am Hof des Königs zu finden waren.[27] Außerdem hatte Albrecht 1142 auf das Herzogtum Sachsen verzichtet, um einen Frieden Konrads III. mit den Welfen in Sachsen zu ermöglichen.[28] Auch ein weiterer enger Vertrauter Konrads dürfte sich überdies für einen solchen Kreuzzug erwärmt haben, nämlich Wibald von Stablo, der – vom König gerade zum Abt von Corvey ernannt – nun beweisen konnte, ein guter Abt zu sein, indem er den Kriegs- oder Kreuzzug nutzte, um die obskuren Ansprüche Corveys auf Rügen durchzusetzen.[29] Und schließlich hatte der Plan auch noch den Charme, Heinrich den Löwen zu befriedigen, der offenkundig auch nicht gewillt war, den König auf dem Kreuzzug nach Jerusalem zu begleiten.

Allerdings kann dessen fehlende Bereitschaft auch eine Folge der Weigerung der anderen sächsischen Fürsten gewesen sein, mit denen der Welfe in den zurückliegenden Jahren manchen Konflikt ausgetragen hatte. Zunächst hatte er mit Albrecht dem Bären um das Herzogtum Sachsen gerungen, auf das dieser dann 1142 verzichtet hatte.[30] Den Erzbischof von Bremen hatte Heinrich drei Jahre zuvor mit seinem Dompropst in Beugehaft genommen, um an das Stader Erbe zu gelangen, und auch mit dem Magdeburger Domkapitel hatte er sich wegen der gleichen Angelegenheit über-

---

oder Ostseeslawen, sondern in Pommern gegen den polnischen Herzog vorzugehen, sieht.
[27] Vgl. Ziegler, Wolfram: König Konrad III. (1138-1152). Hof, Urkunden und Politik (Forschungen zur Kaiser- und Papstgeschichte des Mittelalters 26). Wien / Köln / Weimar 2008, S. 295ff. und S. 300ff. zu Wibald sowie S. 355f. und S. 381ff. zu Albrecht.
[28] Vgl. Partenheimer: Die Entstehung (wie Anm. 20), S. 70.
[29] Vgl. Böhmer: Regesta Imperii Online (wie Anm. 24), Konrad III., IV,1,2 Nr. 417. Zu den Ansprüchen vgl. Herrmann: Wendenkreuzzug (wie Anm. 2), S. 179.
[30] Vgl. Ehlers, Joachim: Heinrich der Löwe. Eine Biographie. Berlin 2008, S. 54ff.

worfen.³¹ Darüber hinaus überschnitten sich seine Interessensbereiche in den elbslawischen Gebieten teilweise mit denen Albrechts des Bären.³² Auf einen Kreuzzug ins Heilige Lande konnte sich Heinrich nur begeben, wenn sich die übrigen sächsischen Großen auch daran beteiligten, da er sonst fürchten musste, die jüngsten Erfolge seiner Politik wieder aufs Spiel zu setzen. Und da diese nicht wollten, wollte er offenkundig auch nicht.

Für Konrad III. wiederum rettete die Beteiligung Heinrichs an dem Kriegszug gegen die Elbslawen letztlich seinen eigenen Kreuzzug. Das zeigte sich auf dem Frankfurter Hoftag, als Heinrich der Löwe den Mut besaß, den 1142 ausgehandelten Ausgleich mit dem König wieder in Frage zu stellen und die Restituierung Bayerns, das seinem Vater aberkannt worden war, als Erbgut zu verlangen.³³ Damit forderte Heinrich nicht nur den König, sondern auch den amtierenden bayerischen Herzog heraus, der bereits das Kreuzzugsgelübde abgelegt hatte.³⁴ Dieser hätte wohl kaum sein Herzogtum verlassen, wenn er nicht gewusst hätte, dass Heinrich fernab von Bayern in den Krieg ziehen würde. Und so vermochte Konrad III. die Situation zu bereinigen, indem er Heinrich dafür gewann, die Klärung der Angelegenheit auf die Zeit nach seiner Rückkehr zu verschieben.³⁵ Da Otto von Freising die Meldung von der Rückgabeforderung Heinrichs des Löwen notiert, ohne eine Verbindung mit den anderen Ereignissen des Frankfurter Hoftags herzustellen,³⁶ ist es schwer zu entscheiden, ob die fordernde Bitte Heinrichs im Zusammenhang mit den erfolgreichen Bemühungen Konrads in Frankfurt steht, seinen Sohn von den Fürsten zu seinem Nachfolger wählen zu lassen, oder ob der Welfe sie im Rahmen der Verhandlungen über den Kreuzzug lanciert hat, womit er dann deutlich gemacht hätte, dass er nicht gewillt gewesen wäre, ins Heilige Land zu ziehen.³⁷

---

[31] Vgl. ebd., S. 65-69.
[32] Vgl. Gaethke: Herzog Heinrich (wie Anm. 22), S. 109ff.
[33] Dazu und zum Frankfurter Hoftag und seinen Teilnehmern vgl. Bernhardi: Konrad III. (wie Anm. 1), Bd. 2, S. 545ff.
[34] Vgl. ebd., S. 542.
[35] Vgl. Gaethke: Herzog Heinrich (wie Anm. 22), S. 87.
[36] Vgl. Otto von Freising: Gesta (wie Anm. 2), I, 46, S. 216.
[37] Dass die Ereignisse in Frankfurt aufgrund der schlechten Quellenlage nur unzureichend rekonstruiert werden können, unterstreicht Gaethke: Herzog Heinrich (wie Anm. 22), S. 86f., der zugleich die Möglichkeit erwägt, Heinrichs Konfliktbereitschaft in Frankfurt habe den Wendenkreuzzug veranlasst. Diese Mög-

Dazu würde es passen, dass Heinrich der Löwe noch während des Frankfurter Hoftags, auf dem dann der Wendenkreuzzug beschlossen wurde, an der feierliche Übergabe der beiden Reichsklöster Fischbeck und Kemnade an den neuen Abt von Corvey, nämlich Wibald von Stablo, teilnahm, wo ihm die Aufgabe zukam, zunächst seine Vogteirechte an den Abt zu übertragen, um sie dann wieder aus dessen Hand zu erhalten.[38] Das sorgfältig inszenierte Übertragungsritual vereinte fast alle Personen zu einer friedlichen Handlungsgemeinschaft, die später am Wendenkreuzzug teilnahmen. Hermann von Stahleck vollzog mit einem goldenen Ring im Namen des Königs und in Anwesenheit von dessen gerade zum Mitkönig gewählten Sohn die Übergabe der beiden Klöster an Wibald von Stablo und an Albrecht den Bären, der anstelle des Corveyer Vogtes, Hermann von Winzenburg, agierte. Die Mitwirkung Heinrichs des Löwen an diesem Akt war schon deshalb ein für alle sichtbares Zeichen der Versöhnung, weil sich noch zuvor seine Ministerialen trotz königlicher Anweisung geweigert hatten, Wibald als neuen Herrn von Fischbeck anzuerkennen. Bezeichnenderweise stimmte ein Fürst der Abmachung nicht zu. Es war Adolf von Schauenburg, der ebenfalls vogteiliche Rechte in Fischbeck geltend machte. Und er nahm dann auch am Wendenkreuzzug nicht teil. Heinrich aber stellte dieses Unternehmen offenkundig zufrieden, sonst hätte er wohl nicht in Frankfurt seinen vorläufigen Frieden mit Konrad und den anderen genannten Großen Sachsens gemacht.

Schließlich bot der Kreuzzug gegen die Wenden auch für Konrad von Zähringen eine willkommene Gelegenheit, um wie der König das Kreuz zu nehmen, ohne deshalb neben Friedrich Barbarossa, der ihn noch kurz zuvor bekriegt hatte, ins Heilige Land ziehen zu müssen.[39]

So gesehen profitierten viele von dem Plan, einen eigenen Kreuzzug gegen die Elbslawen durchzuführen. Doch die Gründe,

---

lichkeit verwirft er aber letztlich, weil ursprünglich nur ein Zug ins Wendengebiet geplant gewesen sei, und zwar von Magdeburg aus und allein in das Gebiet der Liutizen und Heveller, womit vor allem die Interessen Albrechts bedient worden seien (ebd., S. 84).

[38] Vgl. hierzu und zum Folgenden mit den einschlägigen Quellenstellen Bernhardi: Konrad III. (Anm. 1), S. 556f.

[39] Zum Konflikt Konrads von Zähringen mit Friedrich und zur Kreuznahme des Zähringers vgl. Görich: Fürstenstreit (wie Anm. 21), S. 128 und S. 132f.

die dafür sprachen, waren allesamt politischer Natur. Im Grunde hatte dieser Kreuzzug keine andere Funktion, als den Kreuzzug Konrads III. ins Heilige Land zu ermöglichen. Gemeinhin schloss man Frieden, um einen Kreuzzug zu ermöglichen, hier aber beschloss man einen Kreuzzug, um Frieden schaffen. Das machte die Idee der Sachsen von Anfang an verdächtig, ganz abgesehen davon, dass sich keiner Illusionen über die Ziele zumindest der weltlichen Fürsten machte. Und das zeigte sich dann auch in den Kreuzzugsaufrufen und ihrer Gewaltrhetorik.

II.

Der wahrscheinlich schon im Februar in Regensburg dem König offenbarte Plan der sächsischen Fürsten, statt in den Orient gegen die heidnischen Elbslawen zu ziehen, wurde in den anschließenden Wochen gemeinsam mit dem König in ein offizielles, vom Papst autorisiertes Kreuzzugsprojekt umgeformt. Dabei spielte Bernhard von Clairvaux eine wichtige Rolle, der nach seinen Aufrufen zum Krieg gegen die Muslime im Heiligen Land nunmehr auch einen flammenden Appell, sich am Krieg gegen die Heiden östlich der Elbe zu beteiligen, verfasste und diesen von den Bischöfen und Priestern verbreiten ließ.[40] Geschrieben hat er diesen Aufruf wohl unmittelbar nach oder noch auf dem Frankfurter Hoftag. Von dort schickte der König zwei seiner engsten Vertrauten, Anselm von Havelberg und Wibald von Stablo, zum Papst, der den Kriegszug zum Kreuzzug erklären sollte. Die beiden trafen den Papst in der Nähe von Troyes, wo er am 11. April die entsprechende Kreuzzugsbulle ausstellte.[41]

Dass Eugen III. mit seiner Bulle zugleich Anselm von Havelberg zum geistlichen Anführer des Kreuzzugs erhob, der für Frieden im Kreuzfahrerheer sorgen und die Beteiligten „zur Beförderung des christlichen Glaubens" mahnen soll, darf als ein erstes Indiz für die Befürchtungen des Papstes hinsichtlich der Ab-

---

[40] Vgl. Lotter: Die Konzeption (wie Anm. 19), S. 13f., und Herrmann: Wendenkreuzzug (wie Anm. 2), S. 37.
[41] Vgl. zu den Ereignissen Herrmann: Wendenkreuzzug (wie Anm. 2), S. 42

sichten der Kreuzfahrer gewertet werden.[42] Der Papst hatte Angst, die Fürsten könnten ihren Auftrag, die heidnischen Wenden zum Christentum zu bekehren, schnell vergessen und wie bisher den Kriegszug alleine nutzen, um durch die Auferlegung von Tributen ihre Einkünfte zu erhöhen. Und so verbot er, nachdem er den Kreuzfahrern den gleichen Sündennachlass wie den Jerusalemfahrern zugesagt hatte, unter „Androhung der Exkommunikation, dass keiner von jenen Heiden, die er dem christlichen Glauben unterwerfen kann, Geld oder eine andere Ablösung annehme, damit er ihnen erlaubt, in ihrem Unglauben zu verharren".[43]

Deutlicher konnte man sein Misstrauen nicht zum Ausdruck bringen. Und dieses Misstrauen war insofern durchaus berechtigt, als das von Eugen inkriminierte Verhalten genau jenem entsprach, das die sächsischen Großen seit mehr als hundert Jahren gegenüber den Elbslawen an den Tag gelegt hatten. Zugleich verweist der zitierten Passus auf das Ziel, auf das der Papst nunmehr die Kreuzfahrer verpflichtete. Sie sollten auf ihrem Zug die Slawen und die anderen heidnischen Bewohner des Nordens der christlichen Religion unterwerfen. Auch wenn Eugen III. den Kreuzzug dementsprechend als Teil eines universalen Kampfes gegen die Heiden hinstellt, der an verschiedenen Fronten geführt wird, so verlieh er dem Unternehmen doch eine ganz eigene Zielrichtung, da er den Zug ins Heilige Land als Verteidigungskrieg gegen die Feinde Christi präsentierte, die „in jenen Gebieten unsere Brüder [...] grausam abschlachten".[44] Und ähnlich verstand er auch den Zug

---

[42] Preterea quia expedire cognoscimus, ut aliqua religiosa, discreta, litterata persona sit inter vos, que paci et tranquillitati vestre provideat [...] et vos de promovenda Christiana religione commoneat, venerabilem fratrem nostrum A. Hauegelbergensem episcopum [...] ad hoc providemus [...] (JL 9017). Zitiert nach Pommersches Urkundenbuch, Bd. 1, Teil 1, neu bearbeitet von Klaus Conrad (Veröffentlichungen der Historischen Kommission für Pommern, Reihe 2). 2. Auflage Köln / Wien 1970, Nr. 32, S. 36f. Nachgedruckt und übersetzt findet sich die Urkunde bei Herrmann: Wendenkreuzzug (wie Anm. 2), S. 254f.

[43] [...] sub excommunicatione prohibentes, ut nullus de paganis ipsis, quos Christiane fidei poterit subiugare, pecuniam vel aliam redemptionem accipiat, ut eos in sua perfidia remanere permittat. (JL 9017). Pommersches Urkundenbuch (wie Anm. 42), Nr. 32, S. 36f., Übersetzung nach Herrmann: Wendenkreuzzug (wie Anm. 2), S. 254.

[44] Vgl. JL 9017: Inter alios enim principes et potentes ipsi reges [...] ad deliberationem orientalis ecclesie preparant et crucis Christi inimicos, qui peccatis exigentibus in partibus illis fratres nostros aput Edessam et in aliis multis locis crudeliter trucidarunt, cum Die auxilio potenter expugnare

des spanischen Königs gegen die Sarazenen als eine Art Abwehrmaßnahme.

Die offensive, auf Bekehrung zielende Ausrichtung des Kreuzzugs gegen die Heiden östlich der Elbe findet sich auch in dem Aufruf Bernhards, allerdings mit mehr Pathos und ungleich aggressiver formuliert, ohne Scheu, der unbegrenzten Gewalt gegen die Heiden das Wort zu reden. Schon der Beginn lässt keinen Zweifel: „Ich zweifele nicht, dass in Eurem Land vernommen wurde und sich die Kunde durch eifrige Erzählung überall verbreitet hat, wie Gott den Geist der Könige und Fürsten entflammt hat, die Heidenvölker zu bestrafen und die Feinde des christlichen Namens von der Welt auszurotten (Ps 149,7)."[45] Dieses löbliche Vorhaben ist Bernhard ein Zeichen für eine Wendung zum Guten, die allerdings den Teufel bangen lässt, zumal er auch gehört habe, „dass die Heiden in voller Zahl das Heil erlangen werden und auch ganz Israel gerettet werden soll".[46] Um das zu verhindern, habe sich nun der Teufel der Heiden bedient, die die Christen schon zu lange ertragen hätten, „da sie deren üble Nachstellungen verleugnen und die Gifthäupter nicht mit ihrer Ferse zertreten".[47]

Dieser Kampf gegen die Heiden sei nicht zuletzt notwendig, weil so der Weg der Kreuzfahrer nach Jerusalem nicht gehindert werde.[48] Und im Anschluss an diesen Gedanken folgt dann der berühmt–berüchtigte Satz: „Weil nämlich der Herr meiner Niedrigkeit anvertraut hat, dieses Wort des Kreuzes zu verkünden,

---

disponunt. Zitiert nach Pommersches Urkundenbuch (wie Anm. 42), Nr. 32, S. 36f.

[45] *Non dubito quin auditum sit in terra vestra, et celebri sermone vulgatum, quomodo suscitaverit spiritum regum Deus et principum ad faciendam vindictam in nationibus et exstirpandos de terra christiani nominis inimcos* (Bernhard von Clairvaux: Epistola 457. In: ders.: Sämtliche Werke. Lateinisch / Deutsch, ed. von Gerhard Winkler, 9 Bde., Innsbruck 1990-1999, hier Bd. 3. Innsbruck 1992, S. 890). Übersetzung ebd., S. 891.

[46] *Sed alium damnum veretur longe amplius de conversione gentium, cum audivit plenitudinem eorum introituram, et omnem quoque Israel fore salvandum.* Ebd. (Übersetzung ebd., S. 891).

[47] *Suscitavit proinde semem nequam, filios sceleratos, paganos, quos, ut pace vestra dixerim, nimis diu sustinuit christianorum fortitudo, perniciose insidiantes dissimulans, calcaneo suo nec conterens capita venenata.* Ebd. (Übersetzung ebd., S. 891)

[48] *Sed quia civit Scpriptura: ANTE RUINAM EXALTABITUR COR, fiet ergo, Deo volente, ut eorum superbia citius humilietur, et non propter hoc impediatur via Ierosolimitana.* Ebd. (Übersetzung ebd., S. 892).

erklären wir nach dem Beschluss des Herrn Königs, der Bischöfe und Fürsten, die in Frankfurt zusammengekommen waren, dass sich die Stärke der Christen gegen jene rüsten soll, dass sie das Zeichen des Heiles auf sich nehme, jene Stämme völlig zu vernichten oder auf immer zu bekehren".[49] Daraufhin verspricht auch Bernhard diesen Kreuzfahrern den Sündennachlass und fügt hinzu: „Denn das untersagen wir ganz und gar, dass sie auf irgendeine Art mit ihnen einen Vertrag schließen; weder für Geld noch durch sonstigen Tribut dürfen sie es tun, bis mit Gottes Hilfe entweder ihre Religion oder ihr Stamm vernichtet ist".[50]

Bis heute gehen die Auffassungen über das, was Bernhard mit diesen Worten gemeint hat, auseinander. Hat er sich hier als Verfechter einer Zwangsmission zu erkennen gegeben, der nicht die Heiden, wohl aber deren politische Autonomie im Fall der Taufverweigerung auslöschen wollte,[51] oder hat er hier der Auslöschung der Heiden jenseits der Elbe das Wort geredet, einen Vernichtungszug gegen die Wenden im Namen Christi gepredigt?[52] Nun lassen schon die zitierten Passagen keinen Zweifel daran, dass Bernhard den Kampf gegen die Heiden mit allen Mitteln gutheißt, gegen die Heiden, die für ihn letztlich ein Unflat sind, der mit dem Schwert zu beseitigen ist.[53] Aber klarer als Eugen III. in der Kreuzzugsbulle rechtfertigt Bernhard zunächst diesen Kampf als einen Verteidigungskampf gegen die mit dem Teufel im Bunde stehen-

---

[49] *[...] quia enim verbum hoc crucis parvitati nostrae Dominus evangelizandum commisit, consilio domini Regis et episcoporum et principum, qui convenerant Frankonovort, denuntiamus armari christianorum robur adversus illos, et ad delendas penitus, aut certe convertendas nationes illas signum salutare suscipere, eamdem eis promittentes indulgentiam peccatorum quam et his qui versus Ierosolimam sunt profecti.* Ebd. (Übersetzung ebd., S. 893).

[50] *Illud enim omnimodis interdicimus, ne qua ratione ineant foedus cum eis, neque pro pecunia, neque pro tributo, donec, auxiliante Deo, aut ritus ipse, aut natio deleatur.* Ebd. (Übersetzung ebd., S. 893).

[51] So Lotter: Die Konzeption (wie Anm. 19), S. 68f.

[52] So Kahl, Hans-Dietrich: Compellere intrare. Die Wendenpolitik Bruns von Querfurt im Lichte hochmittelalterlichen Missions- und Völkerrechts. In: ders.: Heidenfrage und Slawenfrage im deutschen Mittelalter. Ausgewählte Studien 1953-2008 (East Central and Eastern Europe in the Middle Ages 4). Leiden u.a. 2008, S. 483-564, hier S. 525 (zuerst in: ZOF 4 [1955], S. 161-193).

[53] Diese Wendung findet sich im Kreuzzugsaufruf an die Bayern und Ostfranken: *[...] postquam patrum gladiis eliminata est spurcitia paganorum.* Bernhard von Clairvaux: Epistola 363. In: ders.: Sämtliche Werke (wie Anm. 45), Bd. 3, S. 648-661, hier S. 652.

den Heiden. Und in diesem Zusammenhang ist es von Interesse, dass Bernhard sowohl im Aufruf für den Kreuzzug ins Heilige Land, den er für den Hoftag in Regensburg im Februar verfasst hat, als auch im Aufruf zum Wendenkreuzzug den Gedanken aufnimmt, die Heiden könnten am Ende alle bekehrt werden. Im Regensburger Aufruf kommt er auf diese Idee, nachdem er sich gegen die Vernichtung der Juden ausspricht, weil sie der biblisch verbürgten Rettung der Juden in der Endzeit widerspricht.[54] Und im Anschluss daran meint Bernhard, diese Argumentation könne letztlich auch für die Heiden gelten, weshalb man sie eigentlich nicht mit dem Schwert angreifen dürfe. Aber da sie die Christen ja angegriffen hätten, dürfe man dies sehr wohl tun.[55] Und so landet er bei diesem Aufruf wieder bei der traditionellen Begründung eines Kreuzzugs als Verteidigungskrieg.

Im Gegensatz dazu war eine solche Argumentation mit Blick auf den Wendenkreuzzug nicht möglich. Auch wenn einzelne Geschichtsschreiber wie Helmold von Bosau und der Verfasser der Pöhlder Annalen, aber auch Wibald von Stablo als Teilnehmer im Nachhinein ihn als Reaktion auf slawische Angriffe darstellten, so war jedem klar, auf diese Weise diesen Zug niemals überzeugend rechtfertigen zu können, zumal Helmold und dem Pöhlder Annalisten nichts Besseres einfiel, als die slawischen Überfälle auf die dänischen Küsten zur Rechtfertigung heranzuziehen.[56] Religiös

---

[54] Vgl. ebd., S. 658, wo er mit Bezug auf die Situation im Nahen Osten schreibt: *Si Iudei penitus atteruntur, unde iam sperabitur eorum in fine promissa salus, in fine futura conversio?*

[55] *Plane et gentiles, si essent similiter in fine futura subiugati, in eo quidem iudicio essent similiter expectandi quam gladiis appetendi. Nunc autem cum in nos esse coeperint violenti, oportet vim vi repellere eos, qui non sine causa gladium portant.* Ebd., S. 658 und S. 660.

[56] Vgl. Helmold von Bosau: Helmoldi presbyteri bozoviensis chronica Slavorum, hrsg. vom Reichsinstitut für ältere deutsche Geschichtskunde, 3. Auflage bearbeitet von Bernhard Schmeidler (MGH SS rer. Germ. 32). Hannover 1937, I, 62, S. 118: *Tercius signatorum exercitus devotaverunt se ad gentem Slavorum, Obotritos scilicet atque Luticios nobis confines, ulturi mortes et exterminia, quae intulerunt Christicolis, precipue vero Danis.* Jahrbücher von Pöhlde, ed. von Georg Heinrich Pertz (MGH SS 16). Hannover 1859, S. 82: *Eodem modo et significatione qui remanserant principes populorum congregati sunt, uti Sclavorum trans fluvium Albiam commorantium nefarios ausus inhiberent quibus Danorum gentem infinita strage detriverant, cultui divino nichilominus artius eos adplicare cupientes a quo propemodum exorbitaverant.* Wibald von Stablo beließ es in einem Brief an den Bischof von Hildesheim dabei, die Slawen als Verwüster der Kirche Gottes hinzustellen:

konnte der Kriegszug als Kreuzzug allein durch das Bekehrungsziel gerechtfertigt werden, auch wenn es so gar nicht zum herkömmlichen Kreuzzugsgedanken passte. Damit aber erlangte der Ruf nach dem unbedingten Einsatz von Gewalt eine andere Bedeutung, weil er jetzt mit den theologischen Grundlagen des Missionsgedankens in Konflikt geriet, die die Freiwilligkeit des Glaubenswechsels zumeist akzentuierten.[57] Aber im Kern ging es Bernhard an den Stellen, wo er nun zur Vernichtung der Heiden, sollten sie sich nicht taufen lassen, aufrief, überhaupt nicht darum, Aussagen über die Form des Glaubenswechsels zu treffen.

Mit Sicherheit hatte er nichts dagegen, auch Gewalt anzuwenden, um die Voraussetzungen für den Glaubenswechsel zu ermöglichen. Was ihn aber in seinem Frankfurter Aufruf bewegte, war etwas anderes. Es war wie bei Eugen III. die Furcht, die Anführer des Kreuzzugs könnten ihre Aufgabe nicht ernst nehmen und genau das aus dem Auge verlieren, was es überhaupt nur rechtfertigte, dass er diesen Krieg als gottgefälliges, Sünden abwaschendes Werk hinstellte, nämlich die Bekehrung.[58] So gesehen sind die Aufrufe zur Vernichtung der Heiden weniger als konkrete Handlungsanweisungen zu verstehen, denn als Aufforderung an die sächsischen Fürsten, den Kriegszugs als Kreuzzug durchzuführen. Er wollte zeigen, dass dieser Krieg gegen die Slawen eben mehr sein musste, als die bisherigen um Tribute und Zinsleistungen geführten Kriegszüge, die die beteiligten Fürsten Jahr für Jahr dorthin unternommen hatten.[59] Und er musste dies mit aller Macht, mit aller Gewalt, könnte man sagen, demonstrieren, um aller Welt vor Augen zu führen, zu zeigen, dass dieser Kreuzzug eine große Anstrengung sein würde, denn sonst hätten sich die Orientfahrer vielleicht doch gefragt, warum sie die ganzen Strapazen auf sich

---

expensa et milicia. (Das Briefbuch Abt Wibalds von Stablo und Corvey, ed. von Martina Hartmann, 3 Bde. (MGH Briefe der deutschen Kaiserzeit 9). Hannover 2012, Bd. 1, Nr. 124, S. 242).

[57] Vgl. Lotter: Die Konzeption (wie Anm. 19), S. 35-38.
[58] Vgl. Bernhard von Clairvaux: Epistola 457 (wie Anm. 45), S. 892. Das entsprechende Zitat bei Anm. 49.
[59] Siehe oben das entsprechende Zitat bei Anm. 49.

nehmen sollten, wenn man seine Sünden mit Gottes Zustimmung auch mit Grenz- und Nachbarschaftskriegen abwaschen konnte.

Und so mündet denn auch der gesamte Gedankengang in dem Verbot, irgendwelche Verträge mit den Heiden zu schließen, wenn diese nicht zu deren Bekehrung führen würden.[60] Für Bernhard geht es um ein Kämpfen bis zur Bekehrung, nicht um ein Kämpfen, um zu bekehren. Und wenn man seine Botschaft so liest, dann hat man auch keine Probleme damit, dass er nicht von der Alternative Taufe oder Tod spricht, wie etwa Karl der Große oder die anderen Adepten der Zwangsmission, sondern in umgekehrter Reihenfolge zuerst vom Kampf bis zur Vernichtung und dann von der Taufe als Alternative redet.

Der Vorteil, den eine solche Lesart mit sich bringt, liegt auf der Hand. Weder muss man höchst spekulative, zuweilen anachronistische Betrachtungen über die Bedeutung des Begriffes *natio* bei Bernhard anstellen[61] noch ihm bestimmte Endzeiterwartungen unterstellen oder ohne unmittelbaren Anhaltspunkt ihm die Vorstellung zuschreiben, er habe in den heidnischen Slawen Apostaten gesehen und deshalb deren Vernichtung gefordert.[62] Vielmehr erkennt man die Schwierigkeiten Bernhards und Widersprüche gegenüber der herrschende Lehre als Ausfluss seiner Not, aus dem Stand einen herkömmlichen Kriegszug gegen Heiden zu einem gottgefälligen Kampf für die Befreiung der Christenheit deklarieren zu müssen.[63] Bleibt zu fragen, ob die Zeitgenossen schon den

---

[60] *Illud enim omnimodis interdicimus, ne qua ratione ineant foedus cum eis, neque pro pecunia, neque pro tributo, donec, auxiliante Deo, aut ritus ipse, aut natio deleatur.* (Bernhard von Clairvaux: Epistola 457 [wie Anm. 45], S. 892).

[61] Das gilt namentlich für Lotter: Konzeption (wie Anm. 19), S. 38-43.

[62] So Kahl: Compellere intrare (wie Anm. 52), S. 512. Die Bedeutung der Endzeiterwartungen für den Aufruf Bernhards akzentuiert Ders.: „‚... Auszujäten von der Erde die Feinde des Christennamens...'". Der Plan zum ‚Wendenkreuzzug' von 1147 als Umsetzung sibyllinischer Eschatologie. In: ders.: Heidenfrage (wie Anm. 52), S. 631-664 (zuerst in: JbGMOD 39 [1990], S. 133-160), wo er in einem Nachtrag auch auf die bisherige Kritik an seiner Interpretation hinweist.

[63] Im Kern macht der Aufruf den Eindruck einer weitreichenden, durchdachten Konzeption, was dann auch dazu führt, dass man in Bernhard nicht den Motor des Wendenkreuzzugs sehen kann, wie das von Kahl: Wie kam es 1147 zum Wendenkreuzzug? In: ders.: Heidenfrage (wie Anm. 52) (zuerst in: Grothusen, Klaus-Detlev / Zernack, Klaus [Hrsg.]: Europa Slavica – europa Orientalis. FS für Herbert Ludat zum 70. Geburtstag [Osteuropastudien der Hochschulen des Landes Hessen. Reihe 1: Gießener Abhandlungen zur Agrar- und Wirtschafts-

Aufruf als Einladung zur Unterwerfung oder aber zur Vernichtung der Slawen gelesen haben. Und damit komme ich zunächst auf die Umsetzung und dann auf die Wirkung des Kreuzzugsaufrufs und des Kreuzzugs selbst zu sprechen.

III.

Deutliche Spuren hat das Gedankengut Bernhards in den Magdeburger Annalen hinterlassen, wo von den Kreuzfahrern die Rede ist, „die das Zeichen des lebensspendenden Kreuzes angenommen [hatten], gegen die nach Norden zu wohnenden Heiden ausgezogen [waren], um sie entweder dem christlichen Glauben zu unterwerfen oder mit Gottes Hilfe vollständig zu vertilgen".[64] Allerdings belegt dieser Text eigentlich nur, dass der Verfasser den Aufruf Bernhards kannte und demgemäß dann die Motive der Kreuzfahrer beschrieb.

Liest man nämlich den Bericht weiter, erkennt man sehr schnell, dass sich die Kreuzfahrer die genannte Maxime nicht zu eigen gemacht haben. Denn alles, was der Verfasser von diesem Kriegszug zu berichten weiß, sind Verwüstungszüge durch das slawische Land, in deren Verlauf auch ein heidnisches Heiligtum samt den Götzenbildern und der dazugehörigen Ortschaft verbrannt worden sind.[65] Das entspricht ganz und gar den üblichen Formen der Gewaltanwendung im Krieg, und das geben auch die Zeugnisse von den Belagerungen von Dobin und Demmin zu erkennen. Von Massakern oder Blutbädern, wie sie etwa Widukind im Zusammenhang

---

forschung des europäischen Ostens 100]. Berlin 1980, S. 286-296), behauptet wird. Dagegen wandte sich schon Gaethke: Herzog Heinrich (wie Anm. 22), S. 80.

[64] Jahrbücher von Magdeburg, ed. von Georg Heinrich Pertz (MGH SS 16). Hannover 1859, S. 188: *Eodem anno circa festum sancti Petri, divina inspiratione et apostolice auctoritates exortatione et multorum religiosorum ammonitione, magna christiane militiae multitudo contra paganos versus aquilonem habitantes assumpto signo vivifice crucis exiverat, ut eos aut christiane religioni subderet, aut Deo auxiliante omnino deleret.* Übersetzung nach: Die Jahrbücher von Magdeburg (Chronographus Saxo), übersetzt von Eduard Winkelmann (GdV 63). Leipzig 1895, S. 88.

[65] Vgl. ebd.

mit den Slawenzügen Heinrichs I. und Ottos I. schildert, wird nirgends berichtet.[66]

Ja mehr noch, im Grunde genommen bewahrheiteten sich die Befürchtungen des Papstes oder Bernhards. Der erste Heereszug, der von Magdeburg aus ins Land der Slawen einfiel, umging zunächst das Gebiet der Heveller westlich von Brandenburg. Hier herrschte der zum Christentum übergetretene Pribislaw-Heinrich über eine weithin heidnische Bevölkerung, die ein sinnvolles Ziel der Bekehrungsversuche hätte abgeben können, doch Albrecht der Bär hielt es offensichtlich für klüger, in diesem Gebiet von Bekehrungsversuchen abzusehen, um die Herrschaft seines Bundesgenossen nicht zu gefährden.[67] Aber auch der zweite Heereszug unter der Ägide Heinrichs des Löwen setzte nur bedingt die Vorgaben der Kreuzzugspredigten um. Zumindest kritisiert Helmold immer wieder die mangelnde Bereitschaft der Anführer, den Slawen eine vernichtende Niederlage beizubringen.[68] Dies untermauert er dann auch noch mit einem fiktiven Gespräch zwischen zwei Gefolgsleuten Heinrichs des Löwen und Albrechts des Bären, die sich fragen, warum und wofür sie eigentlich ihr eigenes Land und ihr eigenes Volk bekämpfen, wo sie doch damit ihre Einkünfte schmälerten und ihren Lehnsherren Verluste bereiten würden.[69] Anschaulicher konnte der Pfarrer aus Bosau nicht zum Ausdruck bringen, dass die weltlichen Fürsten eigentlich nur wegen des Geldes und der Tribute den Kriegszug durchgeführt hatten.

---

[66] Vgl. die Darstellungen der Siege Heinrichs I. bei Lenzen und Ottos I. an der Raxa in Widukind von Corvey: Die Sachsengeschichte, in Verbindung mit H.E. Lohmann neu ed. von Paul Hirsch (MGH SS rer. Germ. 60). Hannover 1935, I, 36, S. 54, und III, 55, S. 135.

[67] Vgl. Lotter, Friedrich: The Crusading Idea and the Conquest of the Region East of the Elbe. In: Bartlett, Robert / MacKay, Angus (Hrsg.): Medieval Frontier Societies. Oxford 1998, S. 267-306, hier S. 301.

[68] Z.B. Helmold von Bosau: Slawenchronik (wie Anm. 56), I, 65, S. 122f.: *Quotiens enim in congressu vincebantur Slavi, retinebatur exercitus, ne fugitantes insequerentur et ne castro potirentur.*

[69] Siehe ebd., I, 65, S. 122: *Dixerunt autem satellites ducis nostri et marchionis Adelberti adinvicem: Nonne terra, quam devastamus, terra nostra est, et populus, quem expugnamus, populus noster est? Quare igitur invenimur hostes nostrimet et dissipatores vectigalium nostrorum? Nonne iactura haec redundat in dominos nostros?*

Helmold von Bosau erblickte in dem Wendenkreuzzug ein gescheitertes Unternehmen.[70] Im Endeffekt hatten die Fürsten wie seit jeher Krieg gegen die Slawen geführt. Und ähnlich stellte es auch Vinzenz von Prag dar, der im Rückblick in einer fingierten Rede über den Zug nach Stettin feststellen lässt, dass die Sachsen dorthin gezogen seien, um den Bewohnern das Land wegzunehmen, aber nicht, um sie im christlichen Glauben zu befestigen. Und wo Gott nicht dabei sei, so heißt es abschließend, sei es auch mehr als schwierig, zu einem guten Ende zu kommen.[71] Und nicht anders zeitigte auch für Wibald von Stablo der Zug über die Elbe kaum die gewünschte Wirkung.[72] Aber was wollte man auch erwarten? Die Idee war ein Notbehelf und ebenso wenig wie Bernhard darauf vorbereitet war, einen Kreuzzug um der Bekehrung willen zu predigen, so waren die sächsischen Fürsten gedanklich darauf vorbereitet, einen Krieg um der Bekehrung der Slawen willen zu führen.

Die Kreuzzugsbemühungen wurden in einer Zeit entfacht, als sich die sächsischen Fürsten und heidnischen Slawen über Jahrzehnte miteinander arrangiert hatten.[73] Selbstverständlich unterstützten die sächsischen Bischöfe und Magnaten es, wenn die slawischen Fürsten zum christlichen Glauben übertraten und griffen diesen dann auch militärisch unter die Arme.[74] Und sie unter-

---

[70] Vgl. ebd., I, 65, S. 123: *Taliter illa grandis expedicio cum modico emolumento soluta est.* Zu Helmolds und den anderen zeitgenössischen Bewertungen vgl. Kahl, Hans-Dietrich: Zum Ergebnis des Wendenkreuzzugs von 1147. Zugleich ein Beitrag zur Geschichte des sächsischen Frühchristentums. In: ders.: Heidenfrage (wie Anm. 52), S. 667-701 (zuerst in: Wichmann-Jahrbuch für Kirchengeschichte im Bistum Berlin 11/12 [1957/1958], S. 99-120). Vgl. auch Christiansen: The Northern Crusades (wie Anm. 14), S. 62f.

[71] *Sed quia Saxones potius pro auferenda eis terra, quam pro fide christiana confirmanda tantam moverant militiam, episcopi Saxonie hoc audientes cum Ratibor principe et cum Alberto terre illius episcopo consilio de his quae ad pacem sunt habito, plurimis amissis militibus una cum principibus suis ad propria redeunt; ubi etenim Deus non fuit in causa, bono fine terminari difficillimum fuit* (Vinzenz von Prag: Annales a. 1147, ed. von Wilhelm Wattenbach [MGH SS 17]. Hannover 1861, S. 658-683, hier S. 663).

[72] *Reversi ab expeditione Sclavica [...] quam [...] non efficaciter, sed tamen obedienter complevimus [...]*, so ließ Wibald den Bischof von Hildesheim im Rückblick wissen (Das Briefbuch Abt Wibalds [wie Anm. 56], Nr. 124, S. 245).

[73] Vgl. Lotter: The Crusading Idea (wie Anm. 67), S. 284.

[74] Vgl. ebd., S. 281. Vgl. dazu das Verhalten Lothars von Süpplingenburg in seiner Eigenschaft als Herzog von Sachsen. Dazu Röhr, Helmut: Lothar III. und

stützten auch Missionare, wenn sie dort Kirchen aufbauten.[75] Aber ebenso selbstverständlich unterhielten sie freundschaftliche Bindungen zu heidnischen Fürsten, und manche Sachsen verbündeten sich mit diesen gegen ihre Glaubensbrüder, wenn sie sich schlecht behandelt fühlten.[76]

Vor diesem Hintergrund darf man es dann schon wieder als Erfolg der Kreuzzugsprediger ansehen, wenn die Belagerung von Dobin am Ende zu einem Abkommen führte, demzufolge sich die dortigen Slawen taufen ließen und versprachen, die gefangenen Dänen freizulassen. Auch wenn Helmold darüber schimpft, dass die Slawen es anschließend noch ärger trieben, „sie weder die Taufe achteten noch aufhörten, die Dänen zu berauben",[77] so hatten hier doch die Fürsten genau das gemacht, was Bernhard und Eugen III. von ihnen verlangt hatten.

Und von daher wird man der Klage Helmolds und anderer Geistlicher über den Misserfolg des Wendenkreuzzugs nur in Ansätzen folgen wollen.[78] Denn über die Massentaufen bei Dobin hinaus hat der Kreuzzug doch den Missionsgedanken gerade auf sächsischer Seite wieder stärker aktiviert. Nicht von ungefähr begann der Bremer Erzbischof zwei Jahre später damit, die Wiederer-

---

die Befriedigung Wagriens. In: Baudach, Frank / Walter, Axel E. (Hrsg.): Wirken und Bewahren. FS für Ingrid Bernin-Israel. Eutin 2003, S. 239-259, S. 251.

[75] Es sei an dieser Stelle nur auf Vizelin verwiesen, der die Unterstützung Lothars von Süpplingenburg, Adolfs von Schauenburgs und dann Heinrichs des Löwen für seine Missionsaktivitäten in Wagrien erhielt. Vgl. Jordan, Karl: Heinrich der Löwe. Eine Biographie. München 1993 (1979), S. 19f. und S. 30.

[76] So stand Adolf von Schauenburg im Bündnis mit dem Abodriten Niklot, das soweit reichte, dass Niklot den Grafen noch gewarnt haben soll, als er einen Präventivschlag auf dessen Herrschaftsgebiet in den Wege leitete, um den Kreuzzug zu verhindern. Vgl. Lotter: The crusading Idea (wie Anm. 67), S. 292f.

[77] *Statim enim postmodum in deterius coaluerunt, nam neque baptisma servaverunt nec cohibuerunt manus a depredacione Danorum.* (Helmold von Bosau: Slawenchronik [wie Anm. 56], S. 123. Übersetzung nach: Helmold von Bosau: Chronica Slavorum / Slawenchronik. Neu übertragen und erläutert von Heinz Stoob [Ausgewählte Quellen zur deutschen Geschichte des Mittelalters. FSGA 19]. Darmstadt 1963 [ND 2008], S. 229.)

[78] Vgl. auch Kahl: Zum Ergebnis (wie Anm. 52), S. 699, der insgesamt bereits festhielt, dass der Kreuzzug trotz der zeitgenössischen Aussagen „trotz aller unerfreulichen Begleiterscheinungen [...] in weitem Umfang das Ziel erreicht hat." Auch Christiansen: The Northern Crusades (wie Anm. 14), S. 55f., weist auf die Erfolge des Wendenkreuzzugs hin, die deutlich werden, sobald man nicht die strengsten Maßstäbe anlegt.

richtung der Bistümer Oldenburg und Mecklenburg ernsthaft zu betreiben.[79] Und jetzt konnte auch der Bischof von Havelberg sein Bistum wieder betreten und von dort aus seiner Missionsaufgabe nachkommen.[80]

Und noch etwas kommt hinzu. So verstärkten nach 1147 sowohl Heinrich der Löwe als auch Albrecht der Bär ihren herrschaftlichen Zugriff auf die slawischen Marken.[81] Und obschon die Vertreibung der Slawen aus bestimmten Gegenden bereits vor 1147 einsetzte, ebenso wie die bewusste Kolonisierung, so machte sie nach 1147 deutlich Fortschritte.[82] Der Wendenkreuzzug hatte gerade erst allen vor Augen geführt, wer der eigentliche Herr in den elbslawischen Gebieten war. Doch nunmehr kam es diesen Herrn nicht mehr allein darauf an, ihre Einkünfte zu vermehren, sie begannen damit, Schritt für Schritt die elbslawischen Gebiete der eigenen Herrschaft zu unterwerfen und kirchliche Strukturen zu schaffen, die auf die dauerhafte Bekehrung der dort lebenden Heiden abzielten.[83] Auch wenn die nunmehr einsetzende Missionspolitik kaum vom Gedankengut des Kreuzzugsaufrufs von 1147 gegeprägt wurde und weithin ohne unmittelbare physische Gewalt auskam, so ist sie doch nicht ohne den Wendenkreuzzug denkbar, der zumindest wie ein Katalysator gewirkt hat.

Und darüber hinaus haben die mit ihm verbundenen Ideen weiter gewirkt. So erscheint gerade Helmolds kritische Sicht auf das Unternehmen von 1147 als ein Zeichen für ihre Fernwirkung. Denn letztlich macht sich der Pfarrer aus Bosau die Vorstellungen Bernhards von Clairvaux oder Eugens III. zu eigen, als er vom Misserfolg spricht. Er erhebt einen idealen Kreuzzug zum Richt-

---

[79] Vgl. Gaethke: Herzog Heinrich (wie Anm. 22), S. 107.
[80] Vgl. Herrmann: Der Wendenkreuzzug (wie Anm. 2), S. 210f.
[81] Zu Albrecht vgl. Partenheimer: Die Entstehung (wie Anm. 20), S. 72ff., und zu Heinrich dem Löwen siehe Gaethke: Herzog Heinrich (wie Anm. 52), S. 106 und S. 135ff.
[82] Vgl. zur Kolonisation Higounet, Charles: Die deutsche Ostsiedlung im Mittelalter. Berlin 1986, S. 73ff.
[83] Vgl. Lotter: The Crusading Idea (wie Anm. 19), S. 294ff., und bes. zu Heinrich dem Löwen ders.: Heidenkrieg und Wendenmission bei Heinrich dem Löwen. In: Mohrmann, Wolf-Dieter (Hrsg.): Heinrich der Löwe. Göttingen 1980, S. 11-43, hier S. 25 und S. 29ff., mit den Einzelheiten. Im Unterschied zu Lotter geht Gaethke: Herzog Heinrich (wie Anm. 22), S. 145, davon aus, dass Heinrich der Löwe nicht erst Ende der 50er Jahre, sondern direkt nach dem Wendenkreuzzug eine offensive, auf Herrschaftserweiterung abzielende Slawenpolitik betrieben hat.

maß, an dessen Ende die innere Bekehrung aller Slawen gestanden hätte, zu der sie notfalls auch durch den Einsatz von Gewalt gebracht worden wären.[84] Insofern hat der Wendenkreuzzug neue Maßstäbe für den Umgang mit den Heiden gesetzt und eine zusätzliche Legitimation für das Vorgehen gegen die Slawen geschaffen. Bezeichnenderweise nimmt denn auch Helmold im Unterschied zu Adam von Bremen Karl den Großen ins Pantheon der vorbildhaften Heidenkrieger auf.[85]

Solche Vorstellungen brauchten Zeit, aber sie verbreiteten sich dann doch. Und so kann man ähnliche Gedanken in einer Urkunde lesen, die Heinrich der Löwe 1163 für die Propstei der Lübecker Kirche ausstellte: „Während die Gnade Gottes Unseren Unternehmungen Kraft verlieh, haben Wir über die Menge der Slawen in der Weise den Triumpf davon getragen, dass Wir den Gehorsam der Unterwürfigen durch die Taufe zum ewigen Leben, die Widersetzlichkeit der Hochmütigen durch Blutvergießen zum ewigen Tod gelenkt haben."[86]

Für sich selbst mochte der Wendenkreuzzug wenig bewirkt haben, aber er änderte doch allmählich das Denken, weil er zwar eher zufällig, aber dann eben doch nachhaltig den Kreuzzugsgedanken mit dem Missionsgedanken verknüpfte und so künftigen Eroberern und den mit ihnen ins Land kommenden Missionaren eine bessere Legitimation für ihr Handeln lieferte.

---

[84] Vgl. Christiansen: The Northern Crusades (wie Anm. 14), S. 63.

[85] Während Adam von Bremen: Hamburgische Kirchengeschichte, ed. von Bernhard Schmeidler (MGH SS rer. Germ. 2). Hannover / Leipzig 1917, I,8 (9), S. 9f., Karl nur eine untergeordnete Rolle bei der Sachsenmission zuweist, feiert ihn Helmold von Bosau: Slawenchronik (wie Anm. 56), I, 3, S. 9ff., als den größten aller Ausbreiter des Christentums. Vgl. zu Helmold auch Scior, Volker: Das Eigene und das Fremde. Identität und Fremdheit in den Chroniken Adams von Bremen, Helmolds von Bosau und Arnolds von Lübeck (Orbis medievalis. Vorstellungswelten des Mittelalters 4). Berlin 2002, S. 173.

[86] *Celesti pietate vires nostris ministrante successibus sic in multitudinem Sclauorum triumphavimus, quod obedientiam humilium per baptismum, invitam contumatiam superborum per cruoris effusionem in mortem convertentes [...]*; Die Urkunden Heinrichs des Löwen, Herzogs von Sachsen und Bayern, ed. von Karl Jordan (MGH Laien- und Dynastenurkunden der Kaiserzeit 1). Leipzig 1941, Nr. 59, S. 86f.

KURT VILLADS JENSEN

BRING DEM HERRN EIN BLUTIGES OPFER. GEWALT UND MISSION IN DER DÄNISCHEN OSTSEE-EXPANSION DES 12. UND 13. JAHRHUNDERTS

Im Jahre 1219 wurde Reval, das heutige Tallinn, das die stärkste und wichtigste Festung der heidnischen estnischen Bevölkerung bildete, von dem größten dänischen Kreuzzugsheer des ganzen Mittelalters erobert. Die Esten hatten vorher ihre Ältesten zu den Christen gesandt „mit Wörtern des Friedens", aber *in dolo* waren diese betrügerisch und besaßen böse Absichten.[1] Und tatsächlich ließen sich die Repräsentanten der Esten zwar taufen und kehrten zu den ihren zurück, doch drei Tage später griff ein riesiges heidnisches Heer das dänische Lager aus fünf verschiedenen Richtungen an. Die Esten töteten den vor kurzem geweihten Bischof Theodoric, wobei sie glaubten, er wäre der dänische König Waldemar II. Während des Kampfes wurden die dänischen Soldaten von den Heiden hart bedrängt, und nur das resolute Eingreifen des slawischen Kontingents unter der Leitung Fürst Jarimars von Rügen verhinderte die vollständige Niederlage der Kreuzfahrer. Dann jedoch änderte sich das Kriegsglück, und die Dänen kämpften mit ihren Hilfstruppen furchtlos und trieben die Esten zur Flucht, die darauf, so berichtet unsere zeitgenössische Quelle Heinrich von Lettland, von den Dänen, den Deutschen und den Slawen verfolgt wurden. Dabei tötete eine geringe Anzahl von Christen mehr als tausend Heiden. Nach der gewonnenen Schlacht dankten und priesen der König und die Bischöfe den Herrn, weil Er ihnen den Sieg über die Heiden gegeben hatte.[2]

---

[1] Heinrich von Lettland: Henrici Chronicon Livoniae, ed. von Leonid Arbusow / Albertus Bauer (MGH SS rer. Germ. 31). Hannover 1955, XXIII, 2, S. 155.
[2] Ebd., S. 155f.

Fast drei Jahrhunderte später wiederholt eine andere Quelle diese Geschichte.[3] Sie berichtet zudem, dass den Dänen auch vom Anblick der dänischen Fahne mit dem weißen Kreuz auf rotem Grund, die vom Himmel fiel, geholfen wurde. Hierbei handelt es sich zwar um ein spätes Zeugnis, doch ist diese Episode insofern aussagekräftig, als im frühen dreizehnten Jahrhundert allenthalben im übrigen Europa Kreuze und Fahnen am Himmel gesehen wurden.[4]

Das heidnische Reval wurde am 15. Juni 1219 erobert, wobei es sich um kein zufälliges Datum handelt. Ein halbes Jahrhundert zuvor, im Jahre 1168, war der größte heidnische Kultplatz in Nordeuropa, Arkona auf Rügen, von dem dänischen König Waldemar I. ebenfalls am 15. Juni, dem Feiertag des heiligen Vitus, erobert worden.[5] Auch im Anschluss an diese Eroberung wurden Heiden in den folgenden Jahrzehnten blutig abge-schlachtet.

Es besteht ein deutlicher Zusammenhang zwischen der Christianisierung und der Gewaltanwendung im Rahmen der dänischen Ostsee-Expansion. Das gilt ebenso für die Expansion des 12. Jahrhunderts in die wendischen Gebiete wie für das Vordringen im 13. Jahrhundert nach Estland. Wir haben zwei detaillierte, stilbewusste und ideologisch durchdrungene Erzählungen dieser Expansion: zum einen die *Gesta Danorum*, „Die Geschichte der Dänen", verfasst vom Saxo Grammaticus in den Jahren um 1200,[6] und zum

---

[3] Die Noten des dänischen Franziskanerbruders Peder Olsen von 1527. In: Scriptores minores historiæ danicæ medii ævi ex codicibus denuo, ed. von Martin Clarentius Gertz. Kopenhagen 1917-1922, 2 Bde., hier Bd. 1, S. 459f. Siehe auch Bysted, Ane L. / Jensen, Carsten Selch / Jensen, Kurt Villads / Lind, John H.: Jerusalem in the North. Denmark and the Baltic Crusades, 1100-1522. Turnhout 2012, S. 205-209.

[4] Für Nordeuropa, siehe Richard, Jean: The Crusades c. 1071 – c. 1291. Cambridge 1999, S. 287ff.; für Portugal siehe O'Callaghan, Joseph F.: Reconquest and Crusade in Medieval Spain (The Middle Ages Series). Philadelphia 2003, S. 198f.

[5] Für das Datum der Eroberung siehe Bysted / Jensen / Jensen / Lind: Jerusalem in the North (wie Anm. 3), S. 70. Für 1169 argumentieren viele andere Historiker, z.B. Riis, Thomas: Das mittelalterliche dänische Ostseeimperium (University of Southern Denmark Studies in History and Social Sciences 256 = Studien zur Geschichte des Ostseeraumes 4). Odense 2003, S. 28 und anderswo.

[6] Vgl. Saxo Grammaticus: Gesta Danorum, ed. von Karsten Friis-Jensen, übersetzt von Peter Zeeberg (Danmarkhistorien), 2 Bde., Bd. 1: Lateinischer Text, Bd. 2: Dänische Übersetzung. Kopenhagen 2000 und 2005, mit weiteren Literaturhinweisen, und Heinrich von Lettland: Chronicon Livoniae (wie Anm. 1). Zum Saxo Grammaticus siehe auch Riis, Thomas: Einführung in die Gesta

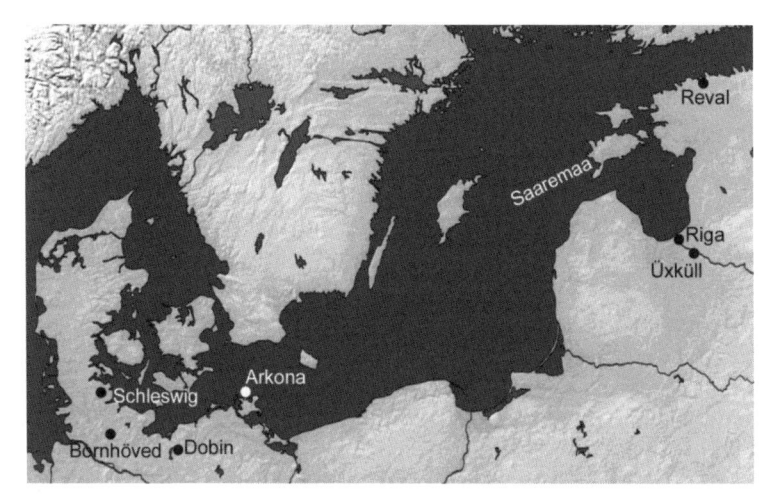

Karte 6: Baltikum während der dänischen Expansion

zweiten „Die livländische Chronik" von Heinrich von Lettland, die im Jahre 1227 vollendet wurde. Auf diese beiden Werke gestützt sollen denn auch im Folgenden die Vorstellungen von Christianisierung und Gewalt so, wie sie sich im 12. und 13. Jahrhundert im Ostseeraum zeigten, erörtert werden.

Die Plünderungen der Wikinger und die Kreuzzüge

Zunächst sei kurz ein Blick auf die größeren historischen Zusammenhänge geworfen, in denen die dänischen Kreuzzüge standen. Diesen voraus gingen die vielen Angriffe und Plünderungszüge, die viele Jahrhunderte lang von den Wikingern regelmäßig in West und Ost, gegen England ebenso wie im Baltikum durchgeführt wurden. Diese Züge verliefen aber nicht nur in eine Richtung. Zumindest die Völker, die an der südlichen Ostsee lebten, griffen ebenfalls immer wieder, vermutlich sogar jährlich, die dänische Küste an. Um 1100 veränderte sich aber die Lage, nachdem die Herrscher in Dänemark und in Südskandinavien zum Christentum bekehrt worden waren. Jetzt waren sie Mitglieder eines europäi-

---

Danorum des Saxo Grammaticus (University of Southern Denmark Studies in History and Social Sciences 276). Odense 2006.

schen Netzwerkes christlicher Könige, die Missionskriege führten, was jedoch nicht ausschloss, dass ihre Kriege auch politischen und ökonomischen Zwecken dienten. Der Glaubenswechsel aber bot ihnen neue Möglichkeiten, um politische Bündnisse zu schließen, vor allem aber lieferte er Ideen, mit denen man die Kriege und die Anwendung von Gewalt ideologisch rechtfertigen konnte.[7]

Nach der Eroberung Jerusalems im Jahr 1099 während des ersten Kreuzzugs stieß die Idee des gottgefälligen Krieges im Ostseeraum sofort auf breitere Resonanz. Dänische Könige und viele Adelige unternahmen die lange Reise ins Heilige Land und kämpften mit anderen lateinischen Christen gemeinsam gegen die Muslime. Aber auch die Expeditionen über die Ostsee gegen die slawischen Heiden wurden jetzt als wahre Kreuzzüge verstanden und mobilisierten noch mehr Dänen.

Die dänischen Kreuzzüge wurden von verschiedenen Stützpunkten aus in unterschiedliche Regionen geführt. Jeden Frühling ritten bewaffnete Krieger von der Stadt Schleswig aus nach Holstein, um dort gegen die Heiden zu kämpfen, Land zu erobern und Kirchen zu gründen.[8] Jeden Sommer segelten andere Krieger von den dänischen Inseln aus nach Süden, landeten in Mecklenburg oder Vorpommern und kämpften gegen andere slawischen Stämme. Während der 1120er Jahre versuchte der schleswigsche Herzog Knut Lavard in einer Allianz mit dem pommerschen Herzog Wartislaw diese beiden Missionsgebiete zu vereinen. Dies geschah durch heftige Kriege gegen die lokalen Stämme;[9] spätere christliche dänische Quellen fassten zusammen, Knut habe „Frieden den Dänen gebracht und Glauben den Heiden, die er gezwungen hat

---

[7] Vgl. Bysted / Jensen / Jensen / Lind: Jerusalem in the North (wie Anm. 3).

[8] Saxo Grammaticus: Gesta Danorum (wie Anm. 6), 13, 3, 2-13, 3, 8, Bd. 2, S. 94-98; Helmold von Bosau: Chronica Slavorum / Slawenchronik. Neu übertragen und erläutert von Heinz Stoob (Ausgewählte Quellen zur deutschen Geschichte des Mittelalters. FSGA 19). Darmstadt 1963, cap. 49, S. 186-190; cap. 53, S. 198ff. Der hier zugrundegelegte Text basiert im Wesentlichen auf der kritischen Ausgabe von Bernhard Schmeidler: Helmold von Bosau: Helmoldi presbyteri Bozoviensis chronica Slavorum, hrsg. vom Reichsinstitut für Ältere deutsche Geschichtskunde, 3. Auflage bearbeitet von Bernhard Schmeidler (MGH SS rer. Germ. 32). Hannover ³1937. Vgl. Jensen, Kurt Villads: Korstog ved verdens yderste rand. Danmark og Portugal ca. 1000 til ca. 1250 (University of Southern Denmark Studies in History and Social Sciences 418). Odense 2011, S. 328f., S. 374.

[9] Vgl. Bysted / Jensen / Jensen / Lind: Jerusalem in the North (wie Anm. 3), S. 34ff.

von ihren inhalts- und gottlosen Riten zu lassen und unter der Übereinkunft des Friedens an Christus zu glauben".[10] Auf ähnliche Weise wurde Knuts Sohn, König Waldemar I., in seiner Grabschrift von 1182 als der „Wiederhersteller des Friedens" bezeichnet – *pacis restaurator*. Er hatte jedes Jahr gegen die Heiden Missionskriege geführt – inwieweit diese als wahre Kreuzzüge bezeichnet werden können, ist vieldiskutiert.[11]

Trotz der Bürgerkriege zwischen verschiedenen Königen in den Jahren 1131 bis 1157 wurden die Kreuzzüge weitergeführt, manchmal von brüchiger Waffenruhe unterbrochen, so als sich einer der dänischen Könige mit heidnischen Fürsten verbündete, um gegen rivalisierende Könige zu kämpfen. Im Jahr 1147 koalierten König Knut und König Sven eine gewisse Zeit, um zusammen während des zweiten Kreuzzugs und im Bündnis mit einem sächsischen Reiterheer gegen die Slawen bei Dobin zu kämpfen.[12]

1157 war Waldemar I. der einzige Überlebende, er hatte im Bürgerkrieg gesiegt und herrschte nun allein. Er verstärkte seinen Kriegseinsatz gegen die Heiden und in den folgenden 15 Jahren leitete er mit insgesamt rund 20 Kreuzzügen mehr als einen pro Jahr. Manchmal führten die dänischen Krieger eine Frühlingsexpedition durch und kehrten danach zurück auf ihre eigenen Ländereien um zu ernten. Im Spätsommer folgte dann die nächste Expedition, bei der sie die Ernten der Heiden zerstörten.[13]

Ein Höhepunkt der dänischen Kreuzzüge war die Eroberung Arkonas auf Rügen im Jahr 1168. Arkona war das bedeutendste heidnische Kultzentrum im Ostseeraum und wohl die stärkste

---

[10] Aus der Heiligsprechungsliturgie 1170. In: The Offices and Masses of St. Knud Lavard (+ 1131) (Kiel, Univ. Lib. MS S.H. 8 A.8°), reproduced in facsimile, transcribed and edited by John Bergsagel. With an essay on the historical background by Thomas Riis (Wissenschaftliche Abhandlungen [Institute of Medieval Music] 65), Bd. 1: Facsimile, Bd. 2: Edition. Kopenhagen 2010, hier Bd. 2, S. 16: *Pacem Danis et paganis fidem sanctus contulit/ quos a vanis et prophanis ritibus recedere/ et in Christum credere compulit sub pacis federe.*

[11] Dafür argumentieren Bysted / Jensen / Jensen / Lind: Jerusalem in the North (wie Anm. 3); eine nuanciertere Haltung repräsentiert Fonnesberg-Schmidt, Iben: The Popes and the Baltic Crusades 1147-1254 (The Northern World 26). Leiden 2007.

[12] Saxo Grammaticus: Gesta Danorum (wie Anm. 6), 14, 3, 6-14, 3, 9, S. 162ff.; Helmold von Bosau: Chronica Slavorum / Slawenchronik (wie Anm. 8), cap. 65, S. 228.

[13] Saxo Grammaticus: Gesta Danorum (wie Anm. 6), 16, 6, 8, S. 536; vgl. 16, 5, 10 und 16, 6, 1, S. 530.

heidnische Festung in ganz Nordeuropa. Rügen wurde christianisiert und dem Bistum Roskilde unterstellt, Kirchen wurden erbaut und neue zisterziensische Missionsklöster gegründet.[14] Als Anerkennung für den Einsatz König Waldemars wurde dessen Vater, Knut Lavard, 1170 von Papst Alexander III. heiliggesprochen und dessen Gebeine feierlich in die Kirche von Ringsted auf Seeland überführt, wo sie in einem neuen Schrein auf dem Hochaltar ihren Platz fanden.[15] Im Jahr 1171 erweiterte der Papst das Zielgebiet der nördlichen Kreuzzüge und rief in mehreren Briefen Dänen, Schweden, und Norweger zu Kampf und Verteidigung gegen die im östlichen Teil der Ostsee lebenden Heiden, vornehmlich die Finnen und Esten, auf.[16] Von unmittelbaren Auswirkungen des päpstlichen Aufrufs finden wir keine Spuren. Die Kreuzzüge in slawische Gebiete wurden aber weitergeführt bis König Knut VI. in den 1180er Jahren die Unterwerfung des ganzen Gebietes erreicht zu haben glaubte und zu seinen übrigen Titeln auch den des „Königs der Wenden" hinzufügte.[17] Bis 1972 blieb diese Bezeichnung Teil des offiziellen Titels des dänischen Königs.

Um 1200 fand überall im Europa eine technologische und militärische Revolution statt, die den Aktionsradius der Heere beträchtlich erweiterte. Vor diesem Hintergrund konnte König Waldemar II. im Jahr 1203 die ersten Vorbereitungen der Estland-Kreuzzüge vornehmen. Schon drei Jahre später folgte 1206 die Eroberung Ösels, des heutigen Saaremaa.[18] Vor dem Winter mussten sich die dänischen Kreuzfahrer zwar zurückziehen, aber in den folgenden Jahren wurden mehrere dänische Kreuzzüge nach Estland durchgeführt, öfters unter der Leitung des Neffen des Königs, Albrecht von

---

[14] Bysted / Jensen / Jensen / Lind: Jerusalem in the North (wie Anm. 3), S. 66-81, mit einem Vergleich der verschiedenen Darstellungen bei Saxo Grammaticus und Helmold von Bosau.

[15] Vgl. die Einleitung in The Offices and Masses (wie Anm. 10).

[16] Diplomatarium Danicum. Udg. Ved Det Danske Sprog- och Literaturselskab. Kopenhagen 1938, hier 1. Reihe, Bd. 3, Teil 1: Diplomer 1170-1199, Nr. 26-28. Vgl. Fonnesberg-Schmidt: The Popes and the Baltic Crusades (wie Anm. 11), S. 52-65.

[17] Zum ersten Mal belegt in einer Urkunde vom 22. Januar 1193 (Diplomatarium Danicum [wie Anm. 16], 1/3, Nr. 189). Zwischen dem 20. November 1187, als Knut sich lediglich als König der Dänen bezeichnete (ebd., 1/3, Nr. 143), und 1193 sind keine königlichen Urkunden aus Dänemark bekannt.

[18] Wichtigste Quelle ist Heinrich von Lettland: Chronicon Livoniae (wie Anm. 1), X, 13, S. 43.

Orlamünde. Das Verhältnis zum Missionsbistum Riga und dem kleinen, aber militärisch erfolgreichen Schwertbrüderorden war kompliziert und oft konkurrenzbetont, aber am Ende wurden die Liven und Esten von beiden Seiten so hart bedrängt, dass eine dauerhafte Eroberung im Bereich des Möglichen lag.

1219 segelte die größte dänische Kreuzzugsflotte des ganzen Mittelalters nach Estland. Von 1.500 Schiffen berichten zeitgenössische Quellen, was vielleicht übertrieben ist, aber doch mit der damaligen dänischen Heeresorganisation möglich gewesen wäre.[19] Die Hauptfestung Reval wurde nach harten Kämpfen erobert, wie oben bereits berichtet. Damit einhergehend wurde ein Kreuzfahrerstaat gegründet, der bis 1346 unter der Herrschaft des dänischen Königs stand und danach an den Deutschen Orden verkauft wurde. Während dieser Zeit kam es zu mehreren Aufständen gegen die dänischen Herrscher, die sowohl religiös als auch sozial begründet waren.[20]

Die dänische Kreuzzugsexpansion war aber mit der Eroberung Estlands 1219 bis 1223 in der Praxis zum Erliegen gekommen. 1223 wurden König Waldemar und sein Sohn von seinem Vasall Heinrich von Schwerin gefangengenommen. Nach lange dauernden Verhandlungen wurde der König freigesetzt, worauf er sofort versuchte sich zu rächen und sein politisches Prestige mit militärischen Mitteln wiederherzustellen. Allerdings verlor er die entscheidende Schlacht bei Bornhöved im Jahr 1227.[21] Danach mussten dänische Kreuzzugsversuche im Baltikum für Jahrzehnte aufgegeben werden.

Wenden wir uns jetzt wieder den zeitgenössischen Berichten zu, um zu sehen, wie die dänischen Kreuzzüge im 12. und frühen 13. Jahrhundert faktisch durchgeführt wurden. Warum waren sie so grausam?

---

[19] Annalen aus Ribe und aus Rudekloster. In: Danmarks middelalderlige annaler, ed. von Erik Kroman. Kopenhagen 1980, S. 170, S. 232, S. 259.
[20] Bysted / Jensen / Jensen / Lind: Jerusalem in the North (wie Anm. 3), S. 205-209, S. 291-302, bes. S. 321f.
[21] Riis: Dänisches Ostseeimperium (wie Anm. 5).

Saxo Grammaticus und Heinrich von Lettland – Zwei überzeugte Vertreter des Kreuzzugsgedankens

Saxos Werk ist ein hervorragendes Beispiel der aristokratischen gelehrten Literatur des Hochmittelalters. Es ist durchdrungen von Totschlag, Grausamkeiten, Blutvergießen und ähnlichen Heldentaten, die sowohl von Christen an ihresgleichen als auch an Heiden begangen werden. Wenn Saxo aber über die Feldzüge gegen die heidnischen Wenden berichtet, scheinen die Kriege gewalttätiger gewesen zu sein als diejenigen gegen christliche Völker. Als die Dänen auf einer der regelmäßigen Sommerex-peditionen gegen Vorpommern eine so große Menge an Vieh gestohlen hatten, dass sie täglich neue Hirten finden mussten, um die Haustiere zu den Schiffen zu treiben, fügte Saxo hinzu, dass die Wenden für die Dänen keine Gefahr mehr darstellten. Das ganze Land sei nämlich jetzt öde, weil alles so vollständig niedergebrannt sei, dass die Vögel kein Strohdach mehr finden könnten und es nötig hätten, ihre Nester in die Takelage der dänischen Schiffe zu bauen.[22]

An anderer Stelle berichtet Saxo von systematischen Jagden auf Sklaven oder die Köpfe der Heiden. Die Köpfe wurden an den dänischen Stränden auf Stäben als abschreckendes Beispiel aufgestellt. Die Furcht vor den Dänen war so verbreitet und so wohlbegründet, dass viele Heiden ins Meer sprangen und lieber ertrinken wollten, als in die Hände der Dänen zu fallen.[23] An einer Stelle stellt Saxo in einer kurzen Charakterisierung König Waldemars fest, dass der König während dieser Jahre viel Beute im Land der Wenden gewonnen habe, aber keinen richtigen Kampf ausgefochten hätte, der seine ‚Lust am Blutvergießen' hätte zufriedenstellen können.[24]

Heinrichs Chronik von Livland mit ihren ausführlichen Beschreibungen von Feldzügen könnte wohl auch als aristokratisch bezeichnet werden, aber sie ist – im Gegensatz zu Saxo – in einer von der Bibel und der Liturgie geprägten Sprache abgefasst und behandelt ausschließlich religiöse Kriege im Baltikum.[25] Die

---

[22] Saxo Grammaticus: Gesta Danorum (wie Anm. 6), 14, 57, 4, S. 470.
[23] Ebd., 16, 5, 5, S. 526.
[24] Ebd., 14, 39, 1, S. 354.
[25] Vgl. zu Heinrich von Lettland: Tamm, Marek / Kaljundi, Linda / Jensen, Carsten Selch (Hrsg.): Crusading and Chronicle Writing on the Medieval Baltic Frontier. A Companion to the Chronicle of Henry of Livonia. London 2011.

Schilderungen von Ausrottungen der Heiden finden sich auf fast jeder Seite. „Die Kreuzfahrer marschierten Tag und Nacht und kamen nach Sakkala und fanden in allen Dörfern Männer und Frauen und Kinder in ihren Häusern, und sie töteten alle von morgens bis abends, sowohl Frauen als auch deren Kinder und 300 von den besten und ältesten Männern und viele andere ohne Zahl, bis Hände und Arme müde waren vom Töten."[26] Oder später: „Sie kamen zu den Gebieten am Meer und teilten das Heer in kleinere Gruppen und drängten auf verschiedenen Wegen in das Land hinein und plünderten, und sie töteten alle Männer, die sie trafen, alle Frauen und Kinder wurden versklavt, viel Vieh nahmen sie mit als Beute, und alle Dörfer und Häuser überließen sie dem Feuer. Das Heer sammelte sich jetzt in der Mitte des Landes und genoss einige Tage lang die Ruhe."[27] Diese Truppen umfassten sowohl deutsche als auch dänische Kreuzfahrer.

Wie sollte man diesen systematischen Völkermord und diese Massentötung verstehen? Es geht um Krieg gegen Heiden und um die Bekehrung zum Christentum, aber warum mussten so viele Menschen ihr Leben verlieren, warum musste das Land so grundsätzlich zerstört und verwüstet werden? Es gibt dazu verschiedene Deutungsmöglichkeiten, die hier kurz vorgestellt werden sollen.

Zynische oder vielleicht eher praktisch orientierte Historiker haben vorgeschlagen, dass das Töten in mittelalterlichen Kriegen grundsätzlich von praktischen Überlegungen diktiert war.[28] Es war unmöglich eine große Anzahl von Gefangenen mitzunehmen oder jedenfalls größere Mengen von männlichen Gefangenen zu bewachen, um Aufruhr zu vermeiden. Das könnte wohl richtig sein, aber es wird selten direkt ausgedrückt in den mittelalterlichen Quellen, und erfolgreiche Expeditionen mit manchmal mehreren hundert Gefangenen und mit Vieh und anderer Beute konnten im Feindesland für längere Zeit operieren, wie es auch Saxo und Heinrich an mehreren Stellen bezeugen.

Eine viel interessantere praktische Überlegung ist die prekäre Balance zwischen Schrecken und Großmütigkeit. Auf der einen Seite sollte der Feind mit Macht besiegt und gezwungen werden,

---
[26] Heinrich von Lettland: Chronicon Livoniae (wie Anm. 1), XII, 6, S. 64f.
[27] Ebd., XXI, 5, S. 145.
[28] Siehe McGlynn, Sean: By Sword and Fire. Cruelty and Atrocity in Medieval Warfare. London 2008.

sich und sein Land den Kreuzfahrern zu übergeben. Dazu war die Bedrohung mit dem Tod hilfreich. Auf der anderen Seite sollte der Feind aber auch die Hoffnung nicht aufgeben, dass die Kreuzfahrer auch Gnade walten lassen konnten und ihn vielleicht am Leben ließen. Das war wichtig, um den Feind zur Kapitulation zu bewegen.

Ein solches Dilemma zeigt sich ganz deutlich, als die heidnischen Verteidiger Arkonas aufgrund der Bedrohung durch Feuer und die dänischen Waffen den Widerstand aufgaben. Der dänische König verlangte, dass die Wenden alle christlichen Gefangenen freigäben, dass sie den christlichen Glaube nach dänischer Art – *danico ritu* – annähmen, dass sie alles Eigentum ihres heidnischen Gottes Swantewit den neuen christlichen Kirchen übergäben und dass sie des Weiteren dem König Militärdienst leisteten. Unter diesen Bedingungen würde ihr Leben verschont werden.[29]

Die Reaktion unter den dänischen Kreuzfahrern war Erstaunen und Wut. Sie führten an, dass sie dann ihr Blut vergebens vergossen hätten und dass sie ohne die ‚Prämie des Siegers' einer befriedigenden Rache beraubt würden. Sie drohten dem König damit, ihn zu verlassen, falls es ihnen verboten werden würde, die Stadt und Festung Arkona zu plündern.[30]

Was die ‚Prämie des Siegers' faktisch war, ergibt sich sofort aus Saxos Erzählung. König Waldemar überlegte nämlich nun mit den Befehlsmännern und Reitern, ob er die Kapitulation Arkonas akzeptieren oder ob er vielmehr die Festung erobern und vollständig ausplündern lassen solle. Darauf folgte eine interessante Diskussion: Bischof Absalon argumentierte, dass, obwohl es für die Dänen möglich wäre Arkona zu erobern, es ein langwieriger und teurer Sieg wäre; denn die übrigen heidnischen Städte auf Rügen würden sich dann mit allen Mitteln und bis zum letzten Mann gegen die Dänen verteidigen, weil sie nach dem Schicksal Arkonas alle Hoffnungen auf eine milde Behandlung verloren haben würden. Aber wenn der König das Angebot der Kapitulation annähme, könnte er auch hoffen, die anderen Städte auf Rügen ohne Schwertschlag zu unterwerfen. Hier handelt es sich also ausschließlich um strategische Überlegungen.[31]

---

[29] Saxo Grammaticus: Gesta Danorum (wie Anm. 6), 14, 39, 25, S. 366.
[30] Ebd., 14, 39, 25, S. 366.
[31] Ebd., 14, 39, 27, S. 368.

Der nächste Ratgeber des Königs war Erzbischof Eskil, ebenfalls aus vornehmer aristokratischer Familie. Er bemerkte zum einen, dass hohe Männer den niedriger gestellten niemals gehorchen sollten, und zum anderen, dass der größte vorstellbare Sieg über ein heidnisches Volk Tributzahlungen und eine Unterordnung unter die christliche Kirche beinhalten würde. Erst als drittes Argument fügte er hinzu, dass es ehrenvoller sei, die Feinde zu unterwerfen als sie abzuschlachten und zu töten, weil Barmherzigkeit besser als Strenge sei. Dann stimmte er Absalon zu, dass es einfacher sei, die Übergabe Arkonas zu akzeptieren, um so die anderen heidnischen Städte zu gewinnen.[32] Offenkundig waren die Ratschläge Absalons und Eskils vor allem praktischer Natur. Sie nahmen Rücksicht auf militärische Umstände, nur als dritter Aspekt wurde kurz das christliche Barmherzigkeitsgebot erwähnt.

Die Bekehrung der Heiden zum Christentum wurde häufig als ein wichtiges Ziel der erwähnten dänischen Kreuzzüge hingestellt, hier durch Absalon und Eskil, oft aber auch von anderen Personen an anderer Stelle in Saxos Bericht. Es bleibt unklar, inwieweit Saxo überhaupt einen Gegensatz zwischen Mission und Gewalt sieht – ein solcher wird zumindest nicht direkt von ihm angesprochen und ist in den Dialogen Absalons und Eskils nicht zu erkennen.

Der fehlende Widerspruch ist aber theologisch bedenklich, weil die Kirche ständig und auch in Kreuzzugszeiten festgehalten hat, dass erzwungene Bekehrung unmöglich und ungültig sei.[33] Nichtsdestoweniger ist vorstellbar, dass es im Ostseeraum um 1200 noch immer Reminiszenzen an die bernhardinische Lehre gab. Bernhard von Clairvaux hatte in seinen Predigten zum zweiten Kreuzzug in den Jahren 1146 bis 1147 auch zum Krieg gegen die slawischen Heiden aufgerufen. Die Christen im Norden sollten sich bewaffnen und gegen diese Heiden kämpfen, „um diese Völker vollständig zu vernichten oder sie mit Sicherheit zum Christentum zu bekehren".[34]

---

[32] Ebd., 14, 39, 28, S. 368.
[33] Augustinus: Tractatus in Ioannis Evangelium. In: Patrologia latina 35, ed. von Jacques Paul Migne, col. 1379-1976, hier lib. 26, cap. 2, col. 1607. Gratian: Decretum magistri Gratiani, ed. von Emil Friedberg (Corpus iuris canonici 1). Leipzig 1879, col. 939, pars 2, c. XXXIII, q. 5, c. 33.
[34] *ad delendas penitus aut certe convertendas nationes illas*, Bernhard von Clairvaux: Brief 457. In: Mecklenburgisches Urkundenbuch, ed. vom Verein

Wie genau man die diese Formulierung verstehen sollte, ist unter den Forschern sehr umstritten, aber meiner Meinung nach bedeutet sie ganz einfach ‚Taufe oder Tod'. Im Wissen um die Vorstellungen einer Autorität wie Bernhard könnte Saxo mit gutem Gewissen auch von der Christianisierung der Wenden berichten, ohne sich von der Gewaltanwendung zu distanzieren.

Gleicherweise ist diskutiert worden, ob eine friedliche Mission am Ende des zwölften Jahrhunderts im Ostseeraum um eine Schwertmission ergänzt wurde und die Gegensätze zu den Heiden also stärker geworden waren.[35] Mit so wenigen frühen Quellen ist die Frage schwer zu beantworten, aber der allgemeine Eindruck ist, dass Gewalt gewöhnlich in Missionskriegen Praxis war, aber theologisch unterschiedlich beurteilt wurde.

Wenden wir uns jetzt wieder Heinrich von Lettland zu, der im Gegensatz zu Saxo seine Stellung zu Gewalt und Mission von Anfang an deutlicher formuliert. Für ihn konnten die ehemaligen Heiden, wenn sie erst einmal getauft worden waren, mit allen Mitteln gezwungen werden, dem Christentum zugehörig zu bleiben und dem christlichen Glauben nicht wieder den Rücken zu kehren. Als die ersten Liven zum wahren Glauben bekehrt waren, reiste Bischof Theodoric zu Papst Cölestin II., erzählte vom Erfolg der Mission und „[a]ls dieser [der Papst] die Zahl der Getauften vernommen hatte, erachtete er es als richtig, diese nicht zu verlassen, sondern entschied sich dafür, sie zum Bleiben in dem Glauben, den sie freiwillig gelobt hatten, zu zwingen".[36] So schreibt es Heinrich von Lettland. Dafür versprach der Papst den baltischen Kreuzfahrern den gleichen Ablass wie denen, die nach Jerusalem fuhren.[37]

Durften die Heiden nach Heinrich auch zur Taufe gezwungen werden? Vermutlich nicht. Heinrich gibt eine Diskussion zwischen

---

für Mecklenburgische Geschichte und Altertumskunde. Schwerin 1863, Bd. 1, Nr. 31.

[35] Fonnesberg-Schmidt: The popes and the Baltic Crusades (wie Anm. 11), S. 73ff.; Jensen, Carsten Selch: The Nature of the Early Missionary Activities and Crusades in Livonia, 1185-1201. In: Bisgaard, Lars / Jensen, Carsten Selch / Jensen, Kurt Villads / Lind, John (Hrsg.): Medieval Spirituality in Scandinavia and Europe. A Collection of Essays in Honour of Tore Nyberg. Odense 2001, S. 121–137.

[36] Heinrich von Lettland: Chronicon Livoniae (wie Anm. 1), I, 12, S. 6f.

[37] So Heinrich von Lettland, ebd.: *Remissionem quippe omnium peccatorum indulsit omnibus, qui ad resuscitandam illam primitivam ecclesiam accepta cruce transeant*. Es ist keine Kreuzzugsbulle erhalten.

heidnischen Liven und Bischof Bertold wieder. Der Bischof kam mit seinen Kreuzfahrern nach Livland, und die Liven fragten warum. Bertold erklärte, dass neue Christen öfters, wie Hunde zum Gespienen, zum Heidentum zurückgekehrt seien. Die Liven antworteten: „[N]ötige jene, die den Glauben annahmen, ihn zu bewahren, die anderen gewinne für ihn durch Worte, nicht durch Schläge."[38] Diese Aussage ist gute christliche mittelalterliche Theologie und sollte wohl, auch wenn sie den Heiden in den Mund gelegt wurde, als Ausdruck der Auffassung Heinrichs verstanden werden.

Spirituelle Gewalt: *zelus* und Rache

Viele der Kriege und Feldzüge in den Werken Heinrichs und Saxos waren aber weder gegen Apostaten gerichtet noch Mittel zu einer gewaltsamen Bekehrung. Sie waren vielmehr Ausdruck eines Verständnisses anderer, eher geistlicher oder spiritueller Verbindungen zwischen Mission und Gewalt.

Vor kurzem hat die amerikanische Historikerin Susanna Throop Wörter und Begriffe in Kreuzzugstexten, die in unserem heutigen Verständnis wohl ausschließlich als von ‚emotionaler Natur' anzusehen sind, als zentrale Elemente der mittelalterlichen systematischen Theologie untersucht.[39] Ihren Ansatz hat kürzlich der finnische Historiker Mikka Tamminen in einer noch nicht veröffentlichten Doktorarbeit weiterentwickelt.[40]

Ein Beispiel für solche Begriffe ist das lateinische Wort *zelus*, das ‚Begeisterung' oder eher ‚Eifer' meint. Viele Kreuzfahrer hatten ‚mit Eifer' die Feinde angegriffen und Blut vergossen, schreiben die mittelalterlichen Autoren, und der moderne Leser meint sofort zu wissen, was damit gemeint ist. Aber für die mittelalterlichen Leser, die auch nur eine oberflächliche Kenntnis der Bibel besaßen, erweckte das Wort ganz andere Assoziationen. *Zelus* meinte auch die heilige Wut oder den heiligen Zorn, der den alttes-

---

[38] Ebd., II, 5, S. 9f.
[39] Throop, Susanna A.: Crusading as an Act of Vengeance, 1095–1216. Farnham 2011.
[40] Vgl. Tamminen, Miikka: Ad crucesignatos et crucesignandos. Crusade Preaching and the Construction of the 'True' Crusader in the 13th Century. Unveröffentlichte Dissertation, Universität Tampere 2013.

tamentlichen Priester Pinehas dazu bewog, den Israeliten und die Midianiterin, die Geschlechtsverkehr miteinander hatten, mit seinem Speer durch den Bauch zu stoßen.[41] Diese Handlung gefiel dem Herrn und sie wandte den Zorn oder Grimm Gottes von den Israeliten ab.

Das Wort *zelus* kommt überhaupt nicht vor in Saxos archaisierendem Stil, obwohl er viele andere Bezeichnungen für Eifer wie etwa *ardor* und *aemulatio* oder aber Verbindungen mit *cupiditas* verwendet, die er manchmal auch mit religiösen Konnotationen benutzt.[42] Heinrich verwendet nur einmal *zelus*, aber in einem signifikanten Zusammenhang. Als die Kreuzfahrer erfuhren, dass die vor kurzem bekehrten Liven zum Heidentum zurückgekehrt waren, wurden sie vom Eifer für Gott inspiriert und verfolgten die Liven. Als es aber unmöglich war diese zu töten, brannten sie all ihre Häuser nieder.[43] Der Eifer für Gott war hier also direkt ein Grund für die Anwendung von Gewalt.

Andere Autoren im Ostseeraum benutzen den Begriff *zelus*, einige davon sehr häufig. Saxos Zeitgenosse Helmold von Bosau verwendet ihn nur zweimal, wobei er das eine Mal gerade Bischof Vizelin, den Missionar unter den Slawen, charakterisiert.[44] Ihn erfasste ein glühender Eifer, das Wort Gottes zu verbreiten. Da Herzog Heinrich der Löwe mit Erfolg gegen die Heiden gekämpft hatte, war dies jetzt möglich.

Heinrich von Lettlands Zeitgenosse Arnold von Lübeck benutzt den Begriff *zelus* verhältnismäßig sehr häufig, manchmal ganz allgemein, aber meistens in Verbindung mit einer Mission und einem Kreuzzug. Er berichtet über den zweiten und den dritten Kreuzzug nach Palästina und den *zelus* der europäischen Kreuzfahrer für das Haus Gottes, aber auch über den *zelus justicie*, den Eifer für Gerechtigkeit, in den Streitigkeiten in Sachsen und in Holstein. Besonders interessant ist seine Charakterisierung von Bischof Absalon, der war *zelo iusticie accensus et armatura Dei procingtus*

---

[41] Die Bibel: 4. Mos 25, 8.
[42] Z.B. *vindicandae religionis cupientissimi*, Saxo Grammaticus: Gesta Danorum (wie Anm. 6), 14, 3, 6, S. 162.
[43] Heinrich von Lettland: Chronicon Livoniae (wie Anm. 1), IX, 8, S. 30.
[44] Helmold von Bosau: Chronica Slavorum / Slawenchronik (wie Anm. 8), cap. 46, S. 180.

in promovenda religione[45]: „Er war glühend von Eifer in Gerechtigkeit und mit der Bewaffnung Gottes ausgerüstet, um die Religion zu verbreiten." Aus dem vorhergehenden Abschnitt bei Saxo geht klar hervor, dass es sich hier um die Mission im slawischen Gebiet des Ostseeraums handelt.

Andere zentrale und viel häufiger benutzte Begriffe waren *vindicta* und *ultio,* beide im Sinne von ‚Rache' oder ‚Vergeltung'. „Der Tag der Rache des Herrn und das Jahr der Vergeltung",[46] davon spricht der Prophet Jesaja, und Psalm 149 berichtet von den Heiligen mit scharfen Schwertern in den Händen, dass sie Rache an den Heiden nahmen.[47] Sicher hat Gott gesagt: „die Rache ist mein, ich will vergelten",[48] aber Kreuzzugstheologen argumentierten, dass Gott diese Rache oft durch seine Kreaturen, seine Geschöpfe ausüben konnte.

Susanna Throop behauptet, dass das Thema Rache erst gegen Ende des zwölften Jahrhunderts allgemein in den Kreuzzugsgedanken einfloss.[49] Darüber lässt sich streiten, wobei auf frühere Beispiele verwiesen werden kann. Auf jeden Fall aber ist die Idee der Rache sehr wichtig, sowohl für Saxo als auch für Heinrich.

Als der zweite Kreuzzug gepredigt wurde, wütete ein langer Bürgerkrieg in Dänemark, aber die kämpfenden Könige legten ihren Streit bei, schlossen Frieden und verwendeten ihre Schwerter zur Rache des Göttlichen – *sacrorum vindicta*.[50] Die Sachsen waren *cupientissimi* – d.h. vom Eifer erfüllt –, die christliche Religion zu rächen.[51] Die Rache erfolgte teilweise in Bezugnahme auf Gott, teilweise in Bezugnahme auf seine Heiligen. Als die Heiden auf Rügen ein Abbild des christlichen Missionars Vitus schufen, hatte der Heilige Vitus Anspruch auf ihre Bestrafung, so schreibt Saxo.[52] Manchmal vermischten sich göttliche und menschliche Rache. In der vorhergenannten Episode, während der Belagerung Arkonas, argumentierten die gemeinen Kreuzfahrer zudem gegen den König,

---

[45] Arnold von Lübeck: Arnoldi Chronica Slavorum, ed. von Johann Martin Lappenberg und Georg Heinrich Pertz (MGH SS 21). Hannover 1868, III, 5.
[46] Die Bibel: Jesaja 34, 8.
[47] Die Bibel: Psalm 149, 6-7.
[48] Die Bibel: Römer 12, 19.
[49] Vgl. Throop: Crusading (wie Anm. 39), S. 74f. und passim.
[50] Saxo Grammaticus: Gesta Danorum (wie Anm. 6), 14, 3, 5, S. 160.
[51] Ebd., 14, 3, 6, S. 162.
[52] Ebd., 14, 39, 13, S. 360.

dass sie ohne die blutige Eroberung die Möglichkeit der willkürlichen, grenzenlosen Rache verlören – *injuriarum ultio proprio arbitrio* – und damit auch die ‚schönste Rache' – *speciosissima vindicta* – für die heidnischen Übergriffe und Plünderungen in Dänemark.[53] Am Ende werden alle diese Gedanken von Saxo zusammengefasst, als er die ersten Wunder unter den kürzlich bekehrten Wenden als Ausdruck der Taten des Herrn deutet. Gott selbst gebe denen, die an Ihn glaubten, eine Belohnung, und Gott selbst räche sich an denen, die Ihn und seinen Kult verachteten, erklärt Saxo.[54]

Heinrich von Lettland wird noch deutlicher, wenn es um dieses Thema geht: Er berichtet, wie Erzbischof Andreas Sunesen während des ersten dänischen Kreuzzuges in Ösel in Estland eine zahllose Menge von Kriegern mit dem Kreuz auszeichnete und ihnen Ablass versprach, um „Rache zu üben an den Völkern und die Heiden dem Christenglauben zu unterwerfen".[55] Rache und Unterwerfung sind hier eng verbunden und beschreiben in aller Kürze die Missionsauffassung Heinrichs.

Rache ist ein fortwährendes Thema in Heinrichs Bericht, und das Wort *vindicta* findet sehr häufig Verwendung. Es besteht kein Gegensatz zwischen Rache und Beute: „[S]ie töteten alles, was männlich war, führten Weiber und Kinder als Gefangene weg und kehrten, nachdem sie Rache an ihren Feinden genommen hatten, fröhlich mit all ihrer Beute wieder heim."[56]

Manchmal wurde die Rache ganz gemütlich gefeiert. Heinrich erzählt, dass, nachdem alle Männer erschlagen worden waren, es großen Jubel gab und ein Spiel der Christen auf Pauken und Pfeifen und Musikinstrumenten, da sie Rache an dem Bösen geübt und alle daselbst versammelten Verräter aus Livland und Estland getötet hatten"[57].

Diese wiederholte Ausübung von Gewalt ist nicht nur Vergeltung für die Angriffe der Heiden, sie hat auch eine starke religiöse Betonung. Die Kreuzfahrer lobten und dankten immer Gott, wenn sie Rache geübt hatten, denn Rache war überhaupt nur möglich, wenn der Herr Kriegsglück schenkte oder Er einen günstigen Weg

---

[53] Ebd., 14, 39, 26, S. 366.
[54] Ebd., 14, 39, 47, S. 378.
[55] Heinrich von Lettland: Chronicon Livoniae (wie Anm. 1), X, 13, S. 43.
[56] Ebd., XIX, 3, S. 126.
[57] Ebd., XXVIII, 6, S. 190.

gewährte, und schließlich wird Gott in Heinrichs Chronik auch selbst direkt als Rächer dargestellt.

Gewalt und Töten galt als Vergeltung für die physischen Angriffe der Heiden auf die Christen, aber sie funktionierten damit auch als Vergeltung für die geistigen Angriffe von Heiden auf Christus selbst. Die Kreuzzüge waren von Anfang an von der Idee der Nachahmung Christi durchdrungen – der *Imitatio Christi*.[58] Durch Leiden und Tod konnten die Kreuzfahrer das ewige Leben erlangen und Märtyrer werden. Umgekehrt galt, wann immer Kreuzfahrer angegriffen wurden, wurde auch Christus selbst angegriffen. Um 1170 sah ein dänischer Priester am Altar plötzlich im Kelch wirkliches Fleisch und Blut. Das war er nicht gewohnt,[59] fügt Helmold von Bosau hinzu, und er habe sich mit dem Wunder an seinen Bischof gewandt. Der Bischof aber deutete es als ein schlechtes Zeichen und sagte voraus, dass der Kirche eine schwere Heimsuchung drohe und viel Christenblut fließen werde. „Denn immer wenn ein Märtyrer sein Blut vergießt, wird der Leib Christi von Neuem ans Kreuz genagelt."[60]

Livland hat Heinrich von Lettland zufolge viele Märtyrer hervorgebracht. In der ersten Missionsperiode waren 17 Kreuzfahrer aus der Stadt und Burg Üxküll gegangen, um Weizen zu ernten, wurden aber von den Heiden überfallen und kurz danach in ihren grausamen Ritualen den heidnischen Göttern geopfert.[61] „Doch weder durch diese noch durch ähnliche Taten brachten die Feinde die Stimme der Christen für die Predigt des Wortes Gottes zum Schweigen",[62] erklärt Heinrich. Zwei der kürzlich Bekehrten erlebten ein ähnliches Schicksal, als sie die heidnischen Mitglieder ihrer Sippe von der Wahrheit des christlichen Glaubens zu überzeugen versuchten.[63] „Daher kam es, dass sie auf gemeinsamen Beschluss der Liven, mit Stricken um die Füße gefesselt, mitten durchgerissen wurden; sie taten ihnen die schwersten Martern an, zerrten ihnen die Eingeweide heraus, zerfleischten ihnen Arme und Beine.

---

[58] Purkis, William J.: Crusading Spirituality in the Holy Land and Iberia. c. 1095 – c. 1187. Woodbridge 2008.
[59] Helmold von Bosau: Chronica Slavorum / Slawenchronik (wie Anm. 8), cap. 109, S. 376ff.
[60] Ebd.
[61] Heinrich von Lettland: Chronicon Livoniae (wie Anm. 1), IX, 12, S. 31.
[62] Ebd.
[63] Ebd, X, 5, S. 35f.

Es kann kein Zweifel bestehen, dass sie für dieses Martyrium das ewige Leben mit den heiligen Märtyrern empfangen haben."[64] Eine Menge ähnlicher Beispiele könnte hinzugefügt werden, die alle dasselbe zeigen: Durch Leiden und Tod erreichten die Kreuzfahrer das ewige Leben. So gesehen war Grausamkeit gegen die Christen etwas Positives, aber auch Grund für Vergeltung an den Heiden.

Saxo ist mit seiner altmodischen, die klassischen römischen Autoren nachahmenden Sprache nicht so direkt und einfach zu deuten, da er zum Beispiel den Begriff Märtyrer nicht einmal in seinem Werk verwendet. Das Märtyrertum ist also nie ein bedeutendes Thema bei Saxo, womit er in scharfem Gegensatz zu der späteren ritterlichen Literatur des vierzehnten Jahrhunderts wie der Peter von Dusburgs oder der Geschichte des Deutschritter-ordens von Nicolaus von Jeroschin steht. Hier laufen Mühlbäche voll mit dem Blut der Märtyrer oder mit dem Blut der Heiden, und zusammen haben die Toten das Land für die späteren Generationen der Christen geheiligt. So auch bei Heinrich. Jeder Tote, jeder Gewaltakt ist geographisch lokalisiert, so dass sie als Erinnerungs-orte oder als Sakralorte fungieren konnten.

Notwendige Verteidigung oder Blutopfer?

In der Sprache der Geschichtsschreiber der Kreuzzüge war die Gewaltanwendung gleichbedeutend mit der Verteidigung vor und der Vergeltung an den Heiden. Einige Historiker haben diesen Zusammenhang ganz buchstäblich verstanden und argumentiert, dass die Heiden in diesen nördlichen Gebieten in anarchischen und gewalttätigen Gesellschaften lebten und es deshalb für die Kreuzfahrer notwendig gewesen wäre, die gleiche Taktik anzuwenden.[65] Ein anderer Historiker beklagte im Jahre 1975 die christlichen Grausamkeiten, fügte aber hinzu, dass sie als Antworten auf heidnische Angriffe notwendig gewesen wären und auch auf Dauer positiv, da

---

[64] Ebd.
[65] Ekdahl, Sven: Die Rolle der Ritterorden bei der Christianisierung der Liven und Letten. In: Gli Inizi del Christianesimo in Livonia-Lettonia. Atti del Colloquio Internazionale di Storia Ecclesiastica in occasione dell'VIII centenario della chiesa in Livonia (1186-1986), Roma 24-25 Giugno 1986 (Pontifico Comitato di Scienze Storiche. Atti e Documenti 1). Città del Vaticano 1989, S. 203-243, hier S. 223.

sie den Heiden Religion, Kultur und Zivilisation beibrachten hätten.[66]

Meiner Meinung nach handelt es sich jedoch um etwas ganz anderes. Während einem dieser Kreuzzüge zelebrierte Bischof Absalon die heilige Messe in seinem Zelt, als er plötzlich den Lärm der angreifenden Feinde hörte. Er brach die Messe ab und verließ das Zelt, um die Schlacht gegen die Heiden zu leiten, mit den Worten: „Welches Opfer ist dem Herrn wertvoller als der Tod des Sünders."[67] Gewalt, Plünderungen, Sterben und Töten, ethnische Vernichtung, all dies war nicht nur in militärischen Überlegungen begründet, sondern auch theologisch als ein dem Herrn wohlgefälliges und blutiges Opfer notwendig.[68]

---

[66] Urban, William L.: The Baltic Crusade. Dekalb 1975, S. xi-xii.
[67] Saxo Grammaticus: Gesta Danorum (wie Anm. 6), 16, 5, 1, S. 524.
[68] Nach der Fertigstellung dieses Artikels wurde publiziert Althoff, Gerd: "Selig sind, die Verfolgung ausüben". Päpste und Gewalt im Hochmittelalter. Darmstadt 2013. Dieses Buch bietet eine hervorragende Übersicht des Hintergrundes der mittelalterlichen Vernichtungstheologie.

JÜRGEN SARNOWSKY

DER DEUTSCHE ORDEN, DIE KUMANEN UND DIE PRUSSEN

Die geistlichen Ritterorden des Mittelalters werden häufig mit der gewaltsamen Bekehrung von nichtchristlichen Bevölkerungsgruppen, der „Schwertmission", in Verbindung gebracht.[1] Das geht sogar so weit, dass Edith Feistner und Gisela Vollmann-Profe „die religiösen und militärischen Identitätskomponenten eines Ritterordens [...] in der Schwertmission gebündelt [...]" sehen.[2] Die „Schwertmission" zielte, so hat es Franz-Joseph Post 1997 für den kolonialen, nordamerikanischen Kontext formuliert, „auf Unterdrückung traditioneller Strukturen und auf einen Zwang zum Christentum". Dies setzte nach ihm „eine weltliche Macht [voraus], die als Eroberer auftrat". Ergänzend weist Post darauf hin, „daß selbst unter solchen Bedingungen die Mission oberflächlich blieb und daß anschließend eine länger währende innere Mission erforderlich war".[3]

Bei den Ritterorden kommen dafür die Einsätze im Heiligen Land und im östlichen Mittelmeerraum wie auch in Spanien und

---

[1] Z.B. in Schlageter, Johann: Art. Franziskaner. In: TRE 11 (1983), S. 389-397, hier S. 395, für den Deutschen Orden in Preußen, als Gegensatz zur "gewaltfreien Ausbreitung des Christentums" durch die Franziskaner.

[2] Im Fazit von Feistner, Edith / Neecke, Michael / Vollmann-Profe, Gisela: Krieg im Visier. Bibelepik und Chronistik im Deutschen Orden als Modell korporativer Identitätsbildung (Hermaea NF 114). Tübingen 2007, S. 238.

[3] Post, Franz-Joseph: Schamanen und Missionare. Katholische Mission und indigene Spiritualität in Nouvelle-France (Europa-Übersee 7). Münster 1997, S. 91; Horst Gründer hat ergänzend mehrfach auf zwei, wie er es nennt, "Strukturelemente" der "Schwertmission" seit dem Hochmittelalter hingewiesen: "die Unabdingbarkeit des christlichen Anspruchs und die Radikalität des missionarischen Zugriffs", ders.: Christliche Heilsbotschaft und weltliche Macht. Studien zum Verhältnis von Mission und Kolonialismus. Gesammelte Aufsätze, hrsg. von Franz-Joseph Post / Thomas Küster / Clemens Sorgenfrey (Europa-Übersee 14). Münster 2004, S. 12, S. 43, S. 105 (jeweils so wörtlich).

Karte 7: Der Deutsche Orden im Baltikum und den Karpaten

im Baltikum in Frage. Allerdings traten die Ritterorden dort eher weniger auch als weltliche Landesherren auf, die nicht-christliche Territorien in eigener Verantwortung eroberten. In Spanien wie zumeist auch in den Kreuzfahrerstaaten hatten die Ritterorden – trotz aller Unterschiede – in erster Linie die Aufgabe, die Herrscher zu unterstützen und die christlichen Reiche und Besitzungen zu verteidigen.[4] Dazu kam, dass die lateinischen Christen im Heiligen Land ebenso wie in den lateinischen Territorien im östlichen Mittelmeer (etwa Zypern, Rhodos und Kreta) auf die Kooperation mit den anderen Bevölkerungsgruppen angewiesen waren, so dass es zu keinen nennenswerten Bekehrungsversuchen kam.[5] Vielmehr wurden in der Regel zumindest die griechisch-orthodoxen Christen in die lateinische Herrschaft integriert, nicht zuletzt unter der Landesherrschaft der Johanniter auf Rhodos.[6]

Anders war die Situation im Baltikum und im östlichen Mitteleuropa. Dort war es der 1202 gegründete Schwert-brüderorden (die *Militia Christi de Livonia*), der als erster die gewaltsame Mission der noch heidnischen Liven, Letten, Esten und Litauer unterstützte und eigenständig vorantrieb.[7] Die Angriffe und die Verwüstung der Länder der heidnischen Völker sollte sie zwingen, sich dem christlichen Glauben zu unterwerfen. In der Chronik Heinrichs von Lettland wird so einem Bruder der Schwertbrüder, Rudolf, eine Rede an die Einwohner von Wierland in den Mund gelegt, in der es heißt: „Doch wird euch kein Frieden gegeben werden denn allein der Friede jenes wahren Friedebringers, der [...] seinen Jüngern gebot: ‚Gehet, lehret alle Völker und taufet sie'. Wenn ihr euch also taufen lassen wollt und denselben einigen Gott der Christen mit uns verehren, so werden wir euch jenen Frieden geben, den er uns gab [...]."[8]

---

[4] Differenziert bei Forey, Alan: The military orders from the twelfth to the fourteenth centuries. London 1992, S. 50-53, mit Hinweis auf eine größere Eigenständigkeit im Heiligen Land, aber auch auf Maßnahmen Amalrichs I. und Ludwigs IX. von Frankreich, eigenständige Aktionen der Ritterorden zu begrenzen; für Spanien vgl. Josserand, Philippe: Église et pouvoir dans la péninsule Ibérique. Les ordres militaires dans le royaume de Castille (1252-1369) (Bibliothèque de la Casa de Velázquez 31). Madrid 2004, bes. S. 269.

[5] Zur Frage der Mission im Überblick wiederum bei Forey: Orders (wie Anm. 4), S. 33, S. 46-49; vgl. Demurger, Alain: Die Ritter des Herrn. Geschichte der geistlichen Ritterorden (2002, aus dem Franz. von Wolfgang Kaiser). München 2003, u.a. S. 152, der auf das Fehlen anderer Gründe für das Vorgehen verweist: „Kein Grab Christi und keine christlichen Gebiete waren hier zurückzuerobern."

[6] Dazu vgl. u.a. Sarnowsky, Jürgen: Preußen und Rhodos als multiethnische Gesellschaften des 15. Jahrhunderts. In: Beiträge zur Geschichte Westpreußens 20-21 (2006/2008, ersch. 2009), S. 175-188, hier S. 183ff.

[7] Zum Orden allgemein: Benninghoven, Friedrich: Der Orden der Schwertbrüder. Fratres milicie Christi de Livonia. Köln / Wien 1965.

[8] Heinrici Chronicon Livoniae / Heinrich von Lettland: Livländische Chronik, ed. und übersetzt von Leonid Arbusow / Albert Bauer (Ausgewählte Quellen

Dies war zweifellos das auch vom Orden selbst propagierte Bild, das das Vorgehen der Brüder rechtfertigen sollte. Schon früh entstand aber auch ein Gegenbild, das die in der ‚Schwertmission' notwendig miteinander verbundenen Elemente von zwangsweiser Christianisierung und Eroberung anders gewichtete. Wie auch in anderen Zusammenhängen, konnte die Missionsabsicht nur als vorgeschobenes Argument für die Ausweitung der eigenen Herrschaft verstanden werden. Als es zu einem Konflikt der Schwertbrüder mit dem estnischen Bischof kam, konstatierte Innozenz III. schon 1213, sie seien „weniger darum bemüht, den Namen des christlichen Glaubens zu verbreiten, als vielmehr Haus an Haus und Feld an Feld zu fügen, bis zur Grenze der Region. [...] Ihr fürchtet nicht, die Lehre Christi zu behindern, wenn ihr nur eure Besitzungen und Einkünfte vermehren könnt."[9] Im selben Spannungsfeld bewegte sich auch der Deutsche Orden, der zur selben Zeit mit seinen ersten Einsätzen im östlichen Mitteleuropa begann, gegen die noch heidnischen Völker der Kumanen und der Prußen.

Der Deutsche Orden, hervorgegangen aus einem um 1190 vor Akkon gegründeten Hospital und der mit ihm verbundenen Bruderschaft, 1198/1199 durch einen Ritterbrüderzweig ergänzt, gewann vor allem im Laufe des Fünften Kreuzzugs (1217-1221) weitreichende Aufmerksamkeit und damit auch das Interesse der Stifter.[10] Schon wenige Jahre zuvor, im Frühjahr 1211, erging jedoch ein Ruf des ungarischen Königs Andreas II., der dem Orden das an der südöstlichen Grenze Ungarns gelegene Burzenland in Siebenbürgen verlieh. Zwar waren die älteren Ritterorden, Templer und Johanniter, schon seit dem 12. Jahrhundert in Ungarn präsent, doch wandte sich Andreas wohl unter dem Einfluss der aus dem Reich stammenden Königin Gertrud von Andechs-Meranien und der deutschen Berater am ungarischen Königshof an den noch jungen Deutschen Orden. Eine Rolle dürfte auch gespielt haben, dass in diesem Raum, insbesondere um die spätere Marienburg

---

zur deutschen Geschichte des Mittelalters 24). Darmstadt 1959, S. 240f.; vgl. Forey: Orders (wie Anm. 4), S. 47.

[9] Liv-, esth- und curländisches Urkundenbuch nebst Regesten, Bd. 1: 1093-1300, ed. von Friedrich Georg von Bunge. Reval / Riga / Moskau 1853, Urkunde Nr. XXXVI von 1213 Oktober 31, (II), S. 41ff., hier S. 42; engl. Übersetzung bei Forey: Orders (wie Anm. 4), S. 211.

[10] Siehe u.a. Sarnowsky, Jürgen: Der Deutsche Orden. München ²2012, S. 11-21.

(Feldioara) schon seit dem 12. Jahrhundert deutsche Siedler lebten, auch wenn die Urkunden immer wieder den unbesiedelten Zustand des Burzenlandes hervorheben.[11] Da sich die bisherigen Maßnahmen zur Sicherung des Königsreiches zunehmend als unzureichend erwiesen, wurde der Orden insbesondere zur Gewinnung von Siedlern und zur Grenzverteidigung geholt,[12] ähnlich, wie Ritterorden auch in anderen Regionen eingesetzt wurden.[13]

Der König verlieh dem Orden zwischen 1211 und 1222 eine Reihe von Privilegien, die die Grundlage für die Erfüllung dieser Aufgabe schaffen sollten. Das Privileg von 1211 übertrug den Brüdern das in seinen Grenzen genau umschriebene Burzenland zu dauerndem und freiem Besitz und unterstellte es allein der Jurisdiktion des Königs.[14] Zur Sicherung des Gebietes wurde dem Orden die Errichtung von Holzburgen und aus Holz erbauten Städten erlaubt – Steinbauten waren offenbar immer noch so etwas wie ein Vorrecht des Königs.[15] Dazu kamen die Einrichtung von Märkten, die Erhebung von Abgaben und die – unter Beteiligung der königlichen Kammer erfolgende – Ausbeutung von Metallvorkommen.

---

[11] Dazu Hunyadi, Zsolt: The Teutonic Order in Burzenland (1211-1225). Recent Reconsiderations. In: Houben, Hubert / Toomaspoeg, Kristjan (Hrsg.): L'Ordine Teutonico tra Mediterraneo e Baltico. Incontri e scontri tra religioni, popoli e culture / Der Deutsche Orden zwischen Mittelmeerraum und Baltikum. Begegnungen und Konfrontationen zwischen Regionen, Völkern und Kulturen (Acta Theutonica 5). Galatina 2008, S. 151-162, hier S. 158f.; grundlegend zum Folgenden Zimmermann, Harald: Der Deutsche Orden im Burzenland. Eine diplomatische Untersuchung (Studia Transylvanica 26). Köln / Weimar / Wien 2000.

[12] Hunyadi: Order (wie Anm. 11), S. 157; Laszlovzky, József / Soós, Zoltá: Historical Monuments of the Teutonic Order in Transylvania. In: Hunyadi, Zsolt / Laszlovzky, József (Hrsg.): The Crusades and the Military Orders. Expanding the Frontiers of Medieval Latin Christianity (CEU Mediaevalia 1). Budapest 2001, S. 319-336, hier S. 322; Pósán, László: Der Deutsche Orden im mittelalterlichen Ungarn. In: Ordines Militares. Colloquia Torunensia Historica. Yearbook for the Study of the Military Orders 17 (2012), S. 123-136.

[13] Siehe u.a. (für die Gründung der spanischen Ritterorden) Martínez, Carlos de Ayala: Las órdenes militares hispánicas en la Edad Media (siglos XII-XV). Madrid 2003, S. 75ff., S. 120-125; (für den Deutschen Orden in Armenien) Kiesewetter, Andreas: L'Ordine Teutonico in Grecia e in Armenia. In: Houben, Hubert (Hrsg.): L'Ordine Teutonico nel Mediterraneo. Atti del convegno internazionale di studio, Torre alemanna (Cerignola), Mesagne, Lecce, 16-18 ottobre 2003 (Acta Theutonica 1). Galatina 2004, S. 73-107, hier S. 98-101.

[14] Zimmermann: Orden (wie Anm. 11), Nr. 1, S. 162f.; vgl. Hunyadi: Order (wie Anm. 11), S. 152.

[15] Laszlovzky / Soós: Monuments (wie Anm. 12), S. 328.

Die anzuwerbenden Siedler sollten vom Orden eingesetzten Richtern unterstellt werden. Diese Verleihungen wurden im Frühjahr 1212 bestätigt und um das Recht erweitert, eigenständig Münzen prägen zu lassen; und um 1215 verlieh Andreas dem Orden die Rechte an der neu errichteten Kreuzburg. Schon 1213 befreite der Bischof von Siebenbürgen, Wilhelm, den Orden von der Abgabe der Zehnten für die Neusiedler im Burzenland und erlaubte die eigenständige Einsetzung von Pfarrern.[16]

Es besteht inzwischen weitgehende Einigkeit in der Forschung, dass der Deutsche Orden weder den Schwerpunkt seines Wirkens aus dem Mittelmeerraum nach Ungarn verlegen wollte, noch dass die Errichtung eines ‚Ordensstaates' im späteren Sinne intendiert war.[17] Dennoch kam es offenbar schon bald zu Spannungen mit dem ungarischen König, fassbar im Hinweis in der Erneuerung der Rechte im Mai 1222, Andreas habe die Brüder kürzlich im Zorn aus dem Lande vertrieben.[18] Die Gründe lagen wohl in einer gewissen Entfremdung nach der Ermordung der Königin 1213 und dem ‚Abzug' der deutschen Ratgeber sowie im auf größere Eigenständigkeit zielenden Vorgehen des Ordens. Offenbar gab es eine Münzprägung des Ordens ohne königliche Genehmigung, die Errichtung von Befestigungen aus Stein sowie den Abzug von deutschen Siedlern aus königlichem Besitz. Dennoch bestätigte der König im Privileg von 1222 noch einmal die 1211 bis 1215 verliehenen Rechte, dehnte das Ordensland bis zur Donau aus, erlaubte dem Orden – als Ausgleich für die vorhergehende Vertreibung – einen ausgreifenden Salzhandel, befreite ihn von Zollzahlungen und gestattete den Bau von Steinburgen und steinernen Häusern in den Städten.

Der damit erfolgte Ausgleich war aber nicht von langer Dauer, auch weil sich die Brüder zusätzlich absichern wollten. Nachdem der Orden zunächst, im Januar 1223, ein Privileg Honorius' III. erwirkt hatte, das das Burzenland aus dem bisher zuständigen Bistum löste und einem Archidiakon unterstellte, ließ er es im April 1224 durch den Papst zum Eigentum der römischen Kirche erklä-

---

[16] Zimmermann: Orden (wie Anm. 11), Nr. 2-4, S. 164ff.
[17] Laszlovzky / Soós: Monuments (wie Anm. 12), S. 322.
[18] Zimmermann: Orden (wie Anm. 11), Nr. 6, S. 169-172, hier S. 171: *Ira nostra contra eos provocata illa tempore, cum terram sepedictam eis preceperamus auferri [...]*; zum Inhalt Hunyadi: Order (wie Anm. 11), S. 153.

ren und gegen die Zahlung eines Zinses unter päpstlichen Schutz nehmen, was eindeutig den Intentionen Andreas' II. bei der Übertragung des Burzenlandes an den Deutschen Orden widersprach. Vor diesem Hintergrund kam es wohl im Frühjahr 1225 zur endgültigen Vertreibung des Ordens, auch wenn sich die rechtlichen Streitigkeiten noch länger hinzogen.[19]

Schon die erste Urkunde von 1211 beschreibt das Burzenland als Grenzregion zu den noch heidnischen Kumanen und erlaubt den Burgenbau, um das Land gegen die kumanischen Angriffe zu schützen. Das Privileg von 1212 ergänzt noch den Hinweis auf kumanische Einfälle, gegen die der Orden ein „festes Schutzschild" bilde.[20] Daneben wird aber auch ein geistliches Element fassbar, wenn die Übergabe des Burzenlandes an die Brüder erfolgt, damit das Königreich durch ihre Lebensführung ausgeweitet und das Seelenheil des Königs und seiner Vorfahren durch ihre Gebete befördert wird.[21] Damit dürfte nicht nur die Bekämpfung, sondern auch die Bekehrung der Kumanen, also die ‚Schwertmission', schon am Anfang zu den Aufgaben des Ordens gehört haben.[22] Im Vordergrund der Tätigkeit des Ordens stand zweifellos die Verteidigung des Burzenlandes, doch bedeutete spätestens die um 1215 bestätigte Errichtung der Kreuzburg ein erstes Ausgreifen in das kumanische Gebiet.

Auch wenn aus den wenigen Urkunden für den Orden nichts Näheres hervorgeht, lässt sich ein missionarisches Wirken daraus ableiten, dass relativ kurze Zeit nach dem Abzug des Ordens, 1227, in der Einflusszone der Brüder, in Milkow, ein kumanisches

---

[19] Zur Vertreibung und den Reaktionen des Ordens und der Päpste siehe Zimmermann: Orden (wie Anm. 11), S. 131-152.
[20] Ebd., Nr. 1, S. 162f.; mit der Übergabe von *quandam terram Borza nomine ultra silvas versus Cumanos* und dem Hinweis auf das *munimen regni contra Cumanos*; sowie ebd., Nr. 2, S. 165, zu den Einfällen, die mehrfach genannt werden, vgl. S. 76. – Zu den Kumanen und ihrer Christianisierung vgl. Vásáry, István: Cumans and Tatars. Oriental Military in the Pre-Ottoman Balkans 1185-1365. Cambridge 2005; Spinei, Victor: The Cuman Bishopric – Genesis and Evolution. In: Curta, Florin / Kovalev, Roman (Hrsg.): The Other Europe: Avars, Bulgars, Khazars and Cumans. Leiden 2008, S. 413-455.
[21] *Ut et regnum per conversationem eorum propagatum dilatetur et elemosina nostra pro orationem eorum ad remedium anime nostre et parentum nostrorum coram summo Deo deportentur*, Zimmermann: Orden (wie Anm. 11), Nr. 1, S. 162f.; zur Interpretation ebd., S. 12, S. 120; vielleicht ist damit sogar schon die Bekehrung der Kumanen angesprochen.
[22] So ebd., S. 103; Spinei: Bishopric (wie Anm. 20), S. 418f.

Missionsbistum entstand, das bald darauf der Prior der Dominikaner in Ungarn, Theoderich, übernahm. Zu 1228 wird dann von der Taufe von Adligen, insbesondere der eines kumanischen Fürsten mit Namen Bortz, berichtet, und Gregor IX. spricht in einer Urkunde an den Erzbischof von Gran zur selben Zeit ebenfalls von einer erfolgreichen Bekehrung unter den Kumanen.[23] Während der Erzbischof offenbar einen Anteil an diesen Erfolgen für sich reklamierte, machte der Deutsche Orden beim Papst geltend, die Bekehrung gehe wesentlich auf die Brüder zurück. So habe der Orden jenseits der Karpathen ein festes Schloss errichtet (gemeint ist wohl Kreuzburg), das die Kumanen derart geschreckt habe, dass sie es mit allen Kräften angegriffen hätten. Als die Brüder mit Gottes Hilfe widerstanden und die Gegner abwiesen, hätten sich die Kumanen mit ihren Frauen und Kindern zur Taufe bereitgefunden.[24] Das lässt sich kaum überprüfen, spiegelt aber zumindest das Selbstverständnis des Ordens, in dem auch die Mission als Aufgabe ernstgenommen wurde.

Dies machte dann auch der folgende Einsatz des Deutschen Ordens im östlichen Mitteleuropa deutlich, gegen die heidnischen Prußen im südöstlichen Ostseeraum. Wiederum war es ein Fürst, der den Orden zum Grenzschutz in sein Land rief, Herzog Konrad von Masowien, der in der Konkurrenz zwischen den piastischen Teilfürsten um die vakante polnische Krone durch die Christianisierung der Prußen an Einfluss gewinnen wollte.[25] Versuche zur friedlichen Mission unter dem 1215 erhobenen ersten preußischen Bischof Christian hatten nur geringe Erfolge gezeigt, und Kreuzzugsunternehmen der Jahre 1222-1223, an denen neben Konrad auch die Herzöge Heinrich von Schlesien, Swantopolk und Wartisław von Pommerellen teilnahmen, lösten nur prußische Gegenangriffe auf Masowien und Pommerellen aus. Ein erster Ruf

---

[23] Zimmermann: Orden (wie Anm. 11), S. 119.
[24] So zuerst in der Urkunde Gregors IX. von 1231 April 26, mit der der Papst Bela, den Sohn Andreas' II., zur Restituierung des Burzenlandes aufforderte, Zimmermann: Orden (wie Anm. 11), Nr. 25, S. 198f.; vgl. ebd., Nr. 27-30.
[25] Dazu und zum Folgenden Sarnowsky: Orden (wie Anm. 10), S. 31-42; Boockmann, Hartmut: Ostpreußen und Westpreußen (Deutsche Geschichte im Osten). Berlin 1992, S. 106-115, S. 138-152.

Konrads an den Deutschen Orden erging wahrscheinlich schon Ende 1225 oder Anfang 1226.[26] Allerdings verzögerte sich das Eingreifen des Ordens aus verschiedenen Gründen. Nach der Vertreibung aus dem Burzenland bemühte man sich zunächst um eine zusätzliche Absicherung. Diese gelang im März 1226 mit der Verleihung der ‚Goldbulle von Rimini', in der der Kaiser, Friedrich II., die Schenkungen Herzog Konrads bestätigte und dem Deutschen Orden für seine Erwerbungen in Preußen dieselben Rechte gewährte, wie sie einem Fürsten des Heiligen Römischen Reiches zustanden.[27] Das betraf die Grund- und Wasserrechte, die Erhebung von Zöllen, Abgaben und Steuern, die Münzprägung sowie die Einsetzung von Amtsträgern für die neu anzuwerbende Bevölkerung. Die Urkunde wurde wahrscheinlich 1234/1235 unter Berücksichtigung reichsrechtlicher Änderungen noch einmal erneuert, nachdem unabhängig davon auch Papst Gregor IX. den preußischen Ordensbesitz 1234 mit der Bulle von Rieti unter seinen Schutz genommen und aus anderen Abhängigkeiten gelöst hatte. Eine weitere Verzögerung ergab sich durch die Kreuz-zugspläne Friedrichs II. Während das Unternehmen im August 1227 aufgrund einer Seuche kurz nach dem Aufbruch von Sizilien aus abgebrochen werden musste, brach der Kaiser trotz eines päpstlichen Banns im Juni 1228 erneut auf. Bis zu seiner Rückkehr im Mai 1229 blieb auch der Deutsche Orden eng mit den Unternehmen verbunden.[28]

---

[26] Nach der *Narratio* der im Folgenden anzusprechenden ‚Goldbulle von Rimini' vom März 1226, letzte Edition: Weise, Erich: Interpretation der Goldenen Bulle von Rimini (März 1226) nach dem kanonischen Recht. In: Wieser, Klemens (Hrsg.): Acht Jahrhunderte Deutscher Orden. Bad Godesberg 1967, S. 15-47, hier S. 25ff.; zum Problem der Datierung zuletzt: Gouguenheim, Sylvain: L'empereur, le grand maître et la Prusse. La bulle de Rimini en question (1226/1235). In: Bibliothèque de l'école des Chartes 162 (2005), S. 381-420; zum Kontext vgl. Posan, László: Prussian Missions and the Invitation of the Teutonic Order into Kulmerland. In: Hunyadi / Laszlovzky: The Crusades and the Military Orders (wie Anm. 12), S. 429-448, hier S. 437f.

[27] Vgl. u.a. Sarnowsky, Jürgen: Art. Goldbulle von Rimini. In: HRG 2 (2012), Sp. 447f.

[28] Vgl. allgemein Hechelhammer, Bodo: Kreuzzug und Herrschaft unter Friedrich II. Handlungsspielräume von Kreuzzugspolitik (1215-1230) (Mittelalter-Forschungen 13). Ostfildern 2004; Kluger, Helmuth: Hochmeister Hermann von Salza und Kaiser Friedrich II. (Quellen und Studien zur Geschichte des Deutschen Ordens 37). Marburg 1987.

Das lange Zögern des Deutschen Ordens führte in Preußen zunächst 1228 zur Gründung eines neuen geistlichen Ritterordens, des Ordens von Dobrin (bzw. – analog zu den Schwertbrüdern – der *Militia Christi de Prussia*), durch Herzog Konrad von Masowien, Bischof Gunter von Płock und Bischof Christian.[29] Da diese Gemeinschaft von zunächst 15 norddeutschen Rittern wenig erfolgreich agierte, führte Herzog Konrad die Verhandlungen mit dem Deutschen Orden weiter und kam den Brüdern 1229/1230 immer stärker entgegen. So übertrug er ihnen das – zu diesem Zeitpunkt allerdings wohl zum größeren Teil in prußischer Hand befindliche – Kulmer Land und übergab ihnen Orlow und Nessau am linken Weichselufer als Ausgangspunkt für die militärischen Unternehmen.[30]

Bald darauf begann die Eroberung Preußens. 1231 setzten die Brüder von Nessau aus über die Weichsel und gründeten die Städte Kulm und Thorn. Dabei wurden mit der Verleihung der ‚Kulmer Handfeste' die Grundlagen für die Rechtsentwicklung des Landes gelegt. Vom Kulmer Land begann danach Schritt für Schritt die Unterwerfung der Prußen. Mit Hilfe immer neuer Kreuzfahrerheere aus dem Reich und Polen ging der Orden zunächst entlang der Weichsel, dann entlang der Ostseeküste nach Norden und Osten vor. Bischof Christian sollte nach einem Vertrag von 1231 zwei Drittel des eroberten Landes bekommen, doch als er 1233 im Samland für mehrere Jahre in Gefangenschaft geriet, wurde der Orden zum alleinigen Träger des Unternehmens. Der 1236 mit der Aufteilung Preußens in mehrere Bistümer beauftragte päpstliche

---

[29] Zu diesem siehe Nowak, Zenon Hubert: *Milites Christi de Prussia*. Der Orden von Dobrin und seine Stellung in der preußischen Mission. In: Fleckenstein, Josef / Hellmann, Manfred (Hrsg.): Die geistlichen Ritterorden Europas (VuF 26). Sigmaringen 1980, S. 339-352; zur Bedeutung der Ritterorden in der Missionierung Preußens allgemein siehe Starnawska, Maria: Military Orders and the Beginning of Crusades in Prussia. In: Hunyadi / Laszlovzky: The Crusades and the Military Orders (wie Anm. 12), S. 417-428, zum Orden von Dobrin S. 420ff.

[30] Um die Verleihungen Konrads gibt es eine bis heute geführte Diskussion über mögliche Fälschungen des Ordens, vgl. zuletzt Dorna, Maciej: Die Deutschordensbrüder als Urkundenfälscher – ein Beispiel aus der Frühgeschichte des Deutschen Ordens in Preußen. In: Czaja, Roman / Sarnowsky, Jürgen (Hrsg.): Die Rolle der Schriftlichkeit in den geistlichen Ritterorden des Mittelalters: innere Organisation, Sozialstruktur, Politik (Ordines militares. Colloquia Torunensia Historica 15). Toruń 2009, S. 241-252; die lange umstrittene Kruschwitzer Urkunde von 1230 gilt dabei aber inzwischen als authentisch.

Legat Wilhelm von Modena begründete trotz eines Protestes des 1238 freigelassenen Bischofs im Juli 1243 vier preußische Diözesen, Kulmerland, Pomesanien, Ermland und Samland, in denen dem Deutschen Orden jeweils zwei Drittel des Territoriums zukommen sollten, die Bischöfe aber jeweils nur ein Drittel direkt verwalteten.[31]

Die Eroberung Preußens vollzog sich allerdings nicht geradlinig, sondern war durch mehrere größere Rückschläge gekennzeichnet, insbesondere durch konzentrierte prußische Abwehrversuche in den Jahren 1242-1249 und 1260-1274. Beide Male bildeten wohl Niederlagen des Ordens in Livland den Auslöser, beide Male erhielten die Prußen Unterstützung durch ihre christlichen Nachbarn, die Herzöge von Pommerellen, zunächst durch Swantopolk II., dann durch seinen Erben Mestwin II. Dabei gingen 1243 nach einer Niederlage bei Rehden große Teile des eroberten Landes verloren und mussten erst mit Hilfe westlicher Kreuzfahrerheere zurückgewonnen werden. Nachdem Pomesanien wieder in der Hand des Ordens war, kam es 1248 zum Frieden mit Swantopolk; im Februar 1249 vermittelte dann der päpstliche Legat Jakob von Lüttich den auch für die Missionsgeschichte bedeutsamen Frieden von Christburg.[32] Auch der 1260 ausgebrochene zweite ‚Aufstand' der Prußen konnte mit Hilfe weiterer Kreuzfahrerheere bis 1274 niedergeschlagen werden, und 1283 war die Eroberung der verbliebenen prußischen Territorien abgeschlossen.

Damit waren die traditionellen Strukturen der prußischen Stämme zerschlagen und durch die Herrschaft des Deutschen Ordens

---

[31] Grundlegend für die Struktur der Bistümer immer noch: Poschmann, Brigitte: Bistümer und Deutscher Orden in Preußen 1243-1525. Untersuchungen zur Verfassungs- und Verwaltungsgeschichte des Ordenslandes. In: ZGAE 30 (1962), S. 227-356; weiter Glauert, Mario: Die Verfassungsentwicklung der Kirche im Deutschordensland und im Herzogtum Preußen vom 13. bis zum 18. Jahrhundert. In: Jähnig, Bernhart (Hrsg.): Kirche und Welt in der Frühen Neuzeit im Preußenland (Tagungsberichte der Historischen Kommission für ost- und westpreußische Landesforschung 22). Marburg 2007, S. 63-88.

[32] Neitmann, Klaus: Friede von Christburg zwischen dem Deutschen Orden und den Prußen. In: Kulturstiftung der deutschen Vertriebenen (Hrsg.): Ostdeutsche Gedenktage 1999. Persönlichkeiten und historische Ereignisse. Bonn 1998, S. 337-344: Patze, Hans: Der Frieden von Christburg vom Jahre 1249. In: JbGMOD 7 (1958), S. 39-92; Wenskus, Reinhard: Über die Bedeutung des Christburger Vertrages für die Rechts- und Verfassungsgeschichte des Preußenlandes. In: Bahr, Ernst (Hrsg.): Studien zur Geschichte des Preußenlandes. FS für Erich Keyser zu seinem 70. Geburtstag. Marburg 1963, S. 97-118.

und der Bischöfe ersetzt; und mindestens eine äußere Bekehrung war erreicht. Wie aber stand es mit der inneren Christianisierung der Unterworfenen? Der Deutsche Orden wurde – zusammen mit den anderen großen Ritterorden – im späteren 13. Jahrhundert von Zeitgenossen für sein gewaltsames Vorgehen kritisiert, das eine erfolgreiche Mission der Heiden verhindert hätte.[33] So formulierte der Franziskaner Roger Bacon in seinem Opus maius: „Vor allem jenseits des Meeres und in Preußen und den Deutschland benachbarten Regionen [...] behindern die Templer und die Johanniter und die Brüder von Deutschen Haus in großem Maße die Bekehrung der Ungläubigen durch die Kriege, die sie ständig führen, und durch ihr Streben, alles zu dominieren. Es gibt nämlich keinen Zweifel, dass die Völker von Ungläubigen jenseits von Deutschland schon lange bekehrt wären, wenn es nicht die Gewalt der Brüder vom Deutschen Hause gäbe, denn das heidnische Volk war schon oft bereit, den Glauben in Frieden durch Predigt zu empfangen. Aber die vom Deutschen Hause wollen dies nicht dulden, denn sie wollen sie unterwerfen und in Knechtschaft bringen."[34]

Es waren dann aber nicht zufällig die – zusammen mit den Dominikanern in Preußen wirkenden – Franziskaner, die den Deutschen Orden mehrfach gegen derartige Vorwürfe in Schutz nahmen. So erklärten der Guardian der Franziskaner in Thorn und die anderen Brüder seines Konvents im Juli 1258, dass der Deutsche Orden wohl überlegt und angemessen mit den Prußen umgehe und dass „die Gesetze und Gewohnheiten, die sie den Neubekehrten auflegen, in Wahrheit in nichts abirren, weil sie sich vor allem um den Fortschritt des seelischen und körperlichen Heils bemühen".[35] Die Brüder des Deutschen Ordens würde nicht die Predigt des göttlichen Wortes verhindern, sondern selbst Geistliche und

---

[33] Forey: Orders (wie Anm. 4), S. 210f.; Miethke, Jürgen: Die Kritik des Franziskaners Roger Bacon an der Schwertmission des Deutschen Ordens. In: Radziminski, Andrzej / Tandecki, Janusz (Hrsg.): Prusy-Polska-Europa. Studia z dziejów sredniowiecza i czasów nowozaytnych. Toruń 1999, S. 45-55.

[34] Roger Bacon: The "Opus Majus", ed. by John Henry Bridges with Introduction and Analytical Table, Bd. 3. London 1900, III, 13, S. 121f.

[35] Preußisches Urkundenbuch, ed. von Rudolf Philippi / August Seraphim / Max Hein u.a., Bde. 1,1-6,2. Königsberg / (später) Marburg 1882-2000, hier Bd. 1,2, Nr. 65, S. 60ff., von 1258 Juli 28; vgl. Sarnowsky, Jürgen: Dominikaner und Franziskaner im Ordensland Preußen. In: Robson, Michael / Röhrkasten, Jens (Hrsg.): Franciscan Organisation in the Mendicant Context (Vita regularis 44). Berlin / Münster 2010, S. 43-64, hier S. 58.

Gelehrte ins Land rufen, um diese Aufgabe zu übernehmen, insbesondere jene, die die Sprache der Prußen beherrschten. Sie würden gegen Inzest und Ehebruch vorgehen und auf eigene Kosten zahlreiche Kirchen erbauen, damit darin Gottesdienste stattfinden können. Sie würden die Neugetauften keineswegs dem Joch der Knechtschaft unterwerfen, sondern selbst denen, die Widerstand geleistet hatten, die Freiheit geben, mit der Christus die Menschen befreit habe. Ganz ähnlich bestätigten der preußische Kustos und weitere preußische Franziskaner noch im November 1323, dass der Deutsche Orden keineswegs die Christianisierung des Litauerfürsten Gedimin behindere.[36]

Aus der Sicht der Kirche war zweifellos die Art des Umgangs mit den Neugetauften ein schwerwiegendes Problem. Schon in der im August 1234 erfolgten Bestätigung des Ordensbesitzes in Preußen durch Gregor IX. behielt sich der Papst ausdrücklich die Kontrolle darüber vor, dass die mit den Bewohnern des Landes getroffenen oder noch zu treffenden Vereinbarungen eingehalten würden.[37] In diesem Geist der Gleichbehandlung von Orden und Neugetauften vermittelte der päpstliche Legat Jakob von Lüttich zusammen mit dem Bischof Heidenreich von Kulm, einem Dominikaner, auch den Christburger Vertrag von 1249.[38] In der *Narratio* der Urkunde wird zunächst darauf verwiesen, einige Neubekehrte hätten sich beschwert, sie seien entgegen der Zusage, nur Christus und der römischen Kirche zu unterstehen, mit harten Diensten belastet worden, so dass sich andere Heiden fürchteten, den christlichen Glauben anzunehmen. Der mit einem Teil der Prußen, den Pomesaniern, Pogesaniern und Natangern, geschlossene Vertrag verlieh ihnen daher ausdrücklich, wie das einleitend charakterisiert wird, „die Freiheit der Kinder Gottes".[39] Das betraf zum einen weitreichende persönliche Besitz-, Erb- und Gerichtsrechte, zum

---

[36] Preußisches Urkundenbuch (wie Anm. 35), Bd. 2, Nr. 429-430, S. 307f., von 1323 November 25; vgl. Urkundenbuch der alten sächsischen Franziskanerprovinzen, ed. von Leonard Lemmens, 2 Bde. Düsseldorf 1913, hier Bd. 2, Nr. 415, S. 113.
[37] Preußisches Urkundenbuch (wie Anm. 35), Bd. 1,1, Nr. 108, S. 8f.
[38] Preußisches Urkundenbuch (wie Anm. 35), Bd. 1,1, Nr. 218, S. 158-165; vgl. die zweisprachige Ausgabe in: Hubatsch, Walther (Hrsg.): Quellen zur Geschichte des Deutschen Ordens (Quellensammlung zur Kulturgeschichte 5). Göttingen 1954, Nr. 10, S. 80-99; zur Literatur oben Anm. 32.
[39] Preußisches Urkundenbuch (wie Anm. 35), Bd. 1,1, Nr. 218, S. 159; Hubatsch: Quellen (wie Anm. 38), S. 81.

anderen die Gleichstellung mit den aus dem Westen kommenden deutschen Neusiedlern, die es den Prußen erlaubte, auch den ‚Rittergürtel' zu empfangen oder Geistliche zu werden. Diese Rechte sollten allerdings nur gelten, „solange sie den katholischen Glauben beachten, bei Untergebenheit und Gehorsam gegenüber der römischen Kirche bleiben und gegen den Meister und die Brüder und deren Orden sich treu verhalten werden [...]". Damit war klar: „Welches Land und welche Person auch immer künftig abfallen werde, solle die genannte Freiheit gänzlich verlieren".[40]

Zahlreiche Bestimmungen des Vertrags betreffen dann auch religiöse Aspekte. Die Prußen versprachen, künftig keine Götzen mehr anzubeten, ihre alten Priester nicht mehr unter sich zu dulden und der christlichen Moral widersprechende Verhaltensweisen wie die Polygamie abzuschaffen. Zugleich sagen sie für feste Orte in den drei Regionen den Bau einer Reihe von Kirchen zu, für die der Orden Priester senden und ausstatten würde. Mit dem Aufstand von 1260 verlor der Christburger Vertrag zwar für die Aufständischen – vor allem im Norden des Ordenslandes – seine Bedeutung, doch blieben seine Bestimmungen zumindest für die ordenstreuen Prußen relevant.[41] Allerdings kam es infolge des Aufstandes offenbar nicht zum Bau der prußischen Kirchen, oder sie wurden dabei wieder zerstört. An den vorgesehenen Orten oder unmittelbar benachbart entstanden in einigen Fällen Städte oder Lischken, vorstädtische Siedlungen, zum großen Teil aber deutschrechtliche Kirchdörfer, die oft von preußischen Dörfern ohne eigene Kirchen umgeben waren.[42]

Die Zahl der Priesterbrüder des Deutschen Ordens war zu gering und ihre Ausbildung wohl zumeist ungeeignet, um die Prußen nach der Taufe intensiver zu betreuen.[43] Die eigentliche Missionierung

---

[40] Preußisches Urkundenbuch (wie Anm. 35), Bd. 1,1, Nr. 218, S. 160; übersetzt in Hubatsch: Quellen (wie Anm. 38), S. 87.

[41] Vgl. Wenskus, Reinhard: Der Deutsche Orden und die nichtdeutsche Bevölkerung des Preußenlandes mit besonderer Berücksichtigung der Siedlung. In: Schlesinger, Walter (Hrsg.): Die deutsche Ostsiedlung des Mittelalters als Problem der europäischen Geschichte (VuF 18). Sigmaringen 1975, S. 417-438, hier S. 420, S. 424.

[42] Dazu Wenskus, Reinhard: Zur Lokalisierung der Prußenkirchen des Vertrages von Christburg 1249. In: Wieser: Acht Jahrhunderte Deutscher Orden (wie Anm. 26), S. 121-136, bes. S. 136.

[43] „Ein ungewollter Schutz der Prußen lag darin, daß der Orden, soweit man sieht, meistens nicht in der Lage war, eine über die Taufe hinausreichende Christiani-

erfolgte daher vor allem durch die Bettelorden, Dominikaner und Franziskaner. Die Dominikaner waren von Anfang an mit der Kreuzzugspredigt beauftragt, und sie waren offenbar schon im Juli 1231 in Preußen im Einsatz, als Gregor IX. sie den Neugetauften in Pomesanien und im Gebiet von Preußisch-Holland empfahl. Die Prußen sollten den Rat und die Ermahnungen der Dominikaner befolgen, die ihnen den Weg zum Seelenheil weisen würden.[44] Im Oktober 1233 folgte dann eine Aufforderung des Papstes an den Meister Jordan von Sachsen, in Deutschland und benachbarten Regionen wirkende Brüder für die Mission nach Preußen zu senden.[45] Als Gregor bereits im Mai 1236 seinem Legaten Wilhelm von Modena die Erlaubnis zur Aufteilung Preußens in Diözesen gab, wies er ihn so nicht zufällig an, Dominikaner als Bischöfe einzusetzen,[46] was nach deren Einrichtung im Juli 1243 und der Ablehnung Bischof Christians, sich eines auszuwählen, für drei der vier Bistümer tatsächlich umgesetzt wurde.[47] Auch die Franziskaner waren, obwohl sie erst später in Preußen auftraten, an der Mission beteiligt, wie aus einem Privileg Clemens' V. für den Konvent in Braunsberg von 1310 sowie der Erwähnung von ‚Märtyrern' des Ordens in Preußen folgt.[48] Während die Minderbrüder in Preußen bis zur Reformation ungestört weiterwirken konnten, kam es im Verhältnis zwischen den Dominikanern und dem Deutschen Orden im 14. Jahrhundert zu einer gewissen Entfremdung, wohl auch im Zusammenhang damit, dass drei der vier Domkapitel seit dieser Zeit nur noch mit Priesterbrüdern des Deutschen Ordens besetzt

---

sierung der einheimischen Bevölkerung zu erreichen", Boockmann: Ostpreußen (wie Anm. 25), S. 146.

[44] Preußisches Urkundenbuch (wie Anm. 35), Bd. 1,1, Nr. 84, S. 64f., von 1231 Juli 9; die Dominikaner waren wohl schon durch Herzog Swantopolk von Pommerellen zur Mission der Prußen ins Land gerufen worden; dazu und zum Folgenden Sarnowsky: Dominikaner (wie Anm. 35), S. 45ff. und 57f.

[45] Preußisches Urkundenbuch (wie Anm. 35), Bd. 1,1, Nr. 98, S. 73, von 1233 Oktober 6.

[46] Ebd., Nr. 125, S. 94f., von 1236 Mai 30.

[47] Ebd., Nr. 142-143, S. 107ff., von 1243 Juli 29; dazu Boockmann: Ostpreußen (wie Anm. 26), S. 111ff.; Roth, Werner: Die Dominikaner und Franziskaner im Deutsch-Ordensland Preußen bis zum Jahre 1466, Diss. phil., Königsberg 1918, S. 24.

[48] Siehe Roth: Dominikaner (wie Anm. 47), S. 106f.; Urkundenbuch (wie Anm. 36), Bd. 2, Nr. 408 und Nr. 418, S. 111, S. 114.

waren und damit auch die Bischöfe aus ihren Reihen gewählt wurden.[49]

Die Bettelordensbrüder wurden von den Päpsten auch eingesetzt, um in den Umgang des Ordens mit den Prußen einzugreifen. So wurde einige Zeit nach dem Beginn des ersten prußischen Abwehrversuchs, 1245, der Dominikaner Heinrich damit beauftragt, zum Christentum rückkehrwillige Prußen, die einen Bruder des Deutschen Ordens oder andere Christen getötet hatten, aus der Exkommunikation zu lösen und wieder in die christliche Gemeinschaft aufzunehmen.[50] Ein besonders hartes Vorgehen gegen vom Christentum abgefallene Prußen während des zweiten Aufstands belegt ein Auftrag Innozenz' IV. an den Guardian der Franziskaner in Thorn vom Januar 1261. Der preußische Landmeister Hartmut und einige Deutschordensbrüder hatten ehemalige Neophyten ergriffen, geblendet und verbrannt, hatten aber nun beim Papst schriftlich um Absolution für ihr Vorgehen gebeten, da sie nicht selbst nach Rom kommen konnten. Der Guardian erhielt daher den Auftrag, ihnen eine angemessene Buße für diesen ‚Exzess' aufzulegen, aber danach die Absolution zu erteilen.[51] Wie die Chronik Peters von Dusburg aus den Jahren vor 1330 erkennen lässt, sahen die Ordensbrüder die Prußen, die ja ihre Untertanen waren oder werden sollten, aber keineswegs durchgängig negativ, sondern standen nur den noch heidnischen Prußen ablehnend gegenüber, mit durchaus positiven Ausnahmen, bei denen meist bald darauf auch die Bekehrung folgte. Selbst der im Reich erzogene, aber dann 1260 vom Christentum abgefallene Anführer der Natanger, Heinrich Monte, erscheint in der späteren Wahrnehmung Peters eher ambivalent, obwohl er seine deutschen Sprachkenntnisse dazu nutzte, ein Kreuzfahrer-Kontingent in eine Falle zu locken.[52]

Spätestens 1283 war die äußere Unterwerfung abgeschlossen, aber es bleibt die Frage, wie erfolgreich die ‚innere Mission' war

---

[49] Zum Kontext Sarnowsky: Dominikaner (wie Anm. 35), S. 47f.
[50] Preußisches Urkundenbuch (wie Anm. 35), Bd. 1,1, Nr. 165, S. 123f., von 1245 Februar 1.
[51] Ebd., Bd. 2, Nr. 130, S. 109f., von 1261 Januar 26.
[52] Sarnowsky, Jürgen: Das Bild der ‚Anderen' in der frühen Chronistik des Deutschordenslandes Preußen. In: Patzold, Steffen / Rathmann-Lutz, Anja / Scior, Volker (Hrsg.): Geschichtsvorstellungen. Bilder, Texte und Begriffe aus dem Mittelalter. FS für Hans-Werner Goetz zum 65. Geburtstag. Wien / Köln / Weimar 2012, S. 224-252, hier bes. S. 240f.

bzw. wie tief die Christianisierung der Prußen tatsächlich ging. Die Kirchen, die die Prußen sonntags aufsuchten, befanden sich, wie erwähnt, in der Regel in den benachbarten deutschrechtlichen Dörfern. Die Ausbildung prußischer bzw. des Prußischen kundiger Pfarrer scheint die Ausnahme geblieben zu sein, obwohl sie in den Synodalstatuten z.B. des Ermlands gefordert wurde[53] und unter anderem wohl auch Übersetzungen des Vaterunsers ins Prußische kursierten.[54] Solange die Prußen ihren Pflichten und Abgaben nachkamen, blieben sie wohl in ihren Dörfern unbehelligt. Dabei hat es offenbar weiterhin heidnische Praktiken gegeben, wie sich etwa den Vorwürfen im früheren 15. Jahrhundert entnehmen lässt, der Orden habe seine Untertanen selbst nur oberflächlich christianisiert.[55] In diesem Kontext antwortete der Orden auf dem Konstanzer Konzil mit einer Lobrede auf die Erfolge der Brüder in Preußen, die bezeichnenderweise nicht auf die Mission, Kirchen und Gottesdienste eingeht, sondern die „schönen Städte, köstlichen Burgen und vielen Festungen" hervorhebt, „welche mit Gottes Hilfe zum Schutz der Gläubigen gegen die Heiden gebaut wurden", und betont, dass das blühende Land für „Ehre, Friede, Freude", aber auch für „Strenge, Recht, Gerechtigkeit" bekannt sei.[56]

Belege für heidnische Rituale finden sich dann noch in der Reformationszeit. So wird in der Chronik Lucas Davids zu 1520 berichtet, ein Freier namens Valtin Supplit habe am Strand einen

---

[53] Vgl. Constitutiones synodales Warmienses, Sambienses, Pomesanienses, Culmenses necnon provinciales Rigenses, ed. von Franz Hipler. Braunsberg 1899, Art. 11, Sp. 3 (Ende 14. Jh.), Art. 29, Sp. 18f.; vgl. Kopiczko, Andrzej: Die Verkündigung im Ermland nach der Reformation. In: Jähnig, Bernhart (Hrsg.): Kirche und Welt in der Frühen Neuzeit im Preussenland. Marburg 2007, S. 157-170, hier S. 157f.

[54] Ein Hinweis darauf ist ein Eintrag des Anfangs des prußischen Vaterunsers in der Regelhandschrift Berlin, Staatsbibliothek Preußischer Kulturbesitz, Ms. Borussica 1, fol. 117v; vgl. Die Statuten des Deutschen Ordens nach den ältesten Handschriften, ed. von Max Perlbach. Halle 1890, S. xvi.

[55] Vgl. Boockmann, Hartmut: Der Deutsche Orden. Zwölf Kapitel aus seiner Geschichte. München ²1994, bes. S. 111f.

[56] Dazu den Text in Boockmann, Hartmut / Falkenberg, Johannes: Der Deutsche Orden und die polnische Politik (Veröffentlichungen des Max-Planck-Instituts für Geschichte 45). Göttingen 1975, S. 52, Anm. 5, mit S. 224; der Hauptvorwurf betraf die Bekehrung der Samaiten, der sich der Orden mit Gewalt, Ermordung von Neugetauften, Marterung ihrer Geistlichen und Zerstörung von Kirchen und Ausstattung entgegengestellt habe, ebd., S. 220.

schwarzen Stier geopfert und zwei Tonnen Bier zum Opfermahl besorgt, um während des ‚Reiterkrieges'
zwischen dem Deutschen Orden und Polen-Litauen eine Landung der Danziger Truppen im Samland zu verhindern. Dabei hätte er „viell gauckelwercks und seltzame geberde mit händen und füssen getrieben, auch daneben seine sonderliche preusche gebett gehabt zu seinen göttern". In der Tat hätte dies einige Tage später, auch nach Aussage der beteiligte Danziger Seeleute, eine Landung der Danziger Schiffe an der Küste verhindert.[57] Dies hätte aber die Folge gehabt, dass auch die Fische nicht mehr zur samländischen Küste kamen, so dass die Fischer und die einfachen Leute sechs oder sieben Jahre keine Fische fangen konnten und große Not litten. Schließlich habe Valtin ein weiteres Ritual vollzogen. So sei eine schwarze Sau für diesen Zweck gemästet, rituell geschlachtet und zusammen mit zwei weiteren Tonnen Bier im Opfermahl verzehrt worden, damit die Fische wieder zurückkämen. Die Beteiligten an diesen Ritualen seien später vom samländischen Bischof Georg von Polenz (1519-1550) mit Strafen belegt worden; zudem habe der Pfarrer von Legitten, der Prußisch sprach, im Auftrag des Bischofs im Kirchspiel Pobethen eine „gutte scharffe predigt in preuscher sprache wider die abgötterei" gehalten.[58] Ähnlich, vielleicht sogar im selben Zusammenhang, berichtet Caspar Henneberger zu 1531, sechs Dörfer des Kirchspiels Pobethen hätten sich zusammen geschlossen, um einen Weidelotten, einen prußischen Priester, zu wählen, der dann Rituale vollzog, um die ausbleibenden Fische wieder zurückzubringen.[59]

In die späte Ordenszeit gehört auch ein Bericht des Chronisten Simon Grunau über eine Verbindung christlicher und heidnischer Elemente in einer Zeremonie, die durch einen solchen Weidelotten in einem prußischen Dorf, wohl im Bistum Ermland, durchgeführt wurde. Der Priester erhielt einen sehr hohen Stuhl, auf dem er fast die Decke berührte. Von dort hielt er eine Predigt, in der er über

---

[57] Lucas David: Preußische Chronik, ed. von Ernst Henning, Bd. 1. Königsberg 1812, S. 117-120, Zitat S. 119; dazu und zum Folgenden vgl. Wenskus, Reinhard: Kleinverbände und Kleinräume bei den Prussen des Samlandes. In: Mayer, Theodor (Hrsg.): Die Anfänge der Landgemeinde und ihr Wesen (VuF 8,2). Sigmaringen 1964 (ND 1986), S. 201-254, S. 232.

[58] Lucas David: Chronik (wie Anm. 57), S. 121-124.

[59] Henneberger, Caspar: Kurtze und warhafftige Beschreibung des Landes zu Preußen. Königsberg 1584, fol. 15b.

die Geschichte ihres Volks berichtete, aber auch die zehn Gebote erläuterte, getreu und auf eine Weise, so Grunau, wie er „sie bis auff den tagk ny so schon hette gehörtt". Danach wurde ein Bock herangeführt und gesegnet, und die Dorfbewohner mussten vor dem Weidelotten ihre Sünden beichten. Schließlich wurde der Bock rituell geopfert und in einem Backofen zubereitet; unter dem fertigen Braten erteilte der Priester den Bauern eine Absolution, indem er sie an den Haaren zog und ihnen einen Schlag gab, und am Ende – nachdem auch der Priester von den anderen an den Haaren gezogen worden war – begann ein rituelles Festmahl, das keiner nüchtern verlassen durfte.[60] Wohl auch in der Mission zentrale Elemente wie die Vermittlung der zehn Gebote und die Beichte vermischen sich mit traditionellen Ritualen. Zudem wurden auch Untergliederungen von Kirchspielen möglicherweise aus prußischer Zeit übernommen. Diese und ähnliche Formen von Synkretismus dürften lange keine Ausnahme gewesen sein, wie auch die neueren Auswertung von Grabungsfunden für das 13. bis 15. Jahrhundert belegen, die sich durch das Nebeneinander paganer und christlicher Grabbeigaben auszeichnen.[61] In der Tat war es wahrscheinlich erst die intensive seelsorgerische Betreuung in der Reformationszeit, die die Christianisierung vollendete.[62]

Insgesamt lässt sich zweifellos konstatieren, dass der Deutsche Orden sowohl auf dem Balkan wie im Baltikum im Kampf gegen Kumanen und Prußen eine ‚Schwertmission' betrieb, die – im Sinne der Definition von Franz-Joseph Post – „auf Unterdrückung tra-

---

[60] Simon Grunau's Preußische Chronik, ed. von Max Perlbach / R. Philippi / P. Wagner (Die preußischen Geschichtsschreiber des 16. und 17. Jahrhunderts 1). Leipzig 1876, Bd. 1, S. 91.

[61] Dazu nach Grabungen des 19. Jahrhunderts auf der Kurischen Nehrung Biermann, Felix: Die Siedlungsgeschichte der Kurischen Nehrung – eine archäologische Skizze. In: Mitteilungen der BGAEU 32 (2011), S. 13-32, bes. S. 24f.; zu den Funden in Stangenwalde ausführlich Biermann, Felix / Hergheligiu, Cecilia / Voigt, Heidrun / Bentz, Marc/Blum, Ottilie: Das Gräberfeld des 13. bis 15. Jahrhunderts von Stangenwalde bei Rossitten auf der Kurischen Nehrung – Auswertung der Materialien im Berliner Bestand der Prussia-Sammlung (ehemals Königsberg/Ostpreußen) (Acta Praehistorica et Archaeologica 43). Berlin 2011, S. 215-346, bes. S. 284. – Ich danke Felix Biermann für die Überlassung der Beiträge und Martin Kroker für ergänzende Hinweise in der Diskussion.

[62] Wenskus: Kleinverbände (wie Anm. 57), S. 232f. (zur Kontinuität der ‚Moter' im Kirchspiel Pobethen); allgemein Boockmann: Ostpreußen (wie Anm. 26), S. 146; ders.: Orden (wie Anm. 55), S. 111.

ditioneller Strukturen und auf einen Zwang zum Christentum" zielte.[63] Den Ausgangspunkt dafür bildete aber jeweils die Verteidigung der benachbarten christlichen Territorien. Das Burzenland war Teil der ungarischen Krone und sollte zunächst besiedelt und befestigt werden, bevor der Übergang über die Karpathen und die Etablierung im Land der Kumanen möglich war; in Preußen übernahm der Orden das vom Herzog von Masowien beanspruchte Kulmerland, um auf dieser Grundlage die Kreuzzüge gegen die Prußen zu organisieren und Siedler ins Land zu holen. Die eigentlichen Initiatoren waren damit die weltlichen Fürsten. Zur vom Orden getragenen ‚Schwertmission' wurden die Unternehmen erst dadurch, dass die Brüder selbst damit begannen, eine vom König von Ungarn wie vom Herzog von Masowien unabhängige weltliche Herrschaft aufzubauen. Während die Erfolge gegen die Kumanen nur indirekt erschlossen werden können, gelang dem Orden in rund fünfzig Jahren, von 1231 bis 1274/1283, mit mehrfachen Rückschlägen, die Unterwerfung der Prußen, die Zerschlagung der traditionellen Strukturen und der Aufbau einer eigenen Landesherrschaft. Sowohl auf dem Baltikum wie auf dem Balkan war die Bekehrung zunächst oberflächlich, so dass es einer längerfristigen inneren Mission durch andere Institutionen bedurfte,[64] da der Orden nicht über geeignetes Personal verfügte. Diese wurde in beiden Fällen von den Bettelorden, insbesondere den Dominikanern, übernommen, die in beiden Fällen auch Bistümer übernahmen.

Das Vorgehen des Ordens stieß immer wieder auf Kritik. So konnten, wie nicht nur der Christburger Vertrag deutlich macht, die Neugetauften eigene Rechte geltend machen,[65] die der Orden berücksichtigen musste. Damit konnte argumentiert werden, zur friedlichen Mission bereite Völker würden durch die gewaltsame Behandlung und Unterwerfung der Anderen vom Übertritt zum Christentum abgehalten; der Orden behindere also die Mission, statt sie zu fördern. Das ließ sich später auch auf die Verhältnisse in Preußen anwenden, mit dem – offenbar zumindest für einige

---

[63] Wie Anm. 3.
[64] Wie das auch im Ansatz von Post formuliert ist, wie oben.
[65] Auf dem Konstanzer Konzil hat insbesondere der Jurist Paulus Wladimiri – gleichwohl gegen die Herrschaftsrechte des Ordens – argumentiert, Heiden dürften nicht als solche ihrer Rechte und Besitzungen beraubt werden; siehe u.a. Boockmann: Falkenberg (wie Anm. 56), S. 227f.

Landesteile nicht ganz unberechtigten – Vorwurf, die Brüder hätten die Prußen nur oberflächlich christianisiert. Ein wesentlicher Aspekt scheint mir – soweit ich sehe, auch im Unterschied zu anderen Beispielen für ‚Schwertmission' – die Art und Weise zu sein, in der die unterworfenen Völker in die entstehende neue Gesellschaft integriert wurden. Unterhalb der Stammesebene blieben die prußischen Strukturen in Teilen erhalten; die Dorfgemeinschaften hatten eine gewisse Selbstverwaltung, und prußische Freie und Adlige konnten ihre Stellung auch unter der Ordensherrschaft wahren.[66] Die Prußen bildeten so eine Gruppe mit eigenem Recht. Es waren diese ‚Freiräume', die – zusammen mit der räumlichen Entfernung zur Pfarrkirche und sprachlichen Problemen der Pfarrer – letztlich die missionarische Durch-dringung insbesondere der Landgemeinden verhinderten. Die ‚Schwertmission' wurde in dieser Perspektive erst durch die intensivere Zuwendung zu den Prußen in der Reformationszeit vollendet.

---

[66] Dazu u.a. wiederum Wenskus: Kleinverbände (wie Anm. 57), passim; sowie die Anm. 43 zitierte Bemerkung von Hartmut Boockmann.

KATRIN BOURRÉE

GEWALT GEGEN BEKEHRTE? DER KONFLIKT DES DEUTSCHEN ORDENS MIT POLEN-LITAUEN NACH 1386

Das Thema der Gewalt, genauer gesagt die Legitimation von Kriegen, war für das mittelalterliche Christentum ambivalent.[1] Frühe christliche Autoren wie Tertulian sahen eine völlige Unvereinbarkeit zwischen dem christlichen Glauben und dem Waffengebrauch; die einzige Waffe des Christen sollte das Gebet sein.[2] Spätestens Augustinus legte das Fundament für die traditionelle Kirchendoktrin über die Rechtmäßigkeit bzw. Unrechtmäßigkeit von Kriegen. Obgleich der Krieg für den Kirchenvater eine unvermeidliche Folge der Erbsünde war,[3] sprach er den Kriegsparteien eine moralische Verantwortung zu – unter dieser Prämisse konnte es für einen Christen Kriege geben, die nach reiflicher Überlegung zu verantworten waren. Augustinus legte hierbei nicht nur als Hauptziel eines Krieges die Erlangung des Friedens fest, sondern definierte

---

[1] Fitschen, Klaus: Gerechter Krieg? Stellungnahmen zur Anwendung militärischer Gewalt in der Geschichte des Christentums. In: Ratzmann, Wolfgang (Hrsg.): Religion, Christentum, Gewalt: Einblicke und Perspektiven. Leipzig 2004, S. 99-119, oder auch Luz, Ulrich: Feindesliebe und Gewaltverzicht. Zur Struktur und Problematik neutestamentlicher Friedensideen. In: Holzem, Andreas (Hrsg.): Krieg und Christentum. Religiöse Gewalttheorien in der Kriegserfahrung des Westens (Krieg in der Geschichte 50). Paderborn / München / Wien / Zürich 2009, S. 137-149, hier S. 139.

[2] Bähnk, Wiebke: Von der Notwendigkeit des Leidens. Die Theologie des Martyriums bei Tertullian (Forschungen zur Kirchen- und Dogmengeschichte 78). Göttingen 2001, S. 63. Generell zur Frage von Gewalt und Krieg im (frühen) Christentum siehe Bachrach, David Steward: Religion and the conduct of war: c. 300-1215 (Warfare in history 16). Woodbridge / Suffolk 2003, S. 7-31, und auch Schreiner, Klaus: Gottesfriede und Heiliger Krieg. Religion in politisch-militärischen Kontexten des Mittelalters und der Frühen Neuzeit. In: Schreiber, Waltraud (Hrsg.): Die religiöse Dimension im Geschichtsunterricht an Europas Schulen. Ein interdisziplinäres Forschungsprojekt. Tagungsband (Bayerische Studien zur Geschichtsdidaktik 2). Neuried 2000, S. 157-191.

[3] Brachtendorf, Johannes: Augustinus: Friedensethik und Friedenspolitik. In: Holzem: Krieg und Christentum (wie Anm. 1), S. 234-253, hier S. 235f.

verbindliche Kriterien, die einen Krieg als ‚gerecht' klassifizieren sollten. Der Krieg musste aus einem gerechten Grund und nicht aus Machtgier oder Ehrgeiz geführt werden, nur eine legitime Autorität sollte einen Krieg anordnen dürfen.[4] Erst dann war dem Christen die Teilnahme erlaubt. Rund acht Jahrhunderte später wurde diese kanonische Lehre des ‚gerechten Krieges' durch Thomas von Aquin schließlich endgültig ausformuliert.[5]

Einen Schritt weiter geht die Vorstellung von der Heiligung des Krieges, steht hier doch nicht mehr nur die Frage nach der Legitimität im Mittelpunkt der Betrachtung, sondern das Kriegführen wird geradezu zur Pflicht. Wie Klaus Schreiner 2008 deutlich gemacht hat, bedingte die „Einbindung der Kirche in die Verfassungsordnung des mittelalterlichen Reiches" im „wachsenden Maße eine Heiligung des Krieges".[6] So wurden Verlauf und Ausgang von Kriegen als Gottesurteile verstanden. Zudem galt ein Krieg auch als heilig, wenn sein Ziel heilig war, was insbesondere auf die Kreuzzüge zutraf, deren Ziele als von Gott gebilligt verstanden wurden. Die gewaltsame Bekehrung von Heiden bzw. die Unterwerfung von Ketzern wurde in ähnlicher Weise als heilig klassifiziert, entsprechende Ablassversprechen für Teilnehmer solcher Unternehmungen und die Stiftung von Ritterorden zum Heidenkampf sind beredter Ausdruck dieser Haltung des Christentums im Mittelalter.

---

[4] Ebd., S. 240-244.
[5] Beestermöller, Gerhard: Thomas von Aquin: Die Idee des ‚gerechten Krieges' als Friedensethik? In: Bruha, Thomas / Heselhaus, Sebastian / Marauhn, Thilo (Hrsg.): Egalität, Legitimität und Moral: Können Gerechtigkeitspostulate Kriege rechtfertigen? (Jus Internationale et Europaeum 24). Tübingen 2008, S. 25-42.
[6] Schreiner, Klaus: Einführung. In: ders. / Müller-Luckner, Elisabeth (Hrsg.): Heilige Kriege. Religiöse Begründungen militärischer Gewaltanwendung. Judentum, Christentum und Islam im Vergleich (Schriften des Historischen Kollegs. Kolloquien 78). München 2008, S. VII-XXIII, hier S. IX. Gegen eine Unterscheidung von ‚gerechtem' und ‚heiligem Krieg' argumentiert hingegen Ernst-Dieter Hehl, denn im zeitgenössischen Verständnis seien auch die Kreuzzüge ‚gerechte Kriege' zur Verteidigung der Christenheit gewesen, siehe Hehl, Ernst-Dieter: Heiliger Krieg – eine Schimäre? Überlegungen zur Kanonistik und Politik des 12. und 13. Jahrhunderts. In: Holzem: Krieg und Christentum (wie Anm. 1), S. 323-340. Allgemein zur Definition eines Kreuzzugs siehe Schneider, Eberhard: Kreuzzug, heiliger und gerechter Krieg. In: GWU 29 (1978), S. 242-256, und Hehl, Ernst-Dieter: Was ist eigentlich ein Kreuzzug? In: HZ 259 (1994), S. 297-336.

Doch ebenso wie es aus verschiedenen Gründen zu massiver Kritik an den militärischen Wallfahrten kam, vor allem nach dem gescheiterten Zweiten Kreuzzug,[7] so löste die Frage nach der Zulässigkeit von Zwangsmissionierungen große theologische Debatten aus. Die Gewaltmission musste in heftigem Widerspruch zum Grundsatz freier Glaubensentscheidung stehen, auf die wichtige theologische Autoritäten mit Nachdruck hinwiesen: So beispielsweise Gratian, der darauf beharrte, dass zum Glauben niemand gezwungen werden könne oder Thomas von Aquin, der diese Haltung mit dem Hinweis auf den freien Willen unterstrich.[8] Wenn zudem den Heiden eine mit den Christen gemeinsame Natur unterstellt wurde, wie es Radulfus Niger um 1200 tat,[9] dann waren dies schwerwiegende Argumente. In der sozialen Praxis der gewaltsamen ‚Heidenfahrt' entfalteten sie zuweilen ihre Wirkung, wenn beispielsweise ein prominenter Teilnehmer dieser Heerfahrten gegen Heiden und Andersgläubige von Zweifeln an seinem Tun überfallen wurde. Als ein Beispiel des 15. Jahrhunderts kann hier Oswald von Wolkenstein genannt werden.[10]

---

[7] Schmugge, Ludwig: „Deus lo vult?" Zu den Wandlungen der Kreuzzugsidee im Mittelalter. In: Schreiner / Müller-Luckner: Heilige Kriege (wie Anm. 6), S. 93-108, hier S. 97; weitere Beispiele für die massive Kritik an der Kreuzzugsidee im 12. und 13. Jahrhundert ebd., S. 97-100. Constantin Hruschka hingegen verweist auf die von einem großen Teil der Forschung vertretene Meinung, dass die Kreuzzugsidee an Bedeutung verloren habe, da es zunehmend zu innerchristlichen Streitigkeiten gekommen sei, siehe Hruschka, Constantin: Kriegsführung und Geschichtsschreibung im Spätmittelalter. Eine Untersuchung zur Chronistik der Konzilszeit (Kollektive Einstellungen und sozialer Wandel im Mittelalter NF 5). Köln 2001, insbesondere S. 70ff. Allgemein zur Kreuzzugskritik siehe auch Hiestand, Rudolf: „Gott will es!" Will Gott es wirklich? Die Kreuzzugsidee in der Kritik ihrer Zeit (Beiträge zur Friedensethik 29). Stuttgart u.a. 1998.

[8] Maier, Hans: Compelle intrare. Rechtfertigungsgründe für die Anwendung von Gewalt zum Schutz und zur Ausbreitung des Glaubens in der Theologie des abendländischen Christentums. In: Schreiner / Müller-Luckner: Heilige Kriege (wie Anm. 6), S. 55-70, hier S. 55.

[9] Schmugge: Zu den Wandlungen (wie Anm. 7), S. 98.

[10] Schwob, Ute Monika: Zweifel am gerechten Glaubenskrieg? Oswald von Wolkenstein und seine adeligen Freunde als Preußenfahrer. In: Wenta, Jaroslaw (Hrsg.): Mittelalterliche Kultur und Literatur im Deutschordensstaat in Preussen: Leben und Nachleben. Interdisziplinäres Symposium über die Kultur und Literatur im Deutschordensstaat in Preußen, 22. bis 26. September 2004, Kwidzyn (Sacra bella septentrionalia 1). Toruń 2008, S. 271-289.

In den beinahe 200 Jahren seines Wirkens in der so genannten Ostmission kamen dem Deutschen Orden solche Zweifel an der Legitimität der gewaltsamen Verbreitung des Christentums naturgemäß nicht. Denn neben der Hospitalität gehörte ja vor allem der Heidenkampf zu seinen Stiftungsaufgaben. Ein entsprechendes Privileg Papst Innozenz' III. aus dem Jahr 1199 hatte der Gemeinschaft zu diesem Zweck die Übernahme der Templerregel für den Militärdienst bestätigt.[11] Somit konnte die zeitgleich diskutierte Frage nach der Zulässigkeit eines von Christen gegen Heiden geführten Krieges das Selbstverständnis der Brüder nicht erschüttern. Aber gerade weil die Haltung des Christentums in dieser Hinsicht ambivalent war und die Gegner des Heidenkampfes durchaus nachhaltig den Diskurs beeinflussten, wie die anhaltend kritische Einschätzung der Kreuzzüge beispielsweise in der Historiographie belegt,[12] konnten diese Argumente in konkreten politischen Auseinandersetzungen oder im Rahmen von Rechtsverfahren großes Gewicht erlangen.

Die Frage nach dem gewaltsamen Vorgehen gegen Heiden gehörte also zu den umstrittenen Themen der christlichen Gesellschaften des Mittelalters. Aber wie erklärungsbedürftig musste dann erst Gewalt sein, die sich nicht gegen Heiden, sondern gegen christliche Glaubensbrüder richtete? Zu Beginn des 15. Jahrhunderts sollte eben dieses grundsätzliche Problem im Mittelpunkt eines Großkonflikts stehen, der über längere Jahre die Politik und die Diskurse der Zeit bestimmte: Der Deutsche Orden, die Mauer oder das Schild der Christenheit gegen die Heiden, wie es immer wieder in der Selbstbeschreibung der Gemeinschaft,[13] aber auch in päpstlichen Urkunden und in der Historiographie lautete, erschien plötzlich als eine Geißel des Glaubens, gegen die alle Christenkönige und Fürsten vorzugehen verpflichtet waren. So jedenfalls ließ der

---

[11] Tabulae Ordinis Theutonici, ex tabularii regii Berolinensis codice potissimum, ed. von Ernst Strehlke. Berlin 1869, Nr. 297, S. 266 (19. Februar 1199). Durch eine Bulle Honorius' III. vom 8. Dezember 1216 wurde der Deutsche Orden schließlich mit den Templern und den Johannitern rechtlich gleichgestellt, siehe ebd., Nr. 303, S. 272ff.

[12] Schmugge: Zu den Wandlungen (wie Anm. 7), S. 97.

[13] Siehe zum Beispiel die Stilisierung in der Verteidigungsschrift des Hochmeisters gegen die Anklagen des polnischen Königs aus dem Jahr 1403: Codex diplomaticus Prussicus. Urkundensammlung zur älteren Geschichte Preußens aus dem Königlichen Geheimarchiv zu Königsberg nebst Regesten, ed. von Johannes Voigt, Bd. 6. Königsberg 1861, Nr. 146, S. 155-160.

Karte 8: Das Baltikum im Konflikt zwischen Deutschem Orden und Polen-Litauen[14]

Bischof von Salisbury den Ordensprokurator auf dem Konstanzer Konzil 1415 mit „schreienden bozen worten"[15] wissen. Der uner-

---

[14] Aus: Dieter Zimmerling: Der Deutsche Ritterorden, Düsseldorf, Wien, New York ²1991, S. 206.
[15] Die Berichte der Generalprokuratoren des Deutschen Ordens an der Kurie, Bd. 2: Peter von Wormditt (1403-1419), ed. von Hans Koeppen (Veröffentlichun-

hörte Vorwurf stand im Raum, dass die hoch angesehene Ordensgemeinschaft mit unrechtmäßiger Gewalt gegen Glaubensbrüder, gegen bekehrte Christen vorginge und damit ihren Stiftungsaufgaben diametral zuwiderhandelte, die doch in der Ausbreitung und Festigung des Glaubens bestanden.

Wie aber war es so weit gekommen? Der Orden hatte nach der Eroberung und Festigung seiner Herrschaft in Preußen das ganze 14. Jahrhundert hindurch Kämpfe gegen das benachbarte Litauen geführt und so völlig selbstverständlich das getan, wozu er in diese Region geschickt worden war.[16] Zu diesem Zweck war die Gemeinschaft mit entsprechenden Privilegien der Kurie ausgestattet worden,[17] flankiert von Ablässen,[18] um die Ordensbrüder in dieser heiligen Pflicht zu unterstützen. Durch die päpstliche Autorität wurde somit die Legitimität der Kriegszüge gewährleistet. Zugleich sorgte aber auch die Präsenz der vielen west- und südeuropäischen Adeligen, die im gesamten 14. Jahrhundert den Orden auf seinen ‚Litauenreisen' unterstützten, dafür, dass die Rechtmäßigkeit des Unterfangens dauerhaft unterstrichen und an den Höfen Europas als Norm präsent gehalten wurde. Die legitimatorische Unterstützung der weltlichen Elite wurde wiederum durch zwei unhinterfragbare Bedürfnisse der Akteure auf Dauer gestellt: Zum einen durch den Wunsch, die zeitlichen Sündenstrafen zu verkürzen; zum anderen wollte man mit diesen Fahrten, die ein fester Be-

---

gen aus den Archiven Preußischer Kulturbesitz 13). Köln u.a. 1960, Nr. 125, S. 263-266, hier S. 265.

[16] Boockmann, Hartmut: Der Deutsche Orden. Zwölf Kapitel aus seiner Geschichte. München 1981, S. 151.

[17] So bat Hermann von Salza 1230 und 1232 um Kreuzzugsbullen für die Unternehmung gegen die Prußen, die er auch erhielt, siehe Militzer, Klaus: Von Akkon zur Marienburg. Verfassung, Verwaltung und Sozialstruktur des Deutschen Ordens 1190-1309 (Quellen und Studien zur Geschichte des Deutschen Ordens 56). Marburg 1999, S. 339.

[18] Ab 1304 wurden die Kreuzzüge ins Heilige Land und nach Preußen von der Kurie in derselben Weise betrachtet, wie die päpstlichen Ablässe zeigen. Ausführlich zu den Ablässen für den Deutschen Orden, sowohl den allgemeinen, die zur Unterstützung des Ordens gewährt wurden, als auch zu denjenigen, die für die Kriege gegen die Prussen, Liven und die Litauer ausgestellt wurden, Ehlers, Axel: Die Ablasspraxis des Deutschen Ordens im Mittelalter (Quellen und Studien zur Geschichte des Deutschen Ordens 64). Marburg 2007, insbesondere Kapitel II.

standteil der ritterlich-adeligen Lebensweise der Zeit waren,[19] zugleich seinen statusmäßigen Verpflichtungen nachkommen. Auch Könige wie Johann der Blinde und sein Sohn Karl IV. teilten dieses Bedürfnis;[20] Vorbilder, denen man nachstrebte und denen man Autorität zusprach.

Neben den Litauenfahrten stießen auch die regelmäßigen Einfälle des Ordens in das litauische Gebiet, bei denen durch Plünderungen und die Verschleppung von Menschen, die als Geiseln oder durch ihre Arbeitskraft in Kapital für den Orden umgewandelt werden konnten, nicht auf Protest.[21] Die Legitimität des Heiden-

---

[19] Grundlegend zu den Preußen- bzw Litauenfahrten hat sich Werner Paravicini geäußert, der auch auf ihre Bedeutung für die ritterlich-höfische Kultur hingewiesen hat, siehe Paravicini, Werner: Die Preußenreisen des europäischen Adels (Beihefte der Francia 17), Bd. 1-2. Sigmaringen 1989, und ders.: Von der ritterlichen zur höfischen Kultur: Der Deutsche Orden in Preußen. In: Wenta: Mittelalterliche Kultur und Literatur (wie Anm. 10), S. 15-54.

[20] Der autobiographische Bericht Karls IV. über die gemeinsame Teilnahme an einer solchen ‚Litauenreise' mit seinem Vater: Vita Caroli Quarti. Die Autobiographie Karls IV., ed. von Eugen Hillenbrand. Stuttgart 1979, cap. 16, S. 182-185.

[21] Die ordensnahe Chronistik ist voller Beispiele für die beinahe stereotypen und vor allem beiläufigen Aufzählungen der Einfälle nach Litauen oder Russland, bei denen stets eine Auflistung der getöteten Heiden, aber auch der Beute, insbesondere an Vieh und Pferden, erfolgt. Als eindrückliche Exempel können an dieser Stelle neben der „Älteren Hochmeisterchronik" die Chronik des Peter von Dusburg, aber auch die Johanns von Posilge genannt werden. Häufig trifft man an diesen Stellen auf Formulierungen wie „sy irslugen vil heiden" (Die Ältere Hochmeisterchronik, bearb. von Max Toeppen. In: Scriptores rerum Prussicarum. Die Geschichtsquellen der preußischen Vorzeit bis zum Untergang der Ordensherrschaft, ed. von Theodor Hirsch / Max Toeppen / Ernst Strehlke, Bd. 3. Leipzig 1866, S. 540-637, hier S. 625), aber auch akribische Auflistungen von Toten, Geiseln und Beutetieren. An diesen Stellen wird der materielle Nutzen der Einfälle für den Orden sehr deutlich. Johann Posilge bewertet diese Einfälle nach Litauen und Russland immer wieder als „gute reyse(n)" (Johann von Posilge: Chronik des Landes Preußen, ed. von Ernst Strehlke. In: Scriptores rerum Prussicarum. Die Geschichtsquellen der preußischen Vorzeit bis zum Untergang der Ordensherrschaft, ed. von Theodor Hirsch / Max Toeppen / Ernst Strehlke, Bd. 3. Leipzig 1866, S. 79-388, hier S. 206) und hierbei sind sicherlich nicht ausschließlich die vermeintlichen Erfolge beim Heidenkampf und der Mission gemeint. Dass das Töten und Ausrauben der Heiden von den Chronisten als völlig selbstverständlich verstanden wurde, zeigt sich in der Art, wie beispielsweise die „Ältere Hochmeisterchronik" von einem Kriegszug des Ordensmarschalls Werner von Tettingen gegen die Russen nach Nowogródek berichtet, der von dort weiter über Merecz in das Grenzgebiet zu Polen gezogen war: „Do dingten sich dy man alle abe, weib und kinder nam her gefangen, und vorbrante das hawsz. Ouch herte er das land XV

kampfes war in der genannten Weise gesellschaftlich fest verankert, zudem handelte der Gegner ähnlich, wenn er in das preußische Gebiet einfiel.[22]

Streng genommen verfügte der Deutsche Orden sogar über die rechtlichen Grundlagen, um in Litauen zu intervenieren, zumindest wenn man davon ausgeht, dass die entsprechenden Urkunden nicht

---

tage und irmorte vil menschen. Her furte mit em zcu hawsze gefangen II^M und II^C meschen und mehe wenn M Pferd, dorzcu IX schog vyhes." (Ältere Hochmeisterchronik, S. 627). In der älteren Geschichtsschreibung Peters von Dusburg wird das Töten der Heiden sogar noch deutlich positiver gewertet und vor allem in den Zusammenhang eines Kampfes ‚Gut' gegen ‚Böse' gesetzt. So schneiden bei diesem Chronisten die Ordensbrüder einem fliehenden Heer der Prußen den Weg ab, „damit niemand entkommen könne und erschlugen dann die Sünder in ihrem Zorn. Dort verschlang das geschwungene Schwert der christlichen Ritterschaft das Fleisch der Ungläubigen, hier schlug ihr Speer blutige Wunden, denn die Prußen konnten weder hierhin noch dorthin vor ihren Verfolgern entweichen, und so wurde ein großes Blutbad unter dem Volk der Prußen angerichtet; an diesem Tage fielen nämlich über 5000." Peter von Dusburg: Chronik des Preußenlandes. Deutsche Übersetzung mit Erläuterungen von Klaus Scholz und Peter Wojtecki (Ausgewählte Quellen zur deutschen Geschichte des Mittelalters. FSGA 25). Darmstadt 1984, S. 113. Die maßgebliche Edition: Petrus de Dusburg: Chronicon terrae Prussiae. Mit kritischen Kommentaren von Max Toeppen nachgedruckt in: Scriptores rerum Prussicarum. Die Geschichtsquellen der preußischen Vorzeit bis zum Untergang der Ordensherrschaft, ed. von Theodor Hirsch / Max Toeppen / Ernst Strehlke, Bd. 1. Leipzig 1861, S. 3-269. Auffällig ist ebenfalls, dass auch die Maßstäbe der ritterlichen Kriegsführung seitens der Christen durchaus immer wieder ausgesetzt wurden, denn weder das Töten von Kindern und Frauen, noch das Abschlachten und die Gefangennahme der Feinde im Badehaus oder im Bett werden von den Geschichtsschreibern kritisch betrachtet, siehe beispielsweise Johann von Posilge: Chronik des Landes Preußen, S. 256.

[22] Interessanterweise bestanden während der gesamten Zeit trotz der dauerhaften Gewalt zwischen den Ordensbrüdern und Litauen auch kulturelle und wirtschaftliche Kontakte zwischen den beiden Parteien, die auch von der Chronistik nicht völlig verleugnet werden: „In desim jare was nicht vil gescheftes, wend das man losunge machte mit Kinstod umd die gefangenen." Johann von Posilge: Chronik des Landes Preußen (wie Anm. 20), S. 91. Auf die vielfältigen Formen des friedlichen Austausches zwischen den Nachbarn haben auch Arturas Dubonis und Rimvydas Petrauskas hingewiesen, siehe Dubonis, Arturas: Das Grenzgebiet zwischen Litauen und dem Deutschen Orden: soziale, wirtschaftliche, administrative, ethnische und kulturelle Kommunikation in den Jahren 1290–1422. In: Paravicini, Werner (Hrsg.): Tannenberg – Grunwald – Zalgiris 1410. Krieg und Frieden im späten Mittelalter (Deutsches Historisches Institut Warschau 26). Wiesbaden 2012, S. 53-69. bzw. Petrauskas, Rimvydas: Litauen und der Deutsche Orden vom Feind zum Verbündeten. In: ebd., S. 237-253.

gefälscht sind.²³ Der litauischen Fürst Mindowe hatte ihm in der Mitte des 13. Jahrhunderts die Oberherrschaft über das Großfürstentum übertragen, um sich gegen seine fürstlichen Konkurrenten durchzusetzen, und dem Orden dabei zugleich Samaiten abgetreten. Samaiten, dieser westliche Teil Litauens, war aus geographischen Gründen für die Ordensherren von besonderer Bedeutung, lag er doch genau zwischen Livland und Preußen und trennte so die beiden Einflussbereiche des Ordens in unvorteilhafter Weise voneinander. Während des gesamten 13. und 14. Jahrhunderts gelang es dem Orden jedoch nie, seine Ansprüche in Litauen durchzusetzen. Neben der Weite des vom Orden beanspruchten Gebiets muss das taktische Geschick der Litauerfürsten als Ursachen genannt werden: Da Litauen im Westen lateinische Christen als Nachbarn hatte, sich griechisch-russische Christen an der Ostgrenze anschlossen und die Litauer, wie die Tataren, ihre weiteren Nachbarn, Heiden waren, konnten die gerade dominierenden Fürsten in Litauen geschickt Bündnisse mit wechselnden Partnern eingehen. Auf diese Weise setzte man sich gegen die fürstliche Konkurrenz in Litauen durch und konnte die gefährlichen Nachbarn strategisch gegeneinander ausspielen.²⁴ Der entscheidende Trumpf in diesem Spiel war die Taufe, die man vollziehen oder verweigern, nach lateinischem oder östlichem Ritus vornehmen lassen konnte, auch gerne mehrfach hintereinander, wenngleich das nach kirchlichen Geboten streng verboten war.²⁵

Das Taktieren der Litauer und die rasch wechselnden Bündniskonstellationen im 13. und 14. Jahrhundert, in denen auch immer

---

[23] Boockmann: Der Deutsche Orden (wie Anm. 15), S. 152.
[24] Ebd., S. 154.
[25] Miethke, Jürgen: Heiliger Heidenkrieg? Theoretische Kontroversen zwischen Deutschem Orden und dem Königreich Polen vor und auf dem Konstanzer Konzil. In: Schreiner / Müller-Luckner: Heilige Kriege (wie Anm. 6), S. 109-125, hier S. 116, und Angenendt, Arnold: Geschichte der Religiosität im Mittelalter. Darmstadt 1997, S. 465. Im Verständnis der Alten Kirche war eine im Glauben und Ethos nicht realisierte Taufe wirkungslos für das Heil, aber im Falle einer gläubigen Rückkehr lebte die alte Taufgnade wieder auf. Laut Arnold Angenendt ist im Mittelalter eine Verschiebung der Auffassung zur einer rituellen Selbstwirksamkeit hin zu beobachten: Zwangstaufen waren eigentlich verboten, da sie ohne freie Zustimmung erfolgt waren, ihre Wirkung war jedoch durchaus anerkannt. Personen, die gegen ihren Willen getauft wurden, mussten deshalb trotzdem Christen bleiben, eine ‚Umkehr' war nicht mehr möglich, siehe Angenendt: Geschichte der Religiosität, S. 380, mit entsprechenden Beispielen.

wieder das Königreich Polen eine Rolle spielte, waren paradoxerweise einerseits eine Ursache des Scheiterns der Ordenspolitik, aber zugleich die stete Legitimation für das weitere Handeln. Für die Gemeinschaft bestand deshalb kein Grund, von ihrem ursprünglichen gewaltsamen Vorgehen in Litauen abzulassen.

Im letzten Viertel des 14. Jahrhunderts trat dann jedoch eine Situation ein, die die Lage für den Orden schlagartig änderte: Kasimir III. von Polen war 1370 ohne männliche Nachkommen verstorben. Ludwig der Große von Ungarn, der Sohn der älteren Schwester des Königs aus dem Hause Anjou, folgte ihm auf den Thron und die Vertreter der piastischen Linien wurden dadurch übergangen. Ungarn und Polen wurden durch diese Thronerhebung in Personalunion verbunden.[26] Dies missfiel dem polnischen Adel sehr, wurde Polen doch nur noch wie ein Nebenland der ungarischen Krone behandelt. Als König Ludwig schließlich zum polnischen König gekrönt wurde, war er bereits so alt, dass umgehend die Nachfolgefrage akut wurde. Obgleich auch er nicht mit männlichen Nachkommen ausgestattet war, hatte er doch zwei Töchter – Maria und Jadwiga – die beide verlobt waren. Maria mit Sigismund von Ungarn, dem Sohn Karls IV., und Jadwiga mit Herzog Wilhelm von Österreich. Nach dem Tod König Ludwigs und der Hochzeit Prinzessin Marias forderten die polnischen Stände von Sigismund von Ungarn als Bedingung für die Thronerhebung, dass er dauerhaft in Polen bleiben solle.[27] Als er dies verweigerte, holten die polnischen Stände Jadwiga nach Polen und forcierten die Ehe mit dem litauischen Fürsten Jagiełło. In dem am 14. August 1385 geschlossenen Vertrag wurde als Gegenleistung für die Hand der Prinzessin und den polnischen Thron festgelegt, dass sich Fürst Jagiełło zusammen mit seinen litauischen Untertanen taufen lassen sollte.[28] Seine Länder sollten zudem dauerhaft in den Besitz der polnischen Krone übergehen. Schließlich versprach der Fürst, sich um die Rückgewinnung derjenigen Gebiete zu bemühen, die Polen verloren gegangen waren, so die etwas vage Formulierung. Taufe, Heirat und Krönung Jagiełłos folgten in nur wenigen Tagen Anfang des Jahres 1386. Jagiełło, dessen christlicher Name nun Władysław lautete, hatte sich zuvor noch bemüht, den Hochmeister

---

[26] Sarnowsky, Jürgen: Der deutsche Orden. München 2007, S. 90.
[27] Miethke: Heiliger Heidenkrieg (wie Anm. 24), S. 110.
[28] Boockmann: Der Deutsche Orden (wie Anm. 15), S. 171.

des Deutschen Ordens als Taufpaten für das Ritual in Krakau zu gewinnen. Doch die Reaktion des Deutschen Ordens war eindeutig: Nicht nur, dass der Hochmeister die Einladung des polnischen Königs ausschlug, er ließ noch während der Feierlichkeiten Kontingente des Ordens in Litauen einziehen.[29] Den Hintergrund für das aggressive Verhalten des Ordens hat die historische Forschung bereits frühzeitig identifizieren können: Durch die Eheschließung und Taufe des litauischen Fürsten war dem Ordensland nicht nur ein mächtiger Doppelstaat als Nachbar entstanden, gegen dessen Teilstaaten er zuvor unerbittlich Krieg geführt hatte, sondern die umfassende Christianisierung Litauens beraubte den Ritterorden mit einem Schlag seiner Existenzberechtigung in der Region.[30]

Bis zum so genannten Ewigen Frieden von Brest im Jahr 1435 kam es denn nun auch immer wieder zu massiven kriegerischen Auseinandersetzungen mit der Polnisch-Litauischen Union, und es wird deutlich, dass der Orden begann, eine Doppelstrategie zu verfolgen:[31] Einerseits versuchte er die Union zu spalten und einen der beiden Partner auf seine Seite zu ziehen. Andererseits stellten sich der Hochmeister und seine Ordensbrüder auf den für sie notwendigen Standpunkt, dass Jagiełło und mit ihm alle seine litauischen Landsleute weiterhin als Heiden zu betrachten seien, da ihre Taufen nicht aus aufrichtiger Gesinnung geschehen wären.[32] Zwar konnten die Ordensherren zunächst gewisse Legitimationserfolge

---

[29] Auch Johann von Posilge berichtet, wie der Meister der lettischen Ordensbrüder während des Hochzeitfestes in Litauen einfiel, siehe Johann von Posilge: Chronik des Landes Preußen (wie Anm. 20), S. 145.
[30] Die Bewertung der Forschung in dieser Hinsicht ist einhellig, beispielhaft können hier Boockmann, Hartmut: Johannes Falkenberg, der Deutsche Orden und die polnische Politik. Untersuchungen zur politischen Theorie des späteren Mittelalters (Veröffentlichungen des Max-Planck-Instituts für Geschichte 45). Göttingen 1975, S. 50f., oder Miethke: Heiliger Heidenkrieg (wie Anm. 24), S. 111, genannt werden.
[31] Sarnowsky: Deutscher Orden (wie Anm. 25), S. 90f.
[32] Sehr anschaulich dokumentieren diese Sichtweise des Ordens die Denkschriften, die der Orden am Ausgang des 14. und zu Beginn des 15. Jahrhunderts europaweit von Gesandten überbringen ließ, siehe Boockmann: Der Deutsche Orden (wie Anm. 15), S. 176f. Einer dieser Briefe an die Fürsten und Städte Europas vom 8. Oktober 1407 ist in die Chronik Johann von Posilges inseriert. Der Orden unterstreicht in diesem Schreiben, dass König Jagiełło nur Christ geworden sei, um ein großes christliches Reich zu erhalten und „konig mochte werdin czu Polan, und nicht von christinlicher libe [...]", siehe Johann von Posilge: Chronik des Landes Preußen (wie Anm. 20), S. 306.

erzielen, da der europäische Adel weiterhin massenhaft an den Litauenzügen teilnahm und diese in den 1390er Jahren sogar einen Höhepunkt erreichten,[33] aber die rasche Positionierung des Papstes zugunsten der polnisch-litauischen Partei versetzte dem Orden einen herben Schlag. Im Abstand von wenigen Monaten ließ Urban VI. nicht nur seine Freude über die Taufe des Königs verlautbaren, sondern ernannte einen Bischof für das von Jagiełło neu gestiftete litauische Bistum und dankte dem König schließlich am 17. April 1388 für seine Verdienste um die Kirche.[34] Diese Anerkennung des Kirchenoberhauptes musste den Orden geradezu als einen Tyrannen gegen einen Wohltäter der Christenheit erscheinen lassen. Umgehend versuchten die Ordensbrüder in einem wahren Propagandafeldzug für ihre Position zu werben, Adressaten waren die Fürsten Europas[35] und das Papsttum[36] selbst. Der Streit weitete sich zu einer theologischen Kontroverse aus, die von den Gelehrten der Krakauer Universität geführt wurde, im Gegenzug wurden verschiedene Schriften verfasst, die dezidiert den Standpunkt des Ordens vertraten.[37]

Auf dem Höhepunkt dieser diskursiven Auseinandersetzungen und nachdem der Versuch König Sigismunds gescheitert war, nach der Schlacht bei Tannenberg eine Einigung zwischen beiden Par-

---

[33] Miethke: Heiliger Heidenkrieg (wie Anm. 24), S. 112.

[34] Die Urkunde ist in die Chronik des Jan Długosz' inseriert, aber fälschlich dem Jahr 1387 zugeordnet worden, wie Hartmut Boockmann überzeugend darlegen konnte, siehe Boockmann: Johannes Falkenberg (wie Anm. 29), S. 56, Anmerkung 23 und Anmerkung 24.

[35] Als Beispiel kann die ausführliche Verteidigungsschrift des Hochmeisters gegen die Vorwürfe des polnischen Königs aus dem Jahr 1403 angeführt werden, siehe Voigt: Codex diplomaticus prussicus, Bd. 6 (wie Anm. 13), S. 155-160.

[36] So zum Beispiel am 7. Mai 1388, siehe Codex diplomaticus Prussicus. Urkundensammlung zur älteren Geschichte Preußens aus dem Königlichen Geheimarchiv zu Königsberg nebst Regesten, ed. von Johannes Voigt, Bd. 4. Königsberg 1853, Nr. 52, S. 66f.

[37] Die Auseinandersetzung zwischen dem Orden und dem polnischen König auf dem Konstanzer Konzil hat Hartmut Boockmann ausführlich in seiner Habilitationsschrift untersucht, siehe Boockmann: Johannes Falkenberg (wie Anm. 29). In neuerer Zeit hat sich die Forschung wieder für den Konflikt interessiert, so beispielsweise Stefan Kwiatkowski, der die theologischen Aspekte des Streits untersucht hat, siehe Kwiatkowski, Stefan: Der Deutsche Orden im Streit um Polen-Litauen. Eine theologische Kontroverse über Krieg und Frieden auf dem Konzil von Konstanz (1414-1418) (Beiträge zur Friedensethik 32). Stuttgart 2000, oder Miethke: Heiliger Heidenkampf (wie Anm. 24).

teien herzustellen,[38] sollte die Angelegenheit schließlich in einem Schiedsgerichtsverfahren auf dem Konstanzer Konzil geklärt werden. Der polnische König konnte während der Kirchenversammlung die Aufhebung der den Ordensstaat begründenden Privilegien zwar nicht mehr erreichen,[39] obgleich dies zuvor durchaus in greifbarer Nähe gewesen war. Doch von polnisch-litauischer Seite wurden massiv auf die Christianisierungsanstrengungen in den eigenen Territorien verwiesen und die Fortschritte im Ordensland in Zweifel gezogen.[40] Bereits eine Initiative im Jahr 1407 hatte diese Taktik der Polnisch-Litauischen Union gegenüber dem Orden angedeutet: So war im Namen der samaitischen Adelselite ein Brief an alle christlichen Fürsten Europas verfasst worden, der sehr wahrscheinlich am Hof Fürst Witolds entstanden ist. In diesem wiesen die Samaiten nicht nur auf die Unterdrückung in ihrem Land hin, sondern forderten explizit die eigene Christianisierung, die der Deutsche Orden behindere, da er nur auf ihre Beherrschung abziele.[41] Ähnlich gefährlich für den Orden erschien eine Gesandtschaft von Samaiten, die der polnische König acht Jahre später auf das Konstanzer Konzil schickte. Berichtete diese doch nicht nur von der Bereitschaft des Landes zur Christianisierung und von zahlreichen neu gegründeten Kirchen und Klöstern im Land, sondern die Samaiten stellten vor der Kirchenversammlung sogar ausdrücklich in Aussicht, dass der byzantinische Kaiser möglicherweise durch den polnischen König dazu gebracht werden würde, sich der lateinischen Kirche wieder zu zuwenden.[42] Ein von König Jagiełło zum Konzil gesandter Prälat, der von den litauischen Bischöfen zum ostkirchlichen Metropolitan gewählt worden

---

[38] Das Verfahren vor den beiden delegierten Richtern König Sigismunds wurde im Mai 1414 zwar aus Krankheitsgründen eines der Richter abgebrochen, siehe Lites ac Res gestae inter Polonos Ordinemque Cruciferorum, ed. von Adam Tytus Dziatynski, Bd. 3. Posen 1856, S. 111. Der polnische König war aber offensichtlich auch nicht bereit, das Verfahren länger fortzusetzen, siehe ebd., S. 50ff.
[39] Boockmann: Johannes Falkenberg (wie Anm. 29), S. 213.
[40] Boockmann: Der Deutsche Orden (wie Anm. 15), S. 176.
[41] Dem Konstanzer Konzil wurde eine ‚proposicio Samaytarum' vorgelegt, in die der Brief aus dem Jahr 1407 inseriert war, siehe Codex epistolaris vitoldi magni ducis lithuaniae 1376-1430, ed. von Antoni Prochaska. Krakau 1882 (ND New York / London 1965), S. 1018-1024.
[42] Koeppen: Die Berichte der Generalprokuratoren des Deutschen Ordens an der Kurie (wie Anm. 14), Nr. 136, S. 284ff., hier S. 284f.

war und durch den die Konversion der gesamten Rus vom östlichen zum lateinischen Ritus möglich schien,[43] fungierte außerdem als ein weiterer Beleg der ‚Christianisierungskompetenz' des neu bekehrten Königs. Die von Jagiełło während des Konzils formulierte Frage stand nun deutlich im Raum, ob der Orden überhaupt noch gemäß seines Stiftungszwecks handelte oder ob nicht – ähnlich wie bei den Templern – über seine Auflösung nachgedacht werden müsse.[44] Auch in militärischer Hinsicht geriet der Orden ins Hintertreffen: Nach dem zweimaligen Ausbruch offener Kampfhandlungen in den Jahren 1421 und 1431 blieb das Ordensterritorium zwar bis auf einige Abtretungen erhalten, aber der Anspruch auf Samaiten ging nun für immer verloren.[45]

Der zentrale Konflikt, der in den ersten drei Jahrzehnten des 15. Jahrhunderts mit größter öffentlicher Aufmerksamkeit ausgetragen wurde, fand naturgemäß auch seinen Niederschlag in der zeitgenössischen Historiographie. Bei der Frage, welchen Einfluss der seine Existenzgrundlage bedrohende Streit auf den Deutsche Orden hatte, sind die Deutungsmuster der von Ordensangehörigen verfassten oder im ordensnahen Umfeld entstandenen Historiographie von einigem Interesse. Sie sind nicht nur als direkte Instrumente im Kampf um die Deutungshoheit zu sehen, sondern dokumentieren auch die ordensinterne Verarbeitung der Existenzkrise. In diesem Sinne kann man auch nach dem Beitrag der Geschichtsschreibung zur Selbstvergewisserung der Ordensherren fragen. Auch noch nach dem ‚Ewigen Frieden von Brest', der ab 1435 einem geschwächten Deutschen Orden zumindest einen festen Ausgleich mit Polen-Litauen brachte,[46] war das Bedürfnis groß, seine verlorengegangene moralische Integrität zurückzugewinnen, war sie doch die Grundlage der Existenz des Ordens.[47] Der Vorwurf, unrechtmäßig Gewalt gegen Christen angewandt zu haben, war für

---

[43] Boockmann: Johannes Falkenberg (wie Anm. 29), S. 215.
[44] Bereits im Jahr 1409 hatte der polnische König die Brüder des Deutschen Ordens als Söhne des Teufels bezeichnet, siehe ebd., S. 85, nun schien es nur ein weiterer logischer Schritt zu sein, die Auflösung dieses Ketzerordens zu fordern.
[45] Sarnowsky: Deutscher Orden (wie Anm. 25), S. 96f.
[46] Ebd., S. 97.
[47] Zu diesem Problem siehe Kwiatkowski, Stefan: Auf der Suche nach den moralischen Grundlagen des Deutschen Ordens in Preußen. In: Czaja, Roman / Sarnowsky, Jürgen (Hrsg.): Selbstbild und Selbstverständnis der geistlichen Ritterorden (Ordines militares 13). Thorn 2005, S. 155-179.

den Orden nicht hinnehmbar, stand er doch im völligen Widerspruch zu der ureigensten Aufgabe der Gemeinschaft. Es ist deshalb bezeichnend, dass die Historiographie die Unaufrichtigkeit der Konversion ihrer Gegner als zentrales Thema präsentiert, rechtliche Argumentationen hingegen eher eine marginale Rolle spielen.

Im Folgenden soll nun die so genannte „Ältere Hochmeisterchronik" vor dem Hintergrund der diskursiven und militärischen Auseinandersetzungen zwischen dem Deutschen Orden und der Polnisch-Litauischen Union genauer betrachtet werden.[48] Das Werk wurde sehr wahrscheinlich zwischen 1433 und 1440 von einem Ordensbruder verfasst,[49] thematisiert die Geschichte des Ordens von 1190 bis 1433 und hatte im 15. und 16. Jahrhundert eine enorme Verbreitung erfahren.[50] Ihr kommt damit sowohl große Bedeutung für die Außendarstellung des Ordens als auch für das Selbstverständnis der Brüder zu.

Bereits zu Beginn der Darstellung wird deutlich, dass der Chronist bestrebt ist, die Kontinuität des ‚heidnischen' Verhaltens der beiden litauischen Fürsten, Jagiełło und Witold, zu unterstreichen: So offenbart sich in der „Älteren Hochmeisterchronik" schon vor den Ereignissen von 1386 die perfide Gesinnung der beiden Fürsten, die zu diesem Zeitpunkt noch um die Vorherrschaft in Litauen konkurrierten. Fürst Jagiełło wendet sich zunächst 1382 mit einem

---

[48] Eine von Jean-Marie Moeglin betreute Dissertation aus dem Jahre 2009 beschäftigt sich eingehend mit der „Älteren Hochmeisterchronik" und bietet zugleich eine neue Edition des Textes an, siehe http://www.theses.fr/2009PEST0012. Für diesen Hinweis danke ich Herrn Jürgen Sarnowsky. Da die Arbeit Mathieu Oliviers bislang noch nicht erschienen ist, ist man auf seine kurzen Ausführungen in einigen Aufsätzen angewiesen, siehe Olivier, Mathieu: Une chronique de l'ordre Teutonique et ses usages à la fin du Moyen Âge: l'Ancienne Chronique des Grands-Maîtres et sa réception jusqu'au milieu du XVIe siècle. In: Revue de l'Institut français d'histoire en Allemagne 2 (2010), S. 187-193, und ders.: Geschichtsschreibung im mittelalterlichen Preußen und historiographischer Wissenstransfer (13.-15. Jahrhundert). In: Klammt, Anne (Hrsg.): Mittelalterliche Eliten und Kulturtransfer östlich der Elbe. Interdisziplinäre Beiträge zu Archäologie und Geschichte im mittelalterlichen Ostmitteleuropa. Göttingen 2009, S. 151-168.

[49] Toeppen: Einleitung. In: Scriptores rerum Prussicarum, Bd. 3 (wie Anm. 20), S. 530, und Päsler, Ralf G.: Deutschsprachige Sachliteratur im Preußenland bis 1500: Untersuchungen zu ihrer Überlieferung (Aus Archiven, Bibliotheken und Museen Mittel- und Osteuropas 2). Köln / Weimar / Wien 2003, S. 290.

[50] Toeppen: Einleitung. In: Scriptores rerum Prussicarum, Bd. 3 (wie Anm. 20), S. 519.

Hilfsgesuch an den Orden, um Unterstützung gegen seinen Onkel Kestutis und dessen Sohn Witold zu erhalten, so die Schilderung der Chronik.[51] Als Gegenleistung in diesem innerlitauischen Machtkampf stellt er seine Taufe in Aussicht, und mit der Unterstützung des Deutschen Ordens gelingt es ihm schließlich, sich gegen Vater und Sohn durchzusetzen. Im Fortgang der Geschichtserzählung ist es nun Fürst Witold, dem nach der Gefangennahme im Rahmen der Auseinandersetzungen die Flucht gelingt und der sich zu den Ordensbrüdern nach Preußen absetzen kann. Auch er erbittet als Gegenleistung für das Versprechen der Taufe den Schutz des Ordens.

An dieser Stelle deutet die Chronik bereits den Fortgang der Ereignisse an: Witold habe zu Gott gelobt, so der Chronist, und wie er das Gelöbnis gehalten habe, das habe der Orden und Preußen mit großem Schaden erfahren.[52] Denn erneut gewährt der Orden den Wunsch eines Heiden und überschreibt dem ehemaligen Feind sogar die Feste Marienburg in Litauen. Aber während die Deutschordensherren in der Darstellung der „Älteren Hochmeisterchronik" noch Überlegungen anstellen, wie Jagiełło denn nun tatsächlich den christlichen Glauben annehmen könne, erfolgt bereits der zweifache Verrat. Zunächst verweigert sich Jagiełło hochmütig[53] – wie der Chronist nicht zu betonen unterlässt – den Bitten des Hochmeisters, an einem für die Taufe angesetzten Tag zu ihm zu kommen. Aus Wut über die Weigerung belagert der Orden daraufhin erfolgreich die litauische Festung Trocki, die nach der Eroberung in die Verantwortung Witolds übergegeben wird.[54] Doch Witold verhält sich noch schändlicher als Jagiełło: Nach einem gemeinsam mit dem Orden unternommenen Heereszug gegen die Stadt Vilinius und der christlichen Taufe in der Ordensburg Ragnit[55] auf der Rückreise am 21. Oktober 1383 bringt er die Georgenburg durch Heimtücke in seine Gewalt. Im Zuge des Verrats tötet der getaufte Christ Witold zwei Priesterbrüder und die restliche Hausbesatzung, brennt das Ordenshaus nieder und lässt auf der ihm übertragenen Marienburg ebenfalls die christlichen

---

[51] Ältere Hochmeisterchronik (wie Anm. 20), S. 602f.
[52] Ebd., S. 603.
[53] Ebd., S. 604.
[54] Ebd.
[55] Ebd., S. 605.

Edelleute töten.⁵⁶ Nach den vollbrachten Schandtaten verbünden sich Witold und Jagiełło und „vil andern bosen cristen", und der König wird mit diesen, so der Chronist, „eyn unmenschlicher vorechter des ordens und der cristenheit".⁵⁷

Es zeigt sich, dass die „Ältere Hochmeisterchronik" die Hauptprotagonisten der Polnisch-Litauischen Union als betrügerische und schändliche Heiden in die Erzählung einführt, die auch nach einem Taufversprechen oder sogar nach einer erfolgten Taufe, ‚böse Christen' werden, Schein-Christen, die im Grunde nichts anderes als Heiden sind. Die durchaus aus der Perspektive der Litauerfürsten fragwürdige Haltung des Ordens, beide verfeindeten Konkurrenten gegeneinander zu unterstützen, lässt der Chronist hingegen unkommentiert stehen. Auch die Verhältnismäßigkeit des Angriffs der Ordenskontingente auf die Festung Trocki wegen Jagiełłos Verweigerung der Einladung des Hochmeisters steht für ihn außer Frage. Vielmehr ist es die deutliche Absicht der Chronik, die Ordensbrüder in der pflichtgemäßen Erfüllung ihrer Aufgaben darzustellen: Die Aufrichtigkeit der Bündnis- und Taufanfragen stellt man keineswegs in Frage, dem ehemaligen Feind wird sofort als christlicher Glaubens- und Bündnisbruder eine Ordensburg übertragen.⁵⁸

Den zentralen Ereignissen um die Taufe und Krönung Fürst Jagiełłos widmet die „Ältere Hochmeisterchronik" im Anschluss einen längeren Abschnitt, der die Kontinuität im Verhalten der ‚bösen Christen' und den Frevel der Taufe in den Vordergrund stellt. Immer wieder kommentiert der Chronist zudem die Ereig-

---

[56] Ebd., S. 607.
[57] Ebd.
[58] In diesem Zusammenhang ist nebenbei bemerkt auffällig, dass die Terminologie zur Bezeichnung des polnischen Königs und/oder der Polen bzw. Litauer in der „Älteren Hochmeisterchronik", aber auch in anderen Beispielen der zeitgenössischen Historiographie stark changiert: Zuweilen werden alle Protagonisten der Polnisch-Litauischen Union pauschal als ‚Heiden', als ‚Unchristen' (diese Bezeichnung ist häufig in der mittelalterlichen Chronistik anzutreffen, so auch bei Hermann Korner in seiner *Chronica Novella*, siehe die bei Hruschka: Kriegsführung (wie Anm. 7) erstmalig abgedruckten Stellen der Chronik wie zum Beispiel, Anhang I, Nr. 21, S. 347), ‚Neuchristen' (Johann von Posilge: Chronik des Landes Preußen [wie Anm. 20], S. 241), ‚böse Christen' oder ‚Scheinchristen' bezeichnet. Die Chroniken stellten zudem immer wieder Bezüge zwischen dem Teufel und den Neubekehrten her oder verglichen den polnischen König sogar direkt mit dem Antichristen, siehe Johann von Posilge: Chronik des Landes Preußen (wie Anm. 20), S. 322.

nisse und macht so seine Lesart deutlich. Bereits im Rahmen der frevelhaften Taufe und Krönung erweist sich der neue polnische König als unchristlich. Im Fortgang der Erzählung werden schließlich die für einen mittelalterlichen Rezipienten erwartbaren Eigenschaften eines Heiden geschildert, die Neu-Bekehrten offenbaren ihre wahre Natur. Die Umstände der Taufe und Krönung des „wilden heiden, Jagel genant",[59] eines ‚Verräters der Christenheit' inszeniert der Chronist als einzige Unrechtsgeschichte: „Dy vorstuckten Polan"[60] machen diesen zu ihrem König und verheiraten ihn mit ihrer Herrin Jadwiga, obgleich die Prinzessin doch bereits rechtmäßig mit Herzog Wilhelm von Österreich verheiratet war. Unerhört ist dieses Verhalten für den Chronisten, war doch die Ehe bereits vollzogen und beide Eheleute sich in aufrichtiger Liebe zugetan.[61]

Die Frage, ob Jadwiga und Herzog Wilhelm als Eheleute zu betrachten waren, ist jedoch keineswegs so eindeutig geklärt, wie es die Hochmeisterchronik erscheinen lassen will. Obgleich der österreichische Herzog König Jagiełło als Ehebrecher bei der päpstlichen Kurie verklagte,[62] bekam er weder vor dieser Instanz Recht noch galt Jagiełłos Eheschließung in der öffentlichen Wahrnehmung als unrechtmäßig. Deutlich wird vielmehr die Intention der Chronik: Der Verrat der Polen an ihrer eigenen Herrin und der Frevel am heiligen Sakrament der Ehe durch König Jagiełło werden durch eine kurze Binnenerzählung unterstrichen, die auch stilistisch aus der „Älteren Hochmeisterchronik" herausfällt. Herzergreifend schildert der Chronist das Schicksal Jadwigas in der ungewollten, frevelhaften Ehe. Die Verweigerung der ‚gezwungenen Ehefrau' erfolgt auf der ganzen Linie, es herrscht ein „hymlich krig"[63] zwischen ihr und König Jagiełło. Die Königin reagiert zornig auf die Scheltworte ihres Beichtvaters, der ihr Verhalten gegenüber dem Ehemann am polnischen Hof scharf rügt. Am Ende dieses Einschubs verweist der Chronist schließlich auf die Tatsache, dass der heimliche Kontakt zwischen den rechtmäßigen Ehe-

---

[59] Ältere Hochmeisterchronik (wie Anm. 20), S. 608.
[60] Ebd.
[61] Ebd.
[62] Boockmann: Der Deutsche Orden (wie Anm. 15), S. 172. Die Ehe wurde schließlich vom Papst ausdrücklich anerkannt, wie eine chronikalische Nachricht belegt, siehe ebd., S. 56, Fußnote 25.
[63] Ältere Hochmeisterchronik (wie Anm. 20), S. 609.

leuten weiterhin bestand, auch unter schärfsten Bedingungen. Herzog Wilhelm habe zu Lebzeiten nie mehr eine andere Frau nehmen wollen, wobei die Chronik an dieser Stelle fast wörtlich einen Punkt aus der Verteidigungsschrift des Deutschen Ordens gegen die Anklage Polens auf dem Konstanzer Konzil zitiert.[64]

Erwartungsgemäß verhält sich der bekehrte Heide Jagiełło im direkten Anschluss an die Taufe und seine Krönung zum polnischen König auch völlig unchristlich und lässt so die Unaufrichtigkeit seiner vollzogenen Taufe erneut offenbar werden. So weiß der Chronist zu berichten, dass sich 55 gefangene Ordensbrüder und viele andere Christen in schwerer Haft des Königs befanden, die er nach seiner Taufe sogar noch unbarmherziger im Gefängnis gehalten habe als vorher. In der Logik der Chronik zeigt sich auch hier die nur scheinbare Annahme des Christentums deutlich, denn ein Christ hätte die Glaubensbrüder freilassen müssen. Die Unaufrichtigkeit der Taufe des Neu-Bekehrten, das durch und durch unchristliches Verhalten des „boze(n) hunt(s)"[65] Jagiełło und seiner teils neu-christlich, teils heidnisch und teil orthodoxen Verbündeten wird im Verlauf der Konfliktschilderungen mit weiteren Belegen unterfüttert. Der bekehrte König, den der Chronist konsequenterweise mit seinem heidnischen Namen und nicht mit dem christlichen anspricht, lässt die eigene Mutter und die Brüder ungetauft, die selbstverständlich ein böses Ende nehmen.[66] Aber nicht nur das Seelenheil der eigenen Familie interessiert den nur scheinbar bekehrten polnischen König nicht, vielmehr zeigt sich seine ‚wahre Natur' im Rahmen der weiteren Schilderung der „Älteren Hochmeisterchronik" durch seine deutliche Unterstützung des Heidentums gegen die Christen. Dem Leser wird nun das Engagement der Ordensbrüder eindringlich vor Augen geführt:

Der Hochmeister und der Orden hätten den Papst und die Kurfürsten in Briefen gewarnt, welch großer Schaden der Christenheit entstünde, wenn die Taufen König Jagiełłos und Fürst Witolds nicht Resultat einer aufrichtigen Gesinnung wären.[67] An diese Stilisierung des Ordens als einsamen Mahner schließen sich dann auch prompt die vorausgesagten Folgen an. König Jagiełło habe direkt

---
[64] Ebd., S. 610, Fußnote.
[65] Ebd., S. 610.
[66] Ebd.
[67] Ebd.

nach seiner Taufe die Wege nach Polen verschließen lassen und so die Litauenfahrten des Adels behindert,[68] die doch im Ordensselbstverständnis ganz dezidiert der Ausbreitung des Christentums dienten. Das Beispiel des Herzogs von Geldern, das die Hochmeisterchronik anführt, macht die fatalen Folgen für die Christen sehr deutlich: Der Herzog habe sich durch ein Gelübde verpflichtet, gegen die Feinde Gottes zu kämpfen und wäre durch einen Verbündeten des polnischen Königs gefangengesetzt worden.[69] Damit wurde jedoch nicht nur der Heidenkampf geschwächt, sondern dem Herzog die Möglichkeit genommen, seiner persönlichen Verpflichtung gegenüber Gott nachzukommen.

Ebenfalls schwer wiegt der Vorwurf der „Älteren Hochmeisterchronik", dass Jagiełło die Heiden mit Waffen und Rüstungen versorgt und damit aktiv die Ermordung von Christen unterstützt habe. Durch Geschenke an viele christliche Herrscher – die Chronik zählt typische Gaben der adeligen Lebenswelt wie Jagdhunde, Falken, aber auch Kamele[70] auf – habe der König zudem dafür gesorgt, dass diese ihre Straßen öffneten, so dass Polen begonnen habe, einer „phorte [...] der heiden in dy cristenheit"[71] zu gleichen.

Zusammenfassend kann man also sagen, dass bei der Verarbeitung des Geschehens im Anschluss an die Taufe des polnischen Königs im Jahr 1386 durch die „Ältere Hochmeisterchronik" drei Themen zentral herausgearbeitet sind: das anhaltend heidnische Verhalten der Polen und Litauer, die Unaufrichtigkeit der Taufen Jagiełłos und seines fürstlichen Vetters Witold und die Funktion des Ordens als Beschützer der Christenheit. Diese bilden die Folie, vor der die weiteren Ereignisse und Handlungen des Ordens in der Auseinandersetzung interpretiert werden.

Dem letzten Aspekt gibt der Chronist im Rahmen seiner Schilderung schließlich besonderes Gewicht, denn trotz fortdauernder Warnungen des Ordens an den Papst und an viele christliche Fürsten habe niemand die Gefahr erkannt, so seine Klage. Während die weltlichen Großen nur tröstende Worte für die Ordensherren übrig hatten, habe der Papst sogar den Frieden mit den Litauern gebo-

---

[68] Ebd.
[69] Ebd., S. 614.
[70] Ebd., S. 611.
[71] Ebd.

ten.⁷² Die Ordensbrüder hätten lange Zeit Standhaftigkeit gegen die Heiden bewiesen und sich wie eine Mauer gegen sie verhalten, was ihnen damals von Kirche und Reich gedankt worden sei. An dieser Stelle der Chronik scheint das Selbstverständnis des Ordens besonders deutlich zutage zutreten, denn sie greift die von den Ordensherrn vehement vertretene Idee des Schutzschildes der Christenheit auf. Zugespitzt hatte dieses Bild nicht zuletzt Hochmeister Heinrich von Plauen in einem Brief des Sommers 1412 an die Reichsfürsten und König Wenzel, in dem er den Orden als ‚Friedensschild' der Christenheit einer heidnischen Allianz des polnischen Königs und des tatarischen Kaisers antagonistisch gegenüberstellte.⁷³

Durch das Versagen der anderen christlichen Autoritäten lag für den Chronisten aber nicht nur die Verantwortung für die Misere klar außerhalb der Kompetenz des Ordens, sondern die unaufrichtigen Taufen wurden gerade zum alleinigen Grund für den großen Schaden, den die Christenheit in dieser Zeit erfahren hatte. Denn nur durch sie hatte niemand erkennen können, dass die Heiden im Frieden stark geworden waren, um die Christen zu schwächen. Die vermeintlich Bekehrten waren in diesem Verständnis Schein-Christen, ihre Taufen waren Freveltaten, da sie es nur erschwerten, ihre wahren Absichten zu identifizieren.

Man kann also sagen, dass das gewaltsame Vorgehen gegen die Bekehrten in der Darstellung der „Älteren Hochmeisterchronik" eindeutig nicht mehr als Verbrechen gegen Glaubensbrüder erscheint, sondern vielmehr als notwendiger Akt zur Rettung der Christenheit. Es ist zu diskutieren, ob der Verfasser der „Älteren Hochmeisterchronik" bei seiner Zuspitzung der Ereignisse die Ideen Johannes Falkenbergs aufgreift, der in seiner vom Konstanzer Konzil verurteilten *Satira* sogar die Auffassung vertreten hatte, dass es verdienstvoller sei, christliche Polen als Heiden zu töten.⁷⁴

---

⁷² Ebd., S. 612.
⁷³ Prochaska: Codex epistolaris Vitoldi magni ducis Lithuaniae (wie Anm. 40), Nr. 498, S. 233–245, hier S. 242.
⁷⁴ Hartmut Boockmanns Habilitation bietet eine vollständige Edition der *Satira* und die ausführlichste Analyse des Textes sowie des gesamten Konfliktes zwischen dem Orden und der Polnisch-Litauischen Union. Für die genannte Stelle bei Falkenberg siehe Boockmann: Johannes Falkenberg (wie Anm. 29), S. 322. Die Forderung an die weltlichen Fürsten, dass es ihre Pflicht sei, Jagiełło und

Eindeutig ist jedenfalls die gemeinsame Stoßrichtung der Argumentation. Johannes Falkenberg wie der Verfasser der „Älteren Hochmeisterchronik" thematisierten nicht nur die offiziellen Beschwerdepunkte des Deutschen Ordens gegen den polnischen König wie die illegitime Hochzeit[75] oder die Bewaffnung von Heiden.[76] Vielmehr wird auch in der zeitlich früheren Schrift Falkenbergs deutlich, dass von den nur scheinbar bekehrten Polen eine höhere Gefahr für die Kirche und die gesamte Christenheit ausgeht als von Heiden. Während die „Ältere Hochmeisterchronik" jedoch die Verschleierung der ‚wahren' Absichten als besonders gefährlich identifiziert, argumentiert Falkenberg sowohl theologisch als auch ‚politisch': Im Sinne der langen theologischen Tradition des Christentums erkennt auch er im Glaubensabfall des polnischen Königs eine schwere Sünde und zugleich eine Gefährdung für alle anderen Glaubensbrüder. Außerdem stellt König Jagiełło für Johannes Falkenberg einen typischen Tyrannen[77] und somit eine Gefährdung für das Gemeinwesen dar, wobei der Vorwurf der Häresie und des Teufelsdienstes bei ihm jedoch stärker im Vordergrund steht.[78]

Die extreme Zuspitzung der Argumentation Falkenbergs, die in der dezidierten Aufforderung zur Tötung aller Polen kulminiert, haben aber weder die Propagandabriefe des Ordens vorgegeben, noch hat sie die Historiographie der Folgezeit übernommen. Damit bleibt Falkenberg singulär.

Aber auch die Briefe der Ordensbrüder aus der Zeit vor dem Konstanzer Konzil wie auch die „Ältere Hochmeisterchronik" der 1430er Jahre thematisieren die Unrechtmäßigkeit der Taufe und den ‚christlichen Schein' des polnischen Königs sowie seiner polnischen bzw. litauischen Landsleute.[79] Gleichfalls sehr drastisch schildert Johann von Posilge, der ehemalige Offizial des Bischofs

---

    das gesamte polnische Volk zu töten, findet sich aber auch in den Paragraphen 4, 5, 10 und 11.
[75] Boockmann: Johannes Falkenberg (wie Anm. 29), S. 314.
[76] Ebd., S. 339.
[77] Ebd., S. 338f.
[78] Miethke: Heiliger Heidenkrieg (wie Anm. 24), S. 117, Fußnote 20.
[79] Als Beispiel sei hier der bereits erwähnte Brief vom 8. Oktober 1409 angeführt, der in die Chronik Johanns von Posilge inseriert ist, siehe Johann von Posilge: Chronik des Landes Preußen (wie Anm. 20), S. 305-310.

von Pomesanien,[80] die Gefahren, die von den nur scheinbar bekehrten Polen und Litauer seit ihren Taufen ausgehen: „Also bewysetin sich dese nuwen cristin, die nuwlich die touffe hattin entfagen, glicher weys als die jungen wolfe: so sie sath werdin, so sint sie deste vreysiger und grymmeger kegen den, dy sie vorhegen."[81] Bei der Belagerung von Gilgenburg (Dąbrówno) im Jahr 1410 schänden diese ‚wolfsgleichen Scheinchristen' zusammen mit den Heiden Frauen und Jungfrauen, schneiden ihnen die Brüste ab und foltern sie, so Johann von Posilge. Aber noch nicht genug der Untaten. Unter der Führung König Jagiełłos entehren sie auch die Hostien in den Kirchen, zerreiben sie mit den Händen, zertreten sie mit den Füßen und verspotteten so den Leib Christi.[82] Die Schandtaten seien der Grund für den Angriff des Deutschen Ordens auf das mit Heiden, Schismatikern und Ketzern verbündete polnische Heer bei Tannenberg gewesen,[83] der bedauerlicherweise zur verhängnisvollen Niederlage der Brüder geführt habe.

Die berühmte Schlacht bei Tannenberg wird auch von der „Älteren Hochmeisterchronik" thematisiert, doch weist die Darstellung hier in eine etwas andere Richtung. Sie dient nicht der Dämonisierung des Feindes, fügt sich aber dennoch klar in den Gang der vorangegangenen Argumentation dieser Chronik ein: Die ‚wahren' Absichten des mit Russen und Tataren verbündeten ‚Scheinchristen' Jagiełło erkennt nach der Freveltat von Tannenberg erneut nur der Deutsche Orden – die weltlichen Fürsten kommen noch nicht einmal ihren zuvor den Brüdern gegebenen Hilfsversprechen nach.[84] Auch in Tannenberg hatte sich also wieder die Gefahr der unaufrichtigen Taufen erwiesen, die die Christen wehrlos gemacht

---

[80] Arnold, Udo: Art. ‚Johann von Posilge'. In: Ruh, Kurt (Hrsg.): Die deutsche Literatur des Mittelalters. Verfasserlexikon, begründet von Wolfgang Stammler, fortgeführt von Karl Langosch, Bd. 4. Berlin / New York 1983, Sp. 710ff., hier Sp. 711.
[81] Johann von Posilge: Chronik des Landes Preußen (wie Anm. 20), S. 241. In seinen Propagandabriefen ging der Deutsche Orden sogar noch einen Schritt weiter und konstruierte eine ‚angeborene Boshaftigkeit' der neu bekehrten Litauer und insbesondere ihrer Fürsten, indem er eine regelrechte ‚Chronik' des Verrats und der Apostasie seit Fürst Mindowe im Jahr 1250 bis in die Gegenwart zeichnete, siehe ebd., S. 308ff.
[82] Ebd., S. 316.
[83] Ebd.
[84] Ältere Hochmeisterchronik (wie Anm. 20), S. 627.

hatten, während die Heiden im Verborgenen stark geworden waren.

ABKÜRZUNGSVERZEICHNIS

Abb.	Abbildung(en)
Abt.	Abteilung
AKG	Archiv für Kulturgeschichte
BGAE	Berliner Gesellschaft für Anthropologie, Ethnologie und Urgeschichte
CC Cont. Med.	Corpus Christianorum continuatio mediaevalis
DA	Deutsches Archiv für Erforschung des Mittelalters
EAZ	Ethnographisch-Archäologische Zeitschrift
EHR	The English Historical Review
FMASt	Frühmittelalterliche Studien
fol.	Folio
FS	Festschrift
FSGA	Freiherr vom Stein-Gedächtnisausgabe
GdV	Geschichtsschreiber der deutschen Vorzeit
GWU	Geschichte in Wissenschaft und Unterricht
HKG	Handbuch der Kirchengeschichte
HRG	Handwörterbuch zur deutschen Rechtsgeschichte
Hs(s).	Handschrift(en)
HZ	Historische Zeitschrift
JbGMOD	Jahrbuch für die Geschichte Mittel- und Ostdeutschlands
JBLG	Jahrbuch für brandenburgische Landesgeschichte
JL	Jaffé, Philipp / Löwenfeld, Samuel: Regesta pontificum Romanorum
	Jaffé, Philipp (Hrsg.): Regesta pontificum Romanorum ab condita ecclesia ad annum post Christum natum MCXCVIII, 2. Auflage von Friedrich Kaltenbrunner / Paul Ewald / Samuel Löwenfeld. Leipzig 1885-1888.
Kr.	Kreis
MGH	Monumenta Germaniae historica
Capit.	Capitularia regum Francorum
DD	Diplomata regum et imperatorum Germaniae
O	Otto
Epp.	Epistolae

Epp. sel.	Epistolae selectae
Font. iuris Germ. ant.	Fontes iuris Germanici antiqui in usum scholarum separatim editi
SS	Scriptores (in folio)
SS rer. Germ.	Scriptores rerum Germanicarum in usum scholarum
MPH	Monumenta Poloniae historica
Ms(s).	Manuskript(e)
NA	Neues Archiv der Gesellschaft für ältere deutsche Geschichtskunde
ND	Neudruck / Nachdruck
NF	Neue Folge
n.s.	nova series
Prähist. Ztschr.	Prähistorische Zeitschrift
RBPH	Revue belge de philologie et d'histoire
SSCI	Settimane di studio del centro italiano di studi sull'alto medioevo
Taf.	Tafel
TRE	Theologische Realenzyklopädie
VuF	Vorträge und Forschungen
WdF	Wege der Forschung
WZ	Westfälische Zeitschrift
ZGAE	Zeitschrift für die Geschichte und Altertumskunde Ermlands
ZGO	Zeitschrift für die Geschichte des Oberrheins
ZOF	Zeitschrift für Ostforschung. Länder und Völker im östlichen Mitteleuropa

AUSGEWÄHLTE LITERATUR

Althoff, Gerd: „Selig sind, die Verfolgung ausüben". Päpste und Gewalt im Hochmittelalter. Darmstadt 2013.

Angenendt, Arnold: Geschichte der Religiosität im Mittelalter. Darmstadt 1997.

Angenendt, Arnold: Toleranz und Gewalt. Das Christentum zwischen Bibel und Schwert. Münster ²2007.

Bachrach, David Steward: Religion and the conduct of war, c. 300–1215. Woodbridge / Suffolk 2003.

Bartlett, Robert: Die Geburt Europas aus dem Geist der Gewalt. München 1998 (1993).

Bartlett, Robert / MacKay, Angus (Hrsg.): Medieval Frontier Societies. Oxford 1998.

Bauer, Dieter R. / Herbers, Klaus / Jaspert, Nikolas (Hrsg.): Jerusalem im Hoch- und Spätmittelalter. Konflikte und Konfliktbewältigung – Vorstellungen und Vergegenwärtigungen. Frankfurt a.M. / New York 2001.

Benninghoven, Friedrich: Der Orden der Schwertbrüder. Fratres milicie Christi de Livonia. Köln / Wien 1965.

Beumann, Helmut (Hrsg.): Heidenmission und Kreuzzugsgedanke in der deutschen Ostpolitik des Mittelalters. Darmstadt 1973.

Billig, Gerhard: Die Burgwardorganisation im obersächsisch-meißnischen Raum. Archäologisch-archivalisch vergleichende Untersuchungen. Berlin 1989.

Bisgaard, Lars / Jensen, Carsten Selch / Jensen, Kurt Villads / Lind, John H. (Hrsg.): Medieval Spirituality in Scandinavia and Europe. A Collection of Essays in Honour of Tore Nyberg. Odense 2001.

Boockmann, Hartmut: Der Deutsche Orden. Zwölf Kapitel aus seiner Geschichte. München ²1994.

Boockmann, Hartmut: Ostpreußen und Westpreußen. Berlin 1992.

Borgolte, Michael (Hrsg.): Polen und Deutschland vor 1000 Jahren. Die Berliner Tagung über den „Akt von Gnesen". Berlin 2002.

Borgolte, Michael: Christen, Juden, Muselmanen. Die Erben der Antike und der Aufstieg des Abendlandes 300 bis 1400 n. Chr. München 2006.

Brüske, Wolfgang: Untersuchungen zur Geschichte des Lutizenbundes. Deutsch-wendische Beziehungen des 10.-12. Jahrhunderts. Köln / Wien ²1983.

Bysted, Ane L. / Jensen, Carsten Selch / Jensen, Kurt Villads / Lind, John H.: Jerusalem in the North. Denmark and the Baltic Crusades, 1100–1522. Turnhout 2012 (2004).

Christiansen, Eric: The Northern Crusades. London 1997.

Cole, Penny J.: The Preaching of the Crusades to the Holy Land, 1095–1270. Cambridge / Mass. 1991.
Constable, Giles: Crusaders and Crusading in the Twelfth Century. Farnham 2008.
Czaja, Roman / Sarnowsky, Jürgen (Hrsg.): Selbstbild und Selbstverständnis der geistlichen Ritterorden. Thorn 2005.
Demurger, Alain: Die Ritter des Herrn. Geschichte der geistlichen Ritterorden. München 2003 (2002).
Dralle, Lothar: Slaven an Havel und Spree. Studien zur Geschichte des hevellisch-wilzischen Fürstentums (6.-10. Jahrhundert). Berlin 1981.
Ekdahl, Sven: Die Rolle der Ritterorden bei der Christianisierung der Liven und Letten. In: Gli Inizi del Christianesimo in Livonia-Lettonia. Atti del Colloquio Internazionale di Storia Ecclesiastica in occasione dell'VIII centenario della chiesa in Livonia (1186-1986), Roma 24-25 Giugno 1986. Città del Vaticano 1989, S. 203-243.
Elm, Kaspar: Die Eroberung Jerusalems im Jahre 1099. Ihre Darstellung und Deutung in den Quellen zur Geschichte des Ersten Kreuzzugs. In: Bauer, Dieter R. / Herbers, Klaus / Jaspert, Nikolas (Hrsg.): Jerusalem im Hoch- und Spätmittelalter. Konflikte und Konfliktbewältigung – Vorstellungen und Vergegenwärtigungen. Frankfurt a.M. / New York 2001, S. 31-54.
Epp, Verena: Fulcher von Chartres. Studien zur Geschichtsschreibung des ersten Kreuzzuges. Düsseldorf 1990.
Erdmann, Carl: Die Entstehung des Kreuzzugsgedankens. Stuttgart 1935.

Fitschen, Klaus: Gerechter Krieg? Stellungnahmen zur Anwendung militärischer Gewalt in der Geschichte des Christentums. In: Ratzmann, Wolfgang (Hrsg.): Religion – Christentum – Gewalt. Einblicke und Perspektiven. Leipzig 2004.
Fleckenstein, Josef / Hellmann, Manfred (Hrsg.): Die geistlichen Ritterorden Europas. Sigmaringen 1980.
Fletcher, Richard: The Conversion of Europe. From Paganism to Christianity, 371–1386 AD. London 1997.
Fonnesberg-Schmidt, Iben: The Popes and the Baltic Crusades, 1147–1254. Leiden 2007.
Forey, Alan: The military orders from the twelfth to the fourteenth centuries. London 1992.
France, John: Victory in the East. A Military History of the First Crusade. Cambridge 1994.
France, John / Zajac, William G. (Hrsg.): The Crusades and Their Sources. Essays presented to Bernard Hamilton. Aldershot 1998.
Frankopan, Peter: The First Crusade. The Call From the East. London 2012.

Fritze, Wolfgang H.: Der slawische Aufstand von 983 – eine Schicksalswende in der Geschichte Mitteleuropas. In: Henning, Eckart / Vogel, Werner (Hrsg.): FS der Landesgeschichtlichen Vereinigung für die Mark Brandenburg zu ihrem hundertjährigen Bestehen 1884–1984. Berlin 1984, S. 9-55.

Garipzanov, Ildar H. / Geary, Patrick J. / Urbanczyk, Przemysław (Hrsg.): Franks, Northmen and Slavs. Identities and State Formation in Early Medieval Europe. Turnhout 2008.

Gąssowski, Jerzy (Hrsg.): Christianization of the Baltic Region. Pułtusk 2004.

Gründer, Horst: Christliche Heilsbotschaft und weltliche Macht. Studien zum Verhältnis von Mission und Kolonialismus. Gesammelte Aufsätze, hrsg. von Franz-Joseph Post / Thomas Küster / Clemens Sorgenfrey. Münster 2004.

Hack, Achim Thomas: Karl der Große, Hadrian I. und die Muslime in Spanien. Weshalb man einen Krieg führt und wie man ihn legitimiert. In: Hartmann, Wilfried / Herbers, Klaus (Hrsg.): Die Faszination der Papstgeschichte. Neue Zugänge zum frühen und hohen Mittelalter. Köln 2008, S. 29-54.

Hehl, Ernst-Dieter: Was ist eigentlich ein Kreuzzug? In: HZ 259 (1994), S. 297-336.

Herrmann, Jan-Christoph: Der Wendenkreuzzug von 1147. Frankfurt a.M. u.a. 2011.

Hiestand, Rudolf: „Gott will es!" – Will Gott es wirklich? Die Kreuzzugsidee in der Kritik ihrer Zeit. Stuttgart u.a. 1998.

Higounet, Charles: Die deutsche Ostsiedlung im Mittelalter. Berlin 1986.

Holzem, Andreas (Hrsg.): Krieg und Christentum. Religiöse Gewalttheorien in der Kriegserfahrung des Westens. Paderborn 2009.

Houben, Hubert / Toomaspoeg, Kristjan (Hrsg.): L'Ordine Teutonico tra Mediterraneo e Baltico. Incontri e scontri tra religioni, popoli e culture / Der Deutsche Orden zwischen Mittelmeerraum und Baltikum. Begegnungen und Konfrontationen zwischen Regionen, Völkern und Kulturen. Galatina 2008.

Hunyadi, Zsolt / Laszlovzky, József (Hrsg.): The Crusades and the Military Orders. Expanding the Frontiers of Medieval Latin Christianity. Budapest 2001.

Jaspert, Nikolas: Die Kreuzzüge. Darmstadt ^{6}2013.

Jensen, Kurt Villads: Korstog ved verdens yderste rand. Danmark og Portugal ca. 1000 til ca. 1250. Odense 2011.

Josserand, Philippe: Église et pouvoir dans la péninsule Ibérique. Les ordres militaires dans le royaume de Castille (1252–1369). Madrid 2004.

Kahl, Hans-Dietrich: Heidenfrage und Slawenfrage im deutschen Mittelalter. Ausgewählte Studien 1953–2008. Leiden / Boston 2011.
Kedar, Benjamin Z.: Crusade and Mission. European Approaches toward the Muslims. Princeton 1984.
Kedar, Benjamin Z.: Crusade Historians and the Massacres of 1096. In: Jewish History 12 (1998), S. 11-31.
Kedar, Benjamin Z.: The Jerusalem Massacre of July 1099 in the Western Historiography of the Crusades. In: Crusades 3 (2004), S. 15-75.
Köhler, Michael A.: Allianzen und Verträge zwischen fränkischen und islamischen Herrschern im Vorderen Orient. Eine Studie über das zwischenstaatliche Zusammenleben vom 12. bis ins 13. Jahrhundert. Berlin / New York 1991.
Kostick, Connor: The Siege of Jerusalem. Crusade and Conquest in 1099. London / New York 2009.
Kwiatkowski, Stefan: Der Deutsche Orden im Streit um Polen-Litauen. Eine theologische Kontroverse über Krieg und Frieden auf dem Konzil von Konstanz (1414–1418). Stuttgart 2000.

Lotter, Friedrich: Die Konzeption des Wendenkreuzzuges. Ideengeschichtliche, kirchenrechtliche und historisch-politische Voraussetzungen der Missionierung von Elb- und Ostseeslawen um die Mitte des 12. Jahrhunderts. Sigmaringen 1977.
Ludat, Herbert: An Elbe und Oder um das Jahr 1000. Skizzen zur Politik des Ottonenreiches und der slavischen Mächte in Mitteleuropa. Köln / Wien 1971.
Lübke, Christian: Das östliche Europa. Berlin 2004.

Mayer, Hans Eberhard: Geschichte der Kreuzzüge. Stuttgart ^{10}2005.
McGlynn, Sean: By Sword and Fire. Cruelty and Atrocity in Medieval Warfare. London 2008.
Miethke, Jürgen: Die Kritik des Franziskaners Roger Bacon an der Schwertmission des Deutschen Ordens. In: Radziminski, Andrzej / Tandecki, Janusz (Hrsg.): Prusy-Polska-Europa. Studia z dziejów sredniowiecza i czasów nowozaytnych. Toruń 1999, S. 45-55.
Militzer, Klaus: Von Akkon zur Marienburg. Verfassung, Verwaltung und Sozialstruktur des Deutschen Ordens 1190–1309. Marburg 1999.
Murray, Alan V. (Hrsg.): From Clermont to Jerusalem. The Crusades and Crusader Societies 1095-1500. Selected Proceedings of the International Medieval Congress, University of Leeds, 10-13 July 1995. Turnhout 1998.

O'Callaghan, Joseph F.: Reconquest and Crusade in Medieval Spain. Philadelphia 2003.

Padberg, Lutz E. von: Christianisierung im Mittelalter. Darmstadt 2006.

Padberg, Lutz E. von: Die Inszenierung religiöser Konfrontationen. Theorie und Praxis der Missionspredigt im frühen Mittelalter. Stuttgart 2003.
Paravicini, Werner: Die Preußenreisen des europäischen Adels, 2 Bde. Sigmaringen 1989.
Paravicini, Werner / Petrauskas, Rimvydas / Vercamer, Grischa (Hrsg.): Tannenberg – Grunwald – Zalgiris 1410. Krieg und Frieden im späten Mittelalter. Wiesbaden 2012.
Parón, Aleksander / Rossignol, Sébastien / Szmoniewski, Bartłomiej Sz. / Vercamer, Grischa (Hrsg.): Potestas et communitas. Interdisziplinäre Beiträge zu Wesen und Darstellung von Herrschaftsverhältnissen im Mittelalter östlich der Elbe. Wrocław / Warszawa 2010.
Petersohn, Jürgen: Der südliche Ostseeraum im kirchlich-politischen Kräftespiel des Reichs, Polens und Dänemarks vom 10. bis 13. Jahrhundert. Mission – Kirchenorganisation – Kultpolitik. Köln / Wien 1979.
Phillips, Jonathan: Heiliger Krieg. Eine neue Geschichte der Kreuzzüge. München 2011 (London 2009).
Phillips, Jonathan: The Second Crusade. Extending the Frontiers of Christendom. New Haven / London 2007.
Purkis, William J.: Crusading Spirituality in the Holy Land and Iberia, c.1095–c.1187. Woodbridge 2008.

Riis, Thomas: Das mittelalterliche dänische Ostseeimperium. Odense 2003.
Riley-Smith, Jonathan: The Crusades. A History. London / New York ²2005.
Riley-Smith, Jonathan: The First Crusade and the Idea of Crusading. With a New Introduction. London / New York ²2009.
Riley-Smith, Jonathan: What Were the Crusades? Basingstoke / New York ⁴2009.
Rubenstein, Jay: Armies of Heaven. The First Crusade and the Quest for Apocalypse. New York 2011.

Sarnowsky, Jürgen: Der Deutsche Orden. München ²2012.
Schein, Sylvia: Gateway to the Heavenly City. Crusader Jerusalem and the Catholic West (1099–1187). Aldershot 2005.
Schmugge, Ludwig: „Deus lo vult?" Zu den Wandlungen der Kreuzzugsidee im Mittelalter. In: Schreiner, Klaus (Hrsg.) / Müller-Luckner, Elisabeth (Mitarb.): Heilige Kriege. Religiöse Begründungen militärischer Gewaltanwendung. Judentum, Christentum und Islam im Vergleich. München 2008, S. 93-108.
Schneider, Reinhard: Karl der Große – politisches Sendungsbewußtsein und Mission. In: Schäferdiek, Knut (Hrsg.): Kirchengeschichte als Missionsgeschichte, Bd. 2/1: Die Kirche des früheren Mittelalters. München 1978, S. 227-248.

Schreiner, Klaus (Hrsg.) / Müller-Luckner, Elisabeth (Mitarb.): Heilige Kriege. Religiöse Begründungen militärischer Gewaltanwendung. Judentum, Christentum und Islam im Vergleich. München 2008.
Schwinges, Rainer Christoph: Kreuzzugsideologie und Toleranz. Studien zu Wilhelm von Tyrus. Stuttgart 1977.
Strzelczyk, Jerzy: The Church and Christianity about the year 1000 (the Missionary Aspect). In: Urbańczyk, Przemysław (Hrsg.): Europe around the year 1000. Warsaw 2001, S. 41-67.

Tamm, Marek / Kaljundi, Linda / Jensen, Carsten Selch (Hrsg.): Crusading and Chronicle Writing on the Medieval Baltic Frontier. A Companion to the Chronicle of Henry of Livonia. London 2011.
Tamminen, Miikka: Ad crucesignatos et crucesignandos. Crusade Preaching and the Construction of the 'True' Crusader in the 13th Century. Unveröffentlichte Dissertation, Universität Tampere 2013.
Throop, Susanna A.: Crusading as an Act of Vengeance, 1095–1216. Farnham 2011.
Tyerman, Christopher: The Invention of the Crusades. Basingstoke / London 1998.

Urban, William L.: The Baltic Crusade. Dekalb 1975.
Urbańczyk, Przemysław (Hrsg.): Polish Lands at the Turn of the First and the Second Millennia. Warsaw 2004.

Vásáry, István: Cumans and Tatars. Oriental Military in the Pre-Ottoman Balkans, 1185–1365. Cambridge 2005.

Zimmermann, Harald: Der Deutsche Orden im Burzenland. Eine diplomatische Untersuchung. Köln / Weimar / Wien 2000.